轨道交通信号与控制专业系列教材

驼峰信号

林瑜筠　主编
赵　杰　主审

中国铁道出版社有限公司

2024年·北　京

内 容 简 介

本书为“轨道交通信号与控制专业系列教材”之一。本书全面系统地介绍了驼峰信号的基本知识、基本组成和基本原理。全书共七章，包括驼峰信号综述、驼峰信号基础设备、驼峰自动控制系统、峰尾调车集中联锁、驼峰尾部停车器、调机自动化系统和编组站综合自动化。

本书可作为高等院校轨道交通信号与控制专业的教材，亦供铁路信号工程技术人员和信号维修人员学习参考，还可作为铁路现场技术培训的教材。

图书在版编目(CIP)数据

驼峰信号/林瑜筠主编. —北京：中国铁道出版社有限公司，2024.3

轨道交通信号与控制专业系列教材

ISBN 978-7-113-28502-9

Ⅰ.①驼…　Ⅱ.①林…　Ⅲ.①驼峰信号-高等学校-教材　Ⅳ.①U284.6

中国版本图书馆 CIP 数据核字(2021)第 223172 号

书　　名：**驼峰信号**
作　　者：林瑜筠

责任编辑：徐　清　　**编辑部电话**：(010)51873147　　**电子邮箱**：357716058@qq.com
编辑助理：李嘉圆
封面设计：高博越
责任校对：安海燕
责任印制：樊启鹏

出版发行：中国铁道出版社有限公司(100054，北京市西城区右安门西街 8 号)
网　　址：http://www.tdpress.com
印　　刷：三河市燕山印刷有限公司
版　　次：2024 年 3 月第 1 版　2024 年 3 月第 1 次印刷
开　　本：787 mm×1 092 mm 1/16　**印张**：13.25　**字数**：320 千
书　　号：ISBN 978-7-113-28502-9
定　　价：46.00 元

版权所有　侵权必究

凡购买铁道版图书，如有印制质量问题，请与本社读者服务部联系调换。电话：(010)51873174

打击盗版举报电话：(010)63549461

前　言

至2023年底，我国铁路营业里程达到15.9万km，居世界第二位；高速铁路营业里程达到4.5万km，成为世界上高速铁路里程最长、运输密度最高、成网运营场景最复杂的国家。我国的高速铁路技术已处于世界先进水平，正在随着"一带一路"建设走向世界。

伴随铁路的发展，作为铁路主要技术装备的信号系统取得了长足的进步，信号系统的技术装备水平成为铁路现代化的重要保证和主要标志。铁路信号技术正在向网络化、综合化、数字化、智能化发展，运用了许多当代最新的科技成果，信号新技术层出不穷。

为了适应铁路信号技术快速发展的形势，让相关技术人员，尤其是未来从事铁路信号研究开发、工程实践、使用管理、运营维护的高校学生尽快地了解、熟悉和掌握各领域铁路信号技术，结合相关专业培养计划，编写了"轨道交通信号与控制专业系列教材"。本系列教材包括《铁路信号运营基础》《铁路信号基础》《车站信号》《区间信号》《列车运行控制》《行车调度自动控制》《驼峰信号》《铁路信号工程设计》《信号集中监测》。为方便学校和读者使用，还编写了配套教材使用的图册:《6502电气集中图册》《计算机联锁图册》《自动闭塞图册》。

编组站在铁路网中起着重要的作用，必须大力提高编组站的解编能力，以保证铁路点线运能的协调。驼峰是编组站的重要组成部分，驼峰自动化是编组站综合自动化的核心技术。我国铁路驼峰自动化取得了长足的进步，大、中型驼峰已经实现了自动化。

本书是"轨道交通信号与控制专业系列教材"之一。本书共7章。第一章介绍驼峰、驼峰信号设备、驼峰信号联锁表、驼峰信号技术的发展；第二章介绍快速转辙机、驼峰轨道电路、车辆减速器、测量设备、驼峰动力供应系统等驼峰信号基础设备；第三章介绍驼峰作业过程控制、TW-2型驼峰自动控制系统和TBZK系列驼峰自动化控制系统的结构和工作原理；第四章介绍平面调车区及调车集中、平面调车集中联锁系统的结构和工作原理；第五章介绍驼峰尾部停车器的结构和工作原理；第六章介绍调机自动化系统的结构和工作原理；第七章主要介绍编组站综合集成自动化系统(CIPS)和编组站综合自动化系统(SAM)的结构和工作原理。

本书由林瑜筠任主编,济南电务段刘永康、张韫斌任副主编,济南电务段赵杰任主审。林瑜筠编写第一、二、三、七章,并对全书进行统稿。刘永康编写第四、五章,张韫斌编写第六章。

在本书编写过程中,得到许多单位和同行的大力支持和帮助,于此一并表示感谢。

由于时间过于仓促,加上资料搜集不全,编者水平所限,书中疏漏、错误、不妥之处在所难免,望读者批评和指正,以不断提高教材质量。

林瑜筠

2024 年 1 月

目录

第一章　驼峰信号综述

第一节　驼　　峰

一、调车驼峰

在编组站(以及部分区段站)的各种调车作业中,解体和编组作业占很大的比重。为提高作业效率,建有调车驼峰。也可以说,驼峰是编组站的主要特征。

驼峰是地面上修筑的小山丘,犹如单峰骆驼的峰背,设计成适当的坡度。驼峰是设在调车场头部,利用车辆的重力和驼峰的坡度所产生的位能,辅以解体时的车辆初速度来解体车列的一种调车设备。驼峰调车是编组站解体作业的主要方法。

在进行驼峰调车作业时,先由调车机车将车列推向驼峰顶部,当最前面的车组(或车辆)接近峰顶时,提开车钩,这时就可利用车辆的重力,顺坡自动溜放到调车场的预定编组线上,从而大大提高解体作业的效率。

驼峰的范围是指峰前到达场(在不设峰前到达场时为牵出线)与调车场之间的一部分线段。

二、驼峰的结构

驼峰的解编能力,不仅取决于驼峰自动化控制系统和设备,也取决于调车场平面、纵断面的合理性。特别是合理的纵断面设计,可提高驼峰的解编效率,使溜放车组具有最佳的溜放速度,从而缩短通过道岔区的时间,保证溜放作业的安全。

1. 自动化驼峰对溜放纵断面的要求

要提高驼峰的解体能力,必须有较高的解体速度和车辆溜放速度。在设计驼峰溜放部分纵断面时,应使车辆在峰顶脱钩后尽快加速,在加速区内达到或接近容许的最大速度,然后在高速区范围内继续保持高速溜行,并进入减速区。减速区的坡度比较缓,曲线道岔的附加阻力比较大,对钩车溜放呈减速趋势,但钩车在减速区的溜行速度仍然比较高,一直到钩车进入车场制动位(第Ⅲ制动位)经过目的制动后,速度才迅速降下来。

驼峰溜放部分纵断面除了要保证钩车高速溜放外,还应保证前后钩车溜经道岔和车辆减速器制动位时有必要的距离及时间间隔。因此,希望难、易行车的速度曲线互相接近,使难、易行车的溜行时差最小,溜放部分纵断面应兼顾难、易行车两方面的要求。

2. 自动化驼峰纵断面设计

驼峰包括推送部分、峰顶平台和溜放部分等。驼峰头部平面与纵断面如图 1-1 所示。

(1)推送部分

推送部分是经驼峰解体的车列其第一钩车位于峰顶时车列全长所在的线路范围。设置这一部分的目的是使车辆得到必要的位能,并使车钩压紧,便于摘钩。

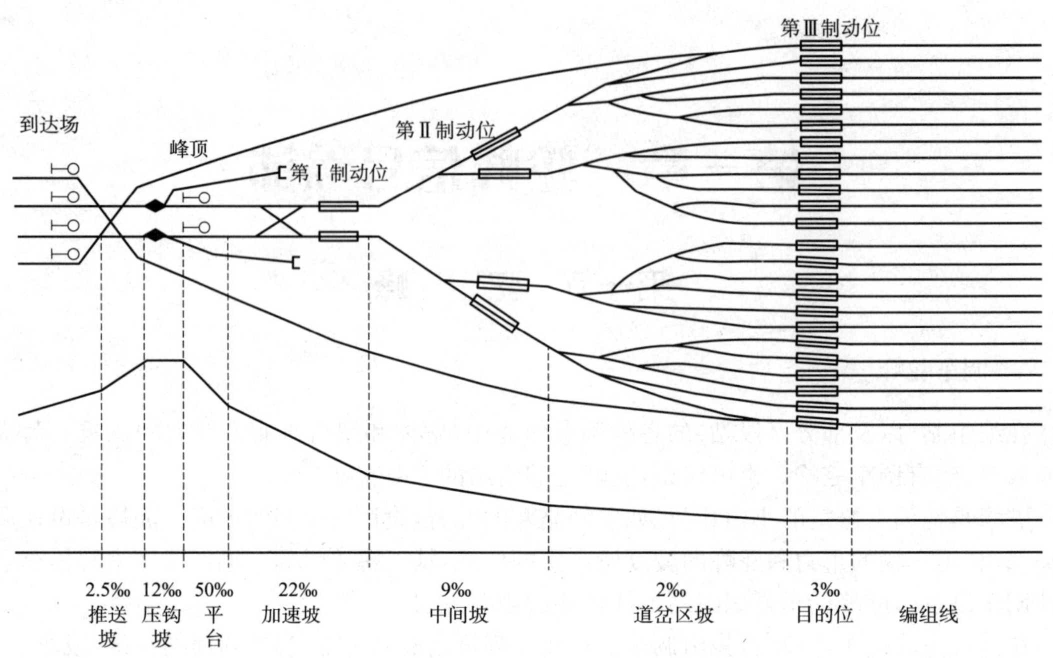

图 1-1 驼峰头部的平面与纵断面

推送部分应保证调车机车将车列推到峰顶停车后，能再次起动；推峰解体的车辆在推送坡靠近峰顶时车钩能够压紧以便摘钩。一般要求推送坡较缓，不大于 2.5‰，压钩坡为 10‰～20‰，长度不小于 50 m。在峰顶设 5～10 m 的平台，平台长度应有利于提钩和护钩。

(2)峰顶平台

推送部分与溜放部分的连接处设有的一段平坦地段。

(3)溜放部分

溜放部分由峰顶至编组场头部各股道警冲标后 100 m(自动化驼峰、机械化驼峰)或 50 m(非机械化驼峰或简易驼峰)处的线路范围，这个长度叫作驼峰计算长度，计算长度的末端叫作驼峰的计算停车点。因为编组线的警冲标不在同一横向位置上，所以每一编组线各有一个计算停车点。该点只是计算的根据，在现场并无任何标志。

溜放部分分为加速坡、中间坡、道岔区坡。

加速坡的作用是加速溜放车组速度提高作业效率。在不利的溜放顺序下，前后车组在第一分路道岔处要有足够的时间间隔，以保证道岔的转换。加速坡通常分为两段，第一段为最大坡度 40‰～50‰；第二段为包括复式交分道岔和第Ⅰ制动位，坡度为 18‰～26‰，加速坡的设计还应考虑车辆减速器安全入口速度。

中间坡位于加速坡后，第Ⅱ制动位设于该坡段，中间坡要兼顾难、易行车均能保持较高的速度溜放，同时要保证难行车被制动停车后，能自行启动及冬季最不利情况下难行车的溜放阻力，一般设计坡度为 9‰～12‰之间。

道岔区坡位于中间坡后，应保证难、易行车均能保持较高的速度通过道岔区，还应考虑第Ⅲ制动位减速器安全入口速度，一般设计坡度为 1.5‰～3.5‰之间。

(4)编组线部分

编组线(或称调车线)坡度根据调速制式设计，以保证最高的安全连挂率和最远的控制距离。以点连式调速系统为例，入口目的制动位减速器其坡度设计一般不超过3‰，然后是打靶区、连续调速的连挂区，打靶坡段的坡度一般采用0.6‰～1.0‰的下坡，打靶长度一般为80～150 m。在连挂区（设减速顶）先是较长一段的顺坡，一般坡度不超过1.5‰，然后经无坡段后有一定长度的上坡（不超过1.5‰），为保证溜放车辆的安全停车，在尾部一般还设有停车装置。

3. 峰高

驼峰峰高应保证在溜车不利条件下以5 km/h的推送速度解体车列时，难行车能溜至难行线的计算点。溜放部分不设调速设备（编组线入口设有车辆减速器制动位）的小能力驼峰，峰高还应保证在溜车有利条件下以5 km/h的推峰速度解体车列时，易行车溜入制动位的速度不大于其制动能高允许的速度；减速器＋减速顶点连式驼峰高度，应保证以5 km/h的推送速度解体车列时，在不利的溜放条件下，难行车溜到打靶区段末端仍有5 km/h的速度进入减速顶的控制区。

三、驼峰的分类

1. 按设备分类

驼峰按其使用的调速设备及分路道岔的操纵方式不同，可分为非机械化驼峰、机械化驼峰、半自动化驼峰、自动化驼峰。

(1)非机械化驼峰

编组线分线束平面布置，不设调速设备，用铁鞋制动。

还有简易驼峰，设备组成同非机械化驼峰，区别是编组线不是分线束平面布置的。

(2)机械化驼峰

编组线分线束平面布置，调速设备以间隔制动位的车辆减速器为主，以目的制动位的铁鞋为辅，人工操纵车辆减速器调速。溜放进路的分路道岔采用自动集中。

(3)半自动化驼峰

在机械化驼峰的基础上，增设测速、测重、测长和半自动控制等设备，目的制动位安装车辆减速器，有的还在股道内安装了减速顶等连续调速设备。半自动化驼峰，由人工选择各制动位减速器的出口速度，由半自动控制机对车辆减速器实行闭环自动控制。分路道岔采用驼峰自动集中控制或计算机进路控制系统。

(4)自动化驼峰

在半自动化驼峰基础上增设了车轮传感器（计轴、测阻）、气象站（测风向、风速和气温）、光挡和计算机控制系统及推峰机车遥控等设备，在编组线内设有车辆减速器或减速顶等调速设备，并且在编组线尾部设有停车器、停车顶等停车设备。由控制系统自动给出各制动位减速器的出口速度设定值，溜放速度、溜放进路（调车进路）和机车推峰速度均实现了自动控制。

2. 按解体能力分类

驼峰按其日解体能力可分为大能力驼峰、中能力驼峰、小能力驼峰。

(1)大能力驼峰

解体能力4 000辆以上的驼峰。

(2)中能力驼峰

解体能力2 000～4 000辆以上的驼峰。

(3)小能力驼峰

解体能力 2 000 辆以下的驼峰。

第二节　驼峰信号设备概述

一、驼峰信号设备组成

驼峰信号设备包括驼峰控制设备和驼峰基础设备,以及驼峰信号监测设备、电源设备。

1. 驼峰控制设备

驼峰控制设备主要由驼峰推送机车速度控制设备、驼峰进路控制设备、驼峰溜放速度控制设备组成。它们利用驼峰测量设备测得的信息通过驼峰执行设备对驼峰推送进路、溜放进路、调车进路及驼峰车辆溜放速度、驼峰机车推峰速度进行控制。

大能力驼峰应设置驼峰进路控制、驼峰钩车溜放速度控制及驼峰推峰机车遥控;中能力驼峰应设置驼峰进路控制、驼峰钩车溜放速度控制、驼峰推峰机车遥控或驼峰推峰机车信号;小能力驼峰应设置驼峰进路控制、驼峰推峰机车信号。

(1)驼峰推送机车速度控制设备

推送速度低会降低作业效率,但推送速度过高会造成“追钩”增多,也会降低作业效率,所以最佳推送速度应随溜放车组组合的不同而变化;这个变化的推送速度要使得各溜放车组间始终保持必需的间隔。

推峰机车根据驼峰信号机的指示进行作业。因推峰机车在车列尾部,加上天气影响,瞭望条件较差。为此研制了驼峰机车信号,来改善推送机车司机的瞭望条件,使司机随时根据信号显示控制推送速度。驼峰无线机车信号,是以铁路专用无线电台作为传递信息的工具,将驼峰信号机的显示传送给推峰机车的。驼峰机车信号仅作为驼峰信号机的复示信号,效果不显著。

为提高推峰机车速度控制的自动化程度,研制了驼峰推峰机车遥控系统。驼峰推送机车无线遥控系统用于推送机车调速,可独立使用,也可与溜放进路及速度控制系统构成完整的自动化系统。系统由地面设备及机车设备组成,驼峰信号楼内设地面无线电台、计算机、监测与显示装置、送受话装置。机车控制设备包括机车无线电台、计算机、遥控信息接收设备、股道报号接收设备、与机车相关的执行接口电路、制动控制器、速度传感器及显示器。

在自动化驼峰,可与溜放速度计算机系统联网,实现自动变速推送。目前,驼峰推峰机车遥控系统已经纳入驼峰计算机过程控制系统。

(2)驼峰进路控制设备

驼峰进路控制包括驼峰推送进路控制、驼峰溜放进路控制和驼峰调车进路控制。

驼峰进路控制的下列敌对进路严禁同时开通:推送进路与重叠的调车进路;对向重叠的调车进路;当调车场与到达场纵列式布置时,到达场向驼峰推送车列占用的股道与另一端向该股道的接车或调车进路。

①驼峰推送进路控制

驼峰推送进路按人工排列进路设计。

当调车场与到达场纵列式布置时,驼峰推送进路应符合下列规定:

a. 驼峰推送进路到达场部分应采用进路锁闭，进路一次解锁；

b. 驼峰调车场办理预先推送作业或推送作业后，到达场才能排通推送进路；

c. 驼峰推送进路到达场部分建立但未使用前，可办理人工取消推送进路；办理取消推送进路时，应先关闭信号，推送进路延时解锁；

d. 车列占用驼峰推送进路到达场部分后，该进路不得办理人工取消。

②驼峰溜放进路控制

驼峰溜放进路控制主要是对分路道岔的控制，还包括对驼峰信号机和调车信号机的控制。

溜放进路控制是按溜放作业要求转换分路道岔，将溜放进路通向目的编组线。人工控制溜放进路需大量扳道人员，效率低，易出错。采用驼峰道岔自动集中，分路道岔由快动转辙机转换，作业人员或计算机系统在开始解体前将目的股道号按钩序存入储存电路。溜放作业开始后进路控制命令随车组溜放不断向前方道岔传送控制命令并自动转换，不再需人工介入。

驼峰道岔自动集中预先储存各车组的溜放进路命令，溜放时再依次输出和传递进路命令，自动控制分路道岔的转换，为各溜放车组逐段排列溜放进路。采用驼峰道岔自动集中后，不要临时为车组准备溜放进路，可消除人为差错，显著提高作业效率，改善劳动条件。

我国铁路使用的溜放进路控制设备先后采用继电式驼峰道岔自动集中、微机式或微机—继电式溜放进路程序控制系统、驼峰自动集中微机控制系统。目前，驼峰自动集中微机控制系统已经纳入驼峰计算机过程控制系统。

驼峰自动集中计算机控制系统是在微机式溜放进路程序控制系统的基础上，将功能扩大到峰上全部联锁范围，实现全微机化的控制，操作手续大为简便。对途停、追钩、错道、钓鱼、分路不良等，都能报警及自动处理，使溜放作业更加安全。系统由室外设备和室内设备两大部分组成。室外设备包括信号机、转辙机、轨道电路、限界检查器、按钮柱等。室内设备包括设于驼峰值班员室的操作工作站、简化了的驼峰控制台，设于信号机械室的控制机柜、报警打印机、接口组合柜等。

驼峰溜放进路能自动控制和手动控制，且手动控制优先。采用双推双溜作业时，溜放进路上交叉渡线道岔锁在可隔开两半场的位置。除手动控制方式外，当机车推送或牵引钩车经过车辆减速器时，车辆减速器应处于缓解状态。

驼峰分路道岔控制电路应符合下列规定：

a. 分路道岔不与驼峰信号机联锁；

b. 应能单独操纵或随进路的排列而自动转换道岔；单独操纵优先于进路选动；

c. 按进路命令转换的分路道岔在钩车进入道岔尖轨之前自动转换至规定位置；

d. 分路道岔保护区段或道岔区段有车占用时，道岔不得转换；

e. 已被操纵的分路道岔，当钩车驶入该分路道岔保护区段或道岔区段，但转辙机自动开闭器尚未断开时，应不再进行转换；

f. 当分路道岔因故不能转换到底，在钩车进入该分路道岔保护区段或道岔区段之前，自动控制时经操控或经一定的延时后道岔应能向原位转换；

g. 分路道岔表示应与道岔实际位置一致；表示电路应与转辙机自动开闭器接点状态一致；

h. 道岔不密贴时严禁出现道岔位置表示；

i. 道岔发生挤岔时，应有挤岔报警信息。

③驼峰调车进路控制

驼峰调车进路可按存储命令自动选排办理,也可人工办理。

(3)驼峰溜放速度控制设备

解体车组一旦与车列脱钩,其速度就失去了机车的控制,必须依靠地面设备进行调速,包括间隔制动和目的制动。最主要的调速设备是车辆减速器。为保证溜放车组间必要的间隔,使道岔按要求转换,不出现两车组占用一台车辆减速器的情况,不发生尾追、侧撞等不安全现象,保证车组能与停留车连挂,要设置驼峰溜放速度控制系统。

溜放速度控制系统由调速设备、测量设备和控制设备组成。溜放车组速度控制是对车辆减速器等调速工具进行控制,以保证溜放车组适当的间隔,以及以安全速度与停留车连挂。对溜放车组的速度控制已从手动、半自动发展为自动控制。利用计算机,将各种测量设备提供的参数作为依据,对车辆减速器进行自动控制,即构成自动化驼峰。目前,驼峰溜放速度控制系统已经纳入驼峰计算机过程控制系统。

驼峰溜放速度控制可采用点式或点连式、连续式。

驼峰溜放速度控制应具有自动控制和手动控制功能,采用自动控制方式时应手动优先。在自动控制下,每个制动位串联安装 2 台车辆减速器时,分别接受控制并给出表示;安装 2 台以上车辆减速器时,宜分为 2 组接受控制并给出表示。

2. 驼峰基础设备

驼峰基础设备包括信号设备、调速设备和测量设备。

(1)信号设备

信号设备包括信号机和转辙机。

信号机按用途,分为驼峰信号机、驼峰辅助信号机、驼峰复示信号机、调车信号机。

转辙机分为峰上用的普通转辙机和分路道岔用的快速转辙机。

(2)调速设备

调速设备主要是车辆减速器,根据作用,分为间隔制动减速器和目的制动减速器。还有液压减速单元(减速顶)。

减速顶是一只滑动油缸,内部充以一定数量的液压油和氮气,它不需外部能源和检测控制设备,靠本身液压回路工作。当车速超过临界速度,车轮压减速顶时,减速顶吸收其动能,起到减速作用。减速顶制动能力不大,只有大量使用才能实现有效的制动,但个别失效不会使车组失控。除一般减速顶外,还有外侧顶、单向顶、加速顶、可锁式加减速顶、可控顶等。

(3)测量设备

测量设备主要包括测速设备、测长设备、测重设备、车轮传感器、光挡、气象站、轨道电路和车辆限界检查器。这些测量设备将测量的各种信息用于驼峰控制系统。

①测速设备用于测量溜放车组在测量减速器区段的瞬时速度和加速度,早期使用 3 mm 波驼峰测速雷达,目前采用 8 mm 波驼峰测速雷达。

②测长设备用于测量调车线的空闲长度,有音频轨道电路测长和工频轨道电路测长两大类。

③测重设备用于测量溜放车组的平均质量,检测超载和偏载,主要采用 T·ZY1 型塞钉式压磁测重机。

④车轮传感器用于感知车轮的通过,在驼峰控制系统中用于测速、测阻、判向、计轴、车辆跟踪等,有无源和有源之分。

⑤光挡用于判别分钩、车组辆数、车组受孔面积。

⑥气象站用于在室外测量风向、风速、温度、湿度，用于计算车辆减速器出口速度和系统自动校准。

⑦轨道电路用于检测某轨道区段的占用和空闲。

⑧限界检查器用于检测通过驼峰溜放车辆的下部限界，防止超限车辆和车辆减速器碰撞。

3. 驼峰信号监测设备

驼峰信号监测设备包括站机、采集设备和网络设备，应具有数据采集、处理、存储、回放及报警等功能；应直接采集不具备自监测功能的信号设备及其结合部的模拟量和开关量信息，主要包括外电网、轨道电路、转辙机、道岔表示电压、电缆绝缘、电源对地漏泄电流、驼峰信号机点灯回路电流、关键继电器状态、驼峰信号主灯丝断丝状态、断路器脱扣状态等。

在线采集信息时严禁影响被监测信号设备的正常工作。

4. 电源设备

驼峰信号控制系统电源引入处应设置断路器，并按分级防护的原则确定容量。

驼峰信号控制系统宜采用智能电源屏，并单独采用 UPS 供电，UPS 的容量应符合负载的用电量要求，UPS 蓄电池供电时间应不小于 10 min。

转辙装置、车辆减速器控制装置需设电热器时，其供电与信号设备供电分开。

驼峰分路道岔转辙装置控制电源、减速器控制电源及计算机控制系统电源采用不间断电源供电方式。

引至室外设备的供电电源，与驼峰信号控制室内设备电源隔离或设专用电源供电。

驼峰动力供应系统供电的容量应能符合驼峰作业最繁忙时负荷的需求，不应小于驼峰场在同一时刻所有须动作的动力设备及维修用电总和。

二、驼峰信号设备及其布置

纵列式编组站驼峰调车场的信号设备平面布置，如图 1-2 所示。

1. 信号机

信号机应包括驼峰信号机、驼峰辅助信号机、驼峰复示信号机、调车信号机以及调车线路表示器。

(1)驼峰信号机

驼峰信号机设在驼峰峰顶平台与加速坡变坡点左侧，每个峰顶设一架。用来指挥调车机车进行推送解体作业，又称驼峰主体信号机或峰顶信号机，如图 1-2 中的 T_1、T_2。

驼峰信号机应采用双机构高柱色灯信号机，灯光排列为黄、绿、红、白，常态显示一个红色灯光，即以显示停车信号为定位。

驼峰信号机显示 1 个绿色灯光，准许机车车辆按规定速度向驼峰推进；显示 1 个绿色闪光灯光，指示机车车辆加速向驼峰推进；显示 1 个黄色闪光灯光，指示机车车辆减速向驼峰推进；显示 1 个红色灯光，不准机车车辆越过该信号机或指示机车车辆停止作业；显示 1 个红色闪光灯光，指示机车车辆自驼峰退回；显示 1 个月白色灯光，指示机车到峰下；显示 1 个月白色闪光灯光，指示机车车辆去禁溜车停留线或驼峰迂回线。

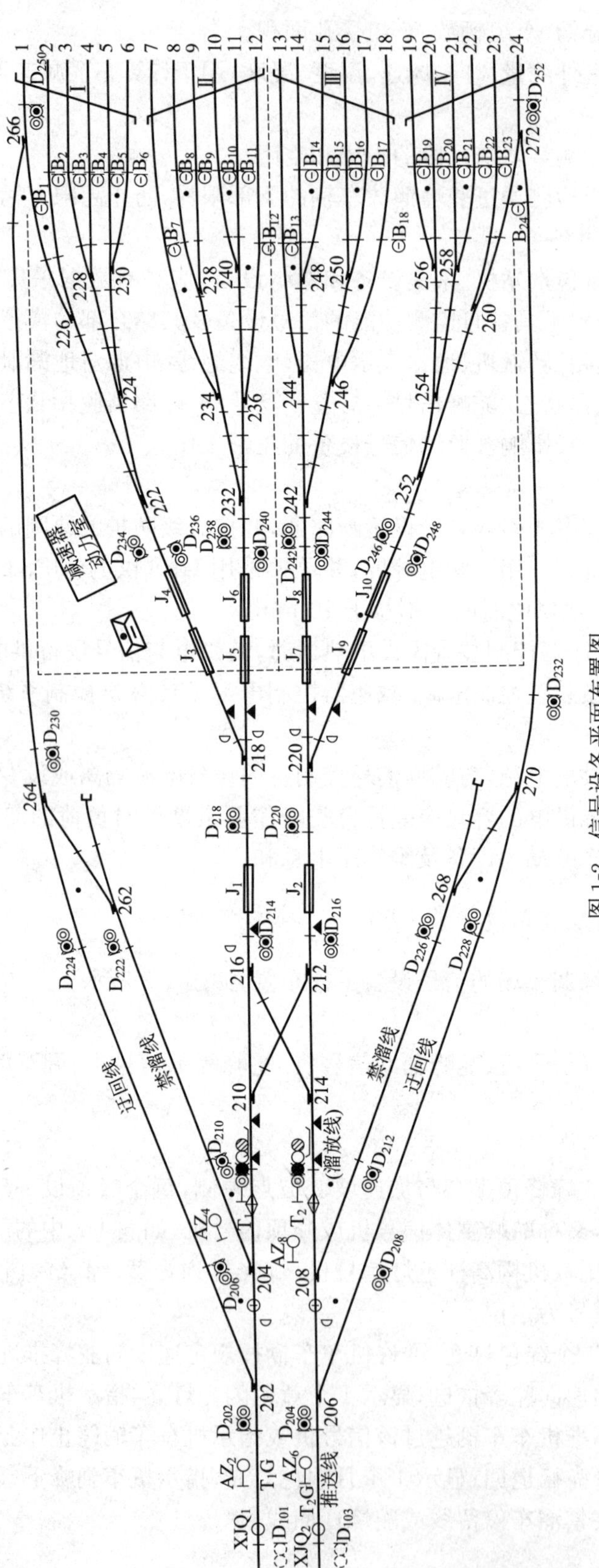

图 1-2 信号设备平面布置图

驼峰信号机的解体信号在推送进路建立,进行推送作业时开放。在发生灯丝断丝时、联锁道岔挤岔时、车辆碰倒限界检查器时、动力供应不足时自动关闭驼峰解体信号;通过室内控制台、室外按钮柱可人工关闭驼峰解体信号。

(2)驼峰辅助信号机

在纵列式编组站,到达场的到发线上装设驼峰辅助信号机。驼峰辅助信号机可兼作出站或发车进路信号机,如图 1-3 所示。在解体作业过程中,驼峰辅助信号机防护该驼峰辅助信号机至峰顶前预定的停车地点。

驼峰辅助信号机宜采用双机构高柱色灯信号机,灯光排列与驼峰信号机一致。根据需要可设置进路表示器。驼峰辅助信号机常态显示一个红色灯光,即以显示停车信号为定位。预推时显示一个黄色灯光,车列推送到峰顶前预定制动点时信号自动关闭。推送时与驼峰信号机显示相同,当推送车列完全出清到达场区段后信号自动关闭。

(3)驼峰辅助复示信号机

在有峰前到达场的编组站,驼峰信号机或驼峰辅助信号机显示距离不能满足推送作业要求或瞭望困难时,可根据需要在到达场每股道上装设驼峰辅助复示信号机,如图 1-3 所示。驼峰辅助复示信号机采用双机构高柱色灯信号机,带方形背板以示区别,灯光排列与驼峰辅助信号机一致。

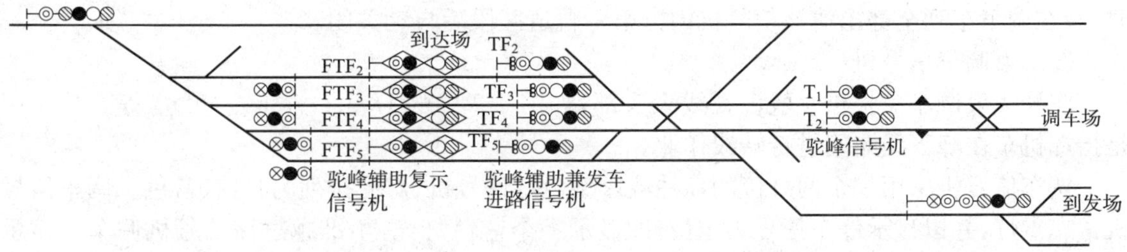

图 1-3　到达场驼峰辅助信号机及其复示信号机

驼峰辅助复示信号机常态无显示,当办理驼峰推送进路进行预先推送作业或推送作业时,灯光显示与驼峰辅助信号机相同,推送进路取消后灭灯。

(4)驼峰复示信号机

驼峰信号机显示距离不符合规定或瞭望困难时,应设置复示信号机。

①在有峰前到达场的编组站,当到达场的驼峰辅助信号机与驼峰信号机之间距离较长,驼峰信号显示距离不能满足要求时,可加装驼峰复示信号机,如图 1-4 所示。

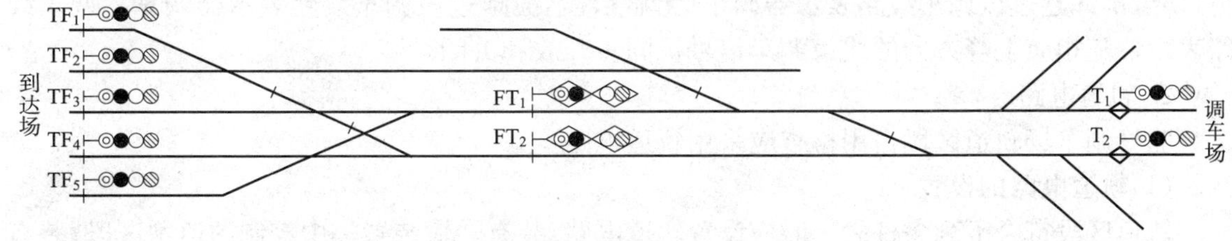

图 1-4　咽喉区驼峰复示信号机

②在无峰前到达场的横列式编组站,牵出线上可设驼峰复示信号机。若牵出线弯度较大,不能满足连续显示的要求时,可再增设一架复示信号机,如图 1-5 所示。

驼峰复示信号机常态无显示,在推送进路建立推送作业时复示驼峰信号机的显示,推送进

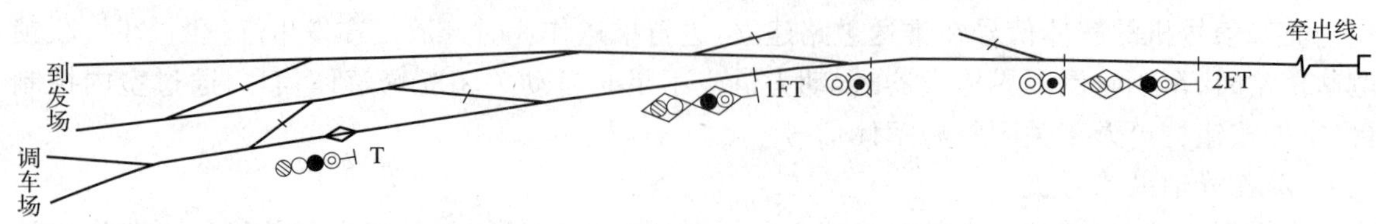

图 1-5 牵出线上的驼峰复示信号机

路取消后灭灯。

(5)驼峰调车信号机

驼峰调车场峰下钩车溜放区域应设置驼峰线束调车信号机，其他区域根据需要设置调车信号机。根据设置的地点不同，分峰上调车信号机和线束调车信号机。

①峰上调车信号机

峰上调车信号机的作用是指挥机车在峰上进行转线、整理调车作业(如经迂回线向调车场输送禁溜车辆等)，如图 1-2 中的 D_{202}、D_{206}、D_{250} 等。D_{214} 和 D_{216} 虽设于峰下，但当它们开放时，应与峰上进路实现必要的联锁关系，故属于峰上调车信号机。

调车信号机在推送进路建立，推送进路上同方向的调车信号机应随驼峰信号机同步开放。调车车列全部进入信号机内方后自动关闭；当该信号机外方不设轨道电路或轨道电路被占用时，应在调车车列全部出清该信号机内方第一轨道区段后自动关闭。

②线束调车信号机

驼峰线束调车信号机一般设在线束头部，如图 1-2 中的 D_{218}、D_{220}、D_{234}～D_{248} 等。其作用是指挥机车在峰下线路间进行转线作业。

调车信号机采用一个两灯位的高柱或矮型色灯信号机，灯光排列为月白、蓝色。调车信号机常态点灯，并以显示停车信号为定位，即显示一个蓝色灯光，不准越过该信号机调车。显示一个月白色灯光，准许越过该信号机调车。

驼峰线束调车信号机信号开放后，可根据调车作业需要，进路使用后关闭或人工关闭。

(6)线路表示器

驼峰调车场调车线始端应设置调车线路表示器。由于一个线束设置一架上峰方向的线束调车信号机，当有两台或两台以上的机车在峰下作业时，往往难于区分线束调车信号机是指示哪台机车上峰，为此在编组线上设置线路表示器，如图 1-2 中的 B_1～B_{24}。

调车线路表示器采用一个单机构矮型色灯信号机，灯光为白色，以无显示为定位。显示白色灯光，准许越过该调车线路表示器调车；无显示，不准越过该调车线路表示器调车。调车线路表示器随相应上峰方向的线束调车信号机同步开放和关闭。

2. 轨道电路

驼峰调车场轨道区段占用检查应采用轨道电路。

(1)轨道电路的设置

轨道区段符合下列条件之一时应设置轨道电路：装有转辙装置集中控制的道岔区段；装有车辆减速器并进行自动控制的轨道区段；需要监督是否有车占用的其他线路区段。

①驼峰调车场轨道区段的划分应符合下列规定：

a. 轨道区段的划分应符合轨道电路可靠工作及排列平行进路的需要，并便于驼峰作业；

b. 分路道岔应以一组道岔为一个轨道区段，分路道岔前应设置保护区段；其他道岔宜以一组道岔为一个轨道区段；

c. 当驼峰信号机至峰下第一分路道岔间需要连续监督有车辆占用时，应单独设置轨道区段，并不能和第一分路道岔保护区段合用；

d. 车辆减速器应以一个制动位为一个轨道区段；

e. 每条调车线上连接调车线的分路道岔轨道区段末端至警冲标内方不小于 3.5 m 处，应单独设置轨道区段；

f. 驼峰迂回线宜设置连续的轨道区段；

g. 牵出线、禁溜车停留线及其他用途的尽头线入口处的调车信号机应设置接近区段，接近区段长度不得小于 25 m。

②驼峰调车场绝缘节的设置符合下列规定：

a. 轨道区段的始端、终端应设置钢轨绝缘，驼峰道岔应设置道岔绝缘。

b. 驼峰信号机、调车信号机处的绝缘节应与信号机并列设置。无法并列时，可设置于信号机前方 1 m 至后方 1 m 的范围内。

c. 设置在警冲标内方用于分割相邻轨道区段的绝缘节(渡线上绝缘节除外)与警冲标沿线路方向的距离不得小于 3.5 m。

d. 车辆减速器轨道区段入口处绝缘节与车辆减速器入口(头部制动钳中心)距离应不大于 8 m，出口处绝缘节设置在车辆减速器基本轨末端的轨缝处。

e. 禁溜车停留线、驼峰迂回线与推送线连接的道岔，岔前基本轨接缝处应设置轨道区段分界绝缘。

f. 分路道岔轨道区段的绝缘节前一端应设置在保护区段的短轨头部，另一端应设置在基本轨末端与导曲轨中部。当出现后续道岔保护区段一侧为前一道岔的辙叉时，可仅在另一侧设置钢轨绝缘。

g. 轨道电路的两钢轨绝缘应对齐设置，不能对齐时，除驼峰分路道岔轨道区段外，两个钢轨绝缘错开的距离不宜大于 2.5 m。

h. 不同类型钢轨接头处不得设置钢轨绝缘。

i. 轨道电路内的轨距杆、转辙设备的安装装置等连接钢轨具有导电性能的配件均应设置绝缘。

j. 相邻轨道电路(驼峰分路道岔轨道区段除外)应在绝缘节两侧钢轨上配置不同的极性。

③轨道电路采用闭路式轨道电路；溜放进路上轨道电路采用速动的接收装置，轨道电路的标准分路电阻，占用和出清的响应时间符合有关规定。

④驼峰轨道电路设计对下列不利因素应采取措施进行防护：

a. 轻车跳动而造成接收设备的错误动作；

b. 钢轨绝缘破损造成短路时，相邻轨道电路的影响；

c. 相邻钢轨内牵引电流及供电频率的影响；

d. 电缆受外界干扰；

e. 感应雷电的影响；

f. 在标准范围内，各种迷流干扰。

⑤驼峰道岔轨道电路的基本线路与分支线路应采用并联方式。当该轨道电路的跳线得不到电流检查时应采用双跳线。

(2)轨道电路的类型

轨道电路分为峰上轨道电路、峰下分路道岔轨道电路、编组线警冲标区段轨道电路三种。

①峰上轨道电路

峰上轨道电路用于驼峰推送线,与迂回线、禁溜线连接的咽喉区,采用非电码化安全型轨道电路。

峰上电气集中区内采用进路分段解锁电路,宜以一组道岔为一个轨道区段以提高作业效率。

禁溜线、迂回线与推送线连接的道岔,岔前基本轨接缝处应设轨道电路分界绝缘,以缩短去禁溜线、迂回线取送车时后退距离。

驼峰信号机至峰下第一分路道岔间如需安装连续的轨道电路时,应单独设轨道区段,不应与第一分路道岔共用轨道区段,以免第一分路道岔区段过长而影响溜放作业效率。

牵出线、禁溜线、迂回线及其他用途的尽头线入口处的调车信号机应设接近区段,其长度不得少于 25 m。

②峰下分路道岔轨道电路

峰下分路道岔轨道电路其除监督区段是否空闲及线路完整外,在溜放进路的自动控制中还参与了进路命令的传递、执行和取消。

为满足驼峰溜放作业的需要,对峰下分路道岔轨道电路提出其特殊的技术要求:应变速度快,分路灵敏度高,对高阻轮对以及瞬间失去分路效应的车辆应予以防护等。

峰下分路道岔轨道电路应以一个道岔划为一个区段,并使之尽量地短(但不得小于最大四轴车内轴距的长度),以缩短车组间隔,提高解体效率。

为防止轻车跳动引起分路不良,采用双区段轨道电路或高灵敏度轨道电路。它们具有车辆占用时反应快的优点,能满足驼峰作业的要求。

鉴于车组溜放作业的特点及溜放进路上的道岔只设区段锁闭,为了作业安全,道岔区段轨道电路的岔前绝缘节距尖轨尖端要保持一定距离,即设置足够长的保护区段,如图 1-6 所示。保护区段的长度应保证,当车组进入转辙机刚启动的道岔区段轨道电路至车组第一轮对到达尖轨时,转辙机已转换完毕,道岔处于密贴位置,使车辆安全通过该道岔。

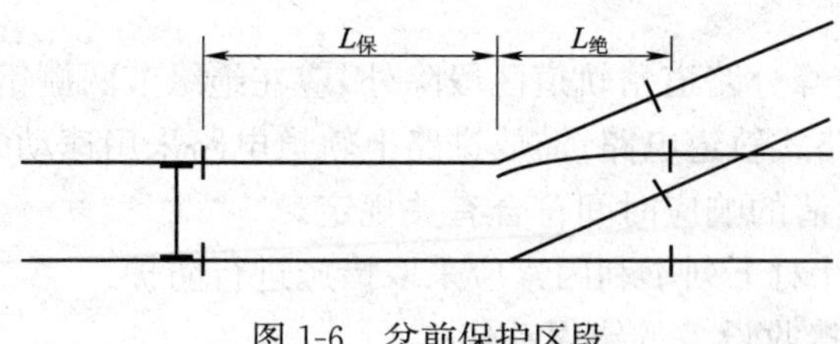

图 1-6　岔前保护区段

保护区段的长度:

$$L_{保} \geqslant v_{max}(t_{继}+t_{转}+0.02)$$

式中　v_{max}——溜放车组通过保护区段的最大速度(m/s);

$t_{继}$——轨道继电器等动作时间(s);

$t_{转}$——转辙机动作时间(s);

0.2——安全量。

为防止轻车跳动引起分路不良，采用双区段轨道电路或高灵敏度轨道电路。它们具有车辆占用时反应快的优点，能满足驼峰作业的要求。双区段轨道电路的绝缘节的设置如图 1-7 所示。

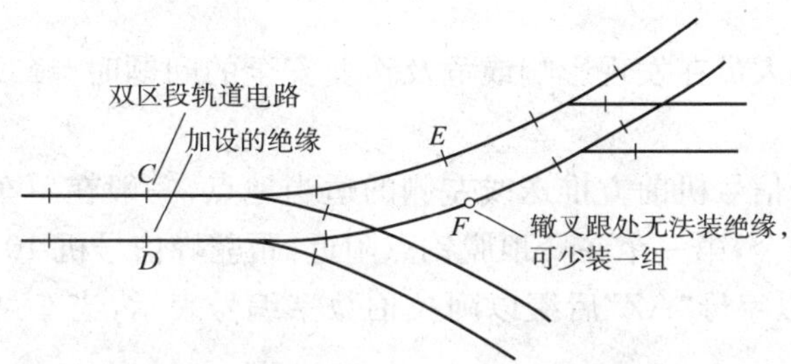

图 1-7　驼峰分路道岔双区段轨道电路绝缘节的设置

因此，峰下分路道岔轨道电路与一般轨道电路有不同之处：

a. 轨道电路长度较短，一般小于 50 m。

b. 分路灵敏度要高(规定为 0.5 Ω)，轨道继电器应可靠落下，缓放时间要短。从车辆分路开始至前接点离开时止，其时间不超过 0.2 s。

c. 采用双区段制，即把一个轨道电路分成两段。

d. 由于长度短，受气候影响小，可实现一次调整。

③编组线警冲标区段轨道电路

编组线警冲标区段轨道电路是为检查溜放车辆是否进入警冲标内方的编组线，在每条编组线警冲标外方 3.5 m 至最后分路道岔的尾部绝缘间设的轨道电路。

驼峰调车场的轨道电路应采用闭路式轨道电路。

3. 转辙机

驼峰调车场的道岔分为峰上道岔和峰下分路道岔。

图 1-2 中引向迂回线的 202、206 号道岔，引向禁溜线的 204、208 号道岔，迂回线和禁溜线之间的 262/264、268/270 道岔都是峰上道岔。其中百位数表示驼峰调车场在编组站的车场号，后面的两位数表示道岔自然编号。峰上道岔一般为 9 号道岔，它们采用普通转辙机，一组道岔采用一台 ZD6-D 型电动转辙机牵引。

分路道岔是区分溜放进路的道岔，峰上道岔以外的道岔均为分路道岔。为缩小驼峰场咽喉区的长度，分路道岔采用 6 号或 6.5 号对称道岔。为了提高驼峰场的作业效率，应尽量减少准备溜放进路的时间，在解体作业过程中，要求分路道岔变位迅速、安全可靠，以利缩短前后车组间的溜放钩距，峰下分路道岔要求其动作迅速、安全可靠，为了提高驼峰调车设备的解编效率，必须采用快速转辙机。快速转辙机有电动和电空两种类型。

应根据道岔及站场动力情况合理选择转辙装置类型，同一场的转辙装置类型宜统一。有风压设备的驼峰调车场，应尽量采用电空转辙机。没有风源的驼峰调车场，可采用快速电动转辙机。

溜放进路上的交叉渡线和其他渡线分路道岔的操纵方式，应按单动道岔设计。因为在解体时，连续溜放车组间的间隔很短，约 20 m 左右，远短于渡线全长，不可能做到在车组全部出清渡线后转换道岔；溜放车组总是由峰顶向调车线顺向溜放、渡线靠峰顶端的道岔要按进路命令转动；渡线另一端道岔在解体过程中不需要转换，设计成单动后，可以使其固定在一个位置，以免无效地转动。

转辙机应安装在线路外侧，利于电缆和动力管道敷设，便于人工操纵和安全维修。

4. 按钮柱

为使有关现场作业人员在发现影响或危及作业安全的问题时，峰顶连结员可随时通过按钮柱及时关闭驼峰信号。

按钮柱应设在驼峰信号机前方推送线左侧的适当地点，一般在单车组提钩点和大车组提钩点。每条推送线设两个，第一个在峰顶脱钩点附近，距驼峰信号机 10～15 m，第二个距第一个 50～60 m。按钮柱以字母"AZ"后缀以阿拉伯数字编号表示，当车站中用多个驼峰时还要增加场号。

驼峰信号关闭时，为了引起相关作业人员的注意，在驼峰信号机柱上还装有一个大电铃。

5. 提钩显示屏

提钩显示屏用于显示当前溜放车组的钩序和所去编组线，安装在峰顶附近。

提钩显示屏以相对应的驼峰信号机命名，如与 T_1对应的是 XSP_1。

6. 工业摄像头

工业摄像头安装在驼峰信号机机柱上。

7. 限界检查器

设置车辆减速器的驼峰调车场，应该配备限界检查器。当检查到超下限车辆时，驼峰信号机应自动关闭信号，不准溜放，以免撞坏减速器；并辅以相应的音响，同时向峰顶调车人员发出音响信号。超限车通过限界检查器后，限界检查器应能由人工复位。

限界检查器，每条推送线设一个，距峰顶 80～100 m。

限界检查器以字母"XJQ"后缀以阿拉伯数字编号表示，靠近驼峰信号楼推送线上的限界检查器编号为 1，当车站中有多个驼峰时还要增加场号。

8. 车辆减速器

驼峰调车场用车辆减速器按其作用分为间隔制动和目的制动两类。图 1-2 中，每条溜放线上均设有两个车辆减速器的间隔制动位：第Ⅰ制动位车辆减速器设于第一分路道岔后部，第Ⅱ制动位车辆减速器设于每个线束的头部。用于目的制动的车辆减速器设于每条编组线的头部，每条编组线一台。

车辆减速器的命名：第Ⅰ、第Ⅱ制动位车辆减速器以大写字母"J"＋"场号"＋"位号"＋"编号"表示；"编号"按节顺序编号；以靠近 1 股道，近峰顶编号为 1。第Ⅲ制动位车辆减速器以大写字母"J"＋"场号"＋"位号"＋"股道号"＋"编号"；"编号"按节顺序编号，近峰顶编号为 1。车站中只有一个驼峰时场号不出现。例如，第Ⅰ制动位第二节车辆减速器表示为 J12 或 J102；第Ⅱ制动位第四节车辆减速器表示为 J24 或 J204；第Ⅲ制动位六股道第二节车辆减速器表示为 J3062。车站中有多个驼峰时，Ⅱ场第Ⅰ制动位第二节车辆减速器表示为 J212 或 J2102；Ⅴ场第Ⅲ制动位六股道第二节车辆减速器表示为 J53062。

9. 测量设备

驼峰自动化系统配置测速、测长、测重及车轮传感器等测量设备，根据系统控制需要也可配置气象站及光挡等设备。

(1)测速雷达

测速雷达的设置应符合下列规定：

①采用车辆减速器作为调速设备时，应设置测速雷达；

②每个减速器区段应设置1台测速雷达，其他位置根据需要也可单独设置；

③应设置在车辆减速器的入口端，距车辆减速器入口第一钳中心约12～15 m；平面布置难以实现时，也可设置在车辆减速器的出口端，距车辆减速器出口第一钳中心约5～12 m；

④应设置在对微波传输无遮挡的线路一侧或轨道中心位置，雷达微波传输方向应朝向车辆减速器最远端线路中心处，与车辆减速器之间不得有跨越股道的人行道路。

测速雷达的命名：第Ⅰ、第Ⅱ制动位雷达以大写字母"L"+"场号"+"部位号"+"编号"表示；"编号"按节顺序编号；以靠近1股道，近峰顶编号为1。第Ⅲ制动位雷达以大写字母"L"+"场号"+"部位号"+"股道号"表示。车站中只有一个驼峰时场号不出现。例如，第Ⅰ制动位第二台雷达表示为L12；第Ⅱ制动位第四台雷达表示为L24；第Ⅲ制动位六股道雷达表示为L306。车站中有多个驼峰时，Ⅱ场第Ⅰ制动位第二台雷达表示为L212；第Ⅴ制动位六股道雷达表示为L5306。

(2)测长设备

测长设备的设置应符合下列规定：

①驼峰溜放速度控制系统应设置测长设备，测长设备测量范围为编组线车辆减速器出口轨道绝缘节起到系统有效控制区终端止；

②具有溜放作业的编组线应设置测长区段，每条编组线测长区段宜采用一段轨道电路完成测量，对安装第Ⅳ制动位车辆减速器的驼峰也可采用两段轨道电路；

③测长区段末端应单独设置绝缘节，并采用双根连接线短路；测长区段末端绝缘节不应侵入尾部停车防溜装置内方，并与调车场尾部绝缘节保持适当距离；

④测长轨道电路内钢轨应采用双根轨端接续线，双根钢轨连接线；轨距杆应与钢轨绝缘。

测长设备的命名：以字母"CG"后缀以测长设备所处股道的阿拉伯数字编号表示，当车站中多个驼峰时还需增加场号。

(3)测重设备

测重设备的设置应符合下列规定：

①驼峰溜放速度控制系统应设置测重设备；

②每条溜放线应设置1台测重传感器；

③测重传感器宜设置于驼峰第一分路道岔保护区段内，安装位置应在保护区段短轨中部。

测重设备的命名：以字母"CZ"后缀以阿拉伯数字编号表示，以靠近一股道编号为1，当车站中多个驼峰时还需增加场号测重设备以字母"CZ"后缀以阿拉伯数字编号表示，以靠近一股道编号为1，当车站中多个驼峰时还需增加场号。

(4)车轮传感器

车轮传感器的设置应符合下列规定：

①驼峰溜放速度控制系统应设置车轮传感器；

②减速器入口前方、第一分路道岔保护区段内应设置车轮传感器，根据驼峰控制系统的需要其他位置也可设置车轮传感器；

③车轮传感器安装位置应符合驼峰溜放速度控制系统使用要求，且距轨道区段绝缘节应不小于0.6 m。

车轮传感器的命名：车辆减速器处车轮传感器以字母“JTB”后缀以相邻车辆减速器的阿拉伯数字编号；道岔处车轮传感器以字母“TB”后缀以相邻道岔编号；第一分路道岔测重设备处车轮传感器以字母“TB”后缀相邻道岔编号及顺序编号，近峰顶编号为1。

(5)光挡

光挡主要是用来判断溜放车组的分钩，判断车组受风面积。如果沿线安装两组光挡，则按其阻断和恢复的次序，可判断车辆是溜放、上峰还是钓鱼回拉，从而正确处理信息的传递。为防止人为干扰，光挡应与轨道电路配合使用。

(6)气象站

气象站是用来实现在室外测量风向、风速、温度、湿度，用于计算减速器出口速度和系统自动校正的功能。气象站由风向、风速仪、温度计组成，安装在峰顶和编组场内轴线上，将测得的风向、风速、气温转换成电信号，输入计算机，与光挡测得的车组受风面积一起，作为确定车组的基本阻力、风阻力的主要参数之一。

10. 驼峰动力系统

根据车辆减速器对动力供应的要求，应设专用的驼峰动力系统——动力站，不间断地向全场供给动力。有液压动力站和空压动力站两种，分别用于采用液压车辆减速器和空压车辆减速器的驼峰调车场。

动力站设在驼峰调车场内主要制动位或车辆减速器集中部位附近，并设置自动监控设备。在发生停电时其蓄能容量应保证对峰顶已摘钩的溜放车组进行有效制动和缓解。

驼峰动力系统控制方式可采用自动控制或手动控制，且手动控制优先。

11. 停车器

停车器设在编组线尾部。停车器平时处于制动状态，对溜放车组起制动停车作用，取代防溜铁鞋，当有机车进入编组线作业时，控制停车器到缓解状态，不对机车起制动作用。根据驼峰及峰尾进路信息，可对停车器进行自动控制，也可进行手动控制，并具有优先权。

第三节 驼峰信号联锁表

和车站信号联锁表一样，驼峰信号联锁表是根据驼峰信号平面布置图所展示的线路、道岔、信号机、轨道电路区段等情况，按规定的原则和格式编制的。联锁表以进路为主体，逐条地把排列进路需顺序按压的按钮、防护该进路的信号机名称和显示、进路要求检查并锁闭的道岔编号和位置、进路应检查的轨道电路区段名称，以及与所排进路敌对的信号填写清楚。

一、驼峰信号联锁表的内容

驼峰信号联锁表应有下列内容：

方向栏。进路性质(含推送、调车进路)及进路始端。

进路栏。逐条列出调车进路，以进路终端信号机或进路终端的股道号来区分。

排列进路按下按钮栏。填写排列该进路时需按下的按钮名称。

信号机栏。排列该进路时应开放信号机的名称及其显示，包括线路表示器的名称及其显示。

道岔栏。进路中的全部道岔以及防护和带动道岔。

敌对信号栏。进路中的全部敌对信号。

其他联锁栏。场间联系、编发线锁闭等。

二、驼峰的敌对进路

驼峰电路设计时，对下列规定的敌对进路必须照查，严禁同时开通。

(1)推送进路与重叠的调车进路。

(2)对向重叠的调车进路。

(3)向驼峰推送车列占用的股道与另一端向该股道的接车或调车进路。

三、驼峰调车进路控制

驼峰调车进路应包括峰上调车进路(俗称峰上联锁)、推峰机车上下峰进路。

驼峰峰上调车进路中有关的道岔均应与防护该进路的信号机互相联锁，敌对进路之间必须互相照查并应满足下列技术条件的要求：

(1)进路上有关道岔位置不正确，敌对进路未解锁或照查条件不符合时，防护该进路道岔的信号机不得开放。

(2)防护进路的信号机开放后，与该进路有关的道岔应被锁闭，敌对信号机不得开放。

(3)防护进路中的道岔及轨道区段被车占用(允许停放车的股道、无岔区段除外，线束调车信号机防护的道岔及轨道区段可不检查被车占用)，该防护信号机不得开放。

(4)允许停放车辆的无岔区段有车占用时，可以向该区段排列进路。

(5)当向邻接的联锁区开通进路时，应与邻接联锁区照查锁闭。

四、驼峰信号联锁表举例

图 1-2 所示驼峰调车场的驼峰信号联锁表如表 1-1 所列。

进路栏，对于调车进路：由 $D_{\times\times}$ 信号机调车时记作“由 $D_{\times\times}$”，调车至另一顺向调车信号机时记作“至 $D_{\times\times}$”，调车至股道记作“至×股道”。

道岔栏，顺序填写进路中所包括的全部道岔及防护和带动道岔的编号和位置。其填写方式如：×，表示将×号道岔锁在定位；(×)，表示将×号道岔锁在反位；[×]，表示将×号道岔防护在定位；[(×)]，表示将×号道岔防护在反位；{×}，表示将×号道岔带动到定位；{(×)}，表示将×号道岔带动到反位。

敌对进路栏，有条件敌对时的填写方式为，＜×＞$D_{\times\times}$，经×号道岔定位的 $D_{\times\times}$ 信号机为所排进路的敌对信号；＜(×)＞$D_{\times\times}$，经×号道岔反位的 $D_{\times\times}$ 信号机为所排进路的敌对信号。

轨道电路区段栏，＜×＞×DG，表示当×号道岔在定位时排列进路须检查侵限绝缘区段×DG 空闲；＜(×)＞×DG，表示当×号道岔在反位时排列进路须检查侵限绝缘区段×DG 空闲。

但是，驼峰信号联锁表也有如下有别于车站联锁表之处：

(1)只有调车进路，一般不存在列车进路。

(2)线束调车信号机防护的进路可不检查轨道区段。

(3)其他联锁条件只有场间联系、编发线锁闭，没有与闭塞的联系。

表 1-1　驼峰信号联锁表

方向			进路号码	进路	排列进路按下的按钮	信号机			道岔	敌对信号	轨道区段	其他
						名称	显示	表示器				
调车进路	由	D_{202}	1	至 T_1D	$D_{202}A$、T_1DA	D_{202}	B		202、204	T_1(HS)、<210、216>D_{214}、<(210)、(212)>)D_{216}	202DG、204DG	
			2	向 D_{206}	$D_{202}A$、$D_{206}A$	D_{202}	B		(202)	D_{206}、T_1(HS)	202DG、204DG、202/264WG	
			3	向 D_{210}	$D_{202}A$、$D_{210}A$	D_{202}	B		202、(204)	D_{210}、T_1(HS)	202DG、204DG、204/262WG、T_1G	
		D_{204}	4	至 T_2D	$D_{204}A$、T_2DA	D_{204}	B		206、208	T_2(HS)、<212、214>D_{216}、<(214)、(216>)D_{214}	206DG、208DG	
			5	向 D_{208}	$D_{204}A$、$D_{208}A$	D_{204}	B		(206)	D_{208}、T_2(HS)	206DG、208DG、206/270WG	
			6	向 D_{212}	$D_{204}A$、$D_{212}A$	D_{204}	B		206、(208)	D_{212}、T_2(HS)	206DG、208DG、208/268WG、T_2G	
		D_{206}	7	向 D_{202}	$D_{206}A$、$D_{202}A$	D_{206}	B		(202)	D_{202}、T_1(BS)	202DG、204DG、T_1G	CL
		D_{208}	8	向 D_{204}	$D_{208}A$、$D_{204}A$	D_{208}	B		(206)	D_{204}、T_2(HS)	204DG、208DG、T_2G	CL
		D_{210}	9	向 D_{202}	$D_{210}A$、$D_{202}A$	D_{210}	B		(204)、202	D_{202}、T_1(BS)	204DG、204DG、T_1G	CL
		D_{212}	10	向 D_{204}	$D_{212}A$、$D_{204}A$	D_{212}	B		(208)、206	D_{204}、T_2(HS)	208DG、204DG、T_2G	CL
		D_{214}	11	向 D_{202}	$D_{214}A$、$D_{202}A$	D_{214}	B		216、210、204、202	D_{202}、T_1(US、LS、L、B)	216DG、210DG、204DG、202DG、T_1G	CL
			12	向 D_{204}	$D_{214}A$、$D_{204}A$	D_{214}	B		(216)、(214)、[210]、[212]、208、206	D_{204}、T_2(US、LS、L、B)	216DG、214DG、208DG、206DG、T_2G	CL
		D_{216}	13	向 D_{202}	$D_{216}A$、$D_{202}A$	D_{216}	B		(212)、(210)、[214]、[216]、204、202	D_{202}、T_1(US、LS、L、B)	212DG、210DG、204DG、202DG、T_2G	CL
			14	向 D_{204}	$D_{216}A$、$D_{204}A$	D_{216}	B		212、214、208、206	D_{204}、T_2(US、LS、L、B)	212DG、214DG、208/214G、208DG、206DG、T_2G	CL
		D_{218}	15	至 D_{234}	$D_{218}A$、$D_{236}A$	D_{218}	B		(218)	D_{236}	218DG、J_3-J_4G	
			16	至 D_{238}	$D_{218}A$、$D_{240}A$	D_{218}	B		218	D_{240}	218DG、J_5-J_6G	

续上表

方向			进路号码	进路	排列进路按下的按钮	信号机			道岔	敌对信号	轨道区段	其他
						名称	显示	表示器				
调车进路	由	D_{220}	17	至D_{242}	D_{220}A、D_{244}A	D_{220}	B		220	D_{244}	220DG、J_7-J_8G	
			18	至D_{246}	D_{218}A、D_{248}A	D_{220}	B		(220)	D_{248}	220DG、J_9-J_{10}G	
		D_{222}	19	向D_{230}	D_{222}A、D_{230}A	D_{222}	B		(262/264)	D_{230}	262DG、264DG、264/266WG	
		D_{224}	20	向D_{230}	D_{224}A、D_{230}A	D_{224}	B		262/264	D_{230}	264DG、264/266WG、266DG	
		D_{226}	21	向D_{232}	D_{226}A、D_{232}A	D_{226}	B		(268/270)	D_{232}	268DG、270DG、270/272WG	
		D_{228}	22	向D_{232}	D_{228}A、D_{232}A	D_{228}	B		268/270	D_{232}	270DG、270/272WG、272DG	
		D_{230}	23	向D_{224}	D_{230}A、D_{224}A	D_{230}	B		262/264	D_{224}、D_{202}	264DG、202/264WG	
			24	向D_{222}	D_{230}A、D_{222}A	D_{230}	B		(262/264)	D_{222}、D_{202}	264DG、262DG、204/262WG	
		D_{232}	25	向D_{226}	D_{232}A、D_{226}A	D_{232}	B		(268/270)	D_{226}、D_{204}	270DG、268DG、208/268WG	
			26	向D_{228}	D_{232}A、D_{228}A	D_{232}	B		268/270	D_{228}、D_{204}	270DG、206/270WG	
		D_{234}	27	向1道	D_{234}A、D_{250}A	D_{234}	B		222、(226)、266	D_{236}、<266>D_{250}		
			28	向2道	D_{234}A、2GA	D_{234}	B		222、226	D_{236}		
			29	向3道	D_{234}A、3GA	D_{234}	B		(222)、224、(228)	D_{236}		
			30	向4道	D_{234}A、4GA	D_{234}	B		(222)、224、228	D_{236}		
			31	向5道	D_{234}A、5GA	D_{234}	B		(222)、(224)、230	D_{236}		
			32	向6道	D_{234}A、6GA	D_{234}	B		(222)、(224)、(230)	D_{236}		
		1G	33	至D_{214}	D_{250}A、D_{218}A	D_{236}	B	B_1	266、(226)、222、(218)	D_{218}、D_{234}、<210、216>T_1(US、LS、L、B)、<(214)、(216)>T_2(US、LS、L、B)		
		2G	34	至D_{214}	2GA、D_{218}A	D_{236}	B	B_2	226、222、(218)	D_{218}、D_{234}、<210、216>T_1(US、LS、L、B)、<(214)、(216)>T_2(US、LS、L、B)		

续上表

方向			进路号码	进路	排列进路按下的按钮	信号机			道岔	敌对信号	轨道区段	其他
						名称	显示	表示器				
调车进路	由	3G	35	至 D_{214}	3GA、D_{218}A	D_{236}	B	B_3	(228)、224、(222)、(218)	D_{218}、D_{234}、<210、216>T_1(US、LS、L、B)、<(214)、(216)>T_2(US、LS、L、B)		
		4G	36	至 D_{214}	4GA、D_{218}A	D_{236}	B	B_4	228、224、(222)、(218)	D_{218}、D_{234}、<210、216>T_1(US、LS、L、B)、<(214)、(216)>T_2(US、LS、L、B)		
		5G	37	至 D_{214}	5GA、D_{218}A	D_{236}	B	B_5	230、(224)、(222)、(218)	D_{218}、D_{234}、<210、216>T_1(US、LS、L、B)、<(214)、(216)>T_2(US、LS、L、B)		
		6G	38	至 D_{214}	6GA、D_{218}A	D_{236}	B	B_6	(230)、(224)、(222)、(218)	D_{218}、D_{234}、<210、216>T_1(US、LS、L、B)、<(214)、(216)>T_2(US、LS、L、B)		
		D_{238}	39	向 7 道	D_{238}A、7GA	D_{238}	B		(232)、(234)	D_{240}		
			40	向 8 道	D_{238}A、8GA	D_{238}	B		(232)、234、(238)	D_{240}		
			41	向 9 道	D_{238}A、9GA	D_{238}	B		(232)、234、238	D_{240}		
			42	向 10 道	D_{238}A、10GA	D_{238}	B		232、236、(240)	D_{240}		
			43	向 11 道	D_{238}A、11GA	D_{238}	B		232、236、240	D_{240}		
			44	向 12 道	D_{238}A、12GA	D_{238}	B		232、(236)	D_{240}		
		7G	45	至 D_{214}	7GA、D_{218}A	D_{240}	B	B_7	(234)、(232)、218	D_{218}、D_{238}、<210、216>T_1(US、LS、L、B)、<(214)、(216)>T_2(US、LS、L、B)		

续上表

方向			进路号码	进路	排列进路按下的按钮	信号机			道岔	敌对信号	轨道区段	其他
						名称	显示	表示器				
调车进路	由	8G	46	至 D_{214}	8GA、D_{218}A	D_{240}	B	B_8	(238)、234、(232)、218	D_{218}、D_{238}、<210、216>T_1(US、LS、L、B)、<(214)、(216)>T_2(US、LS、L、B)		
		9G	47	至 D_{214}	9GA、D_{218}A	D_{240}	B	B_9	238、234、(232)、218	D_{218}、D_{238}、<210、216>T_1(US、LS、L、B)、<(214)、(216)>T_2(US、LS、L、B)		
		10G	48	至 D_{214}	10GA、D_{218}A	D_{240}	B	B_{10}	(240)、236、232、218	D_{218}、D_{238}、<210、216>T_1(US、LS、L、B)、<(214)、(216)>T_2(US、LS、L、B)		
		11G	49	至 D_{214}	11GA、D_{218}A	D_{240}	B	B_{11}	240、236、232、218	D_{218}、D_{238}、<210、216>T_1(US、LS、L、B)、<(214)、(216)>T_2(US、LS、L、B)		
		12G	50	至 D_{214}	12GA、D_{218}A	D_{240}	B	B_{12}	(236)、232、218	D_{218}、D_{238}、<210、216>T_1(US、LS、L、B)、<(214)、(216)>T_2(US、LS、L、B)		
		D_{242}	51	向 13 道	D_{242}A、13GA	D_{242}	B		242、(244)	D_{244}		
			52	向 14 道	D_{242}A、14GA	D_{242}	B		242、244、248	D_{244}		
			53	向 15 道	D_{242}A、15GA	D_{242}	B		242、244、(248)	D_{244}		
			54	向 16 道	D_{242}A、16GA	D_{242}	B		(242)、246、250	D_{244}		
			55	向 17 道	D_{242}A、17GA	D_{242}	B		(242)、246、(250)	D_{244}		
			56	向 18 道	D_{242}A、18GA	D_{242}	B		(242)、(246)	D_{244}		

续上表

方向			进路号码	进路	排列进路按下的按钮	信号机			道岔	敌对信号	轨道区段	其他
						名称	显示	表示器				
调车进路	由	13G	57	至 D_{216}	13GA、D_{220}A	D_{244}	B	B_{13}	(244)、242、220	D_{220}、D_{242}、＜(210)、(212)＞T_1(US、LS、L、B)、＜214、216＞T_2(US、LS、L、B)		
		14G	58	至 D_{216}	14GA、D_{220}A	D_{244}	B	B_{14}	248、244、242、220	D_{220}、D_{242}、＜(210)、(212)＞T_1(US、LS、L、B)、＜214、216＞T_2(US、LS、L、B)		
		15G	59	至 D_{216}	15GA、D_{220}A	D_{244}	B	B_{15}	(248)、244、242、220	D_{220}、D_{242}、＜(210)、(212)＞T_1(US、LS、L、B)、＜214、216＞T_2(US、LS、L、B)		
		16G	60	至 D_{216}	16GA、D_{220}A	D_{244}	B	B_{16}	250、246、(242)、220	D_{220}、D_{242}、＜(210)、(212)＞T_1(US、LS、L、B)、＜214、216＞T_2(US、LS、L、B)		
		17G	61	至 D_{216}	17GA、D_{220}A	D_{244}	B	B_{17}	(250)、246、(242)、220	D_{220}、D_{242}、＜(210)、(212)＞T_1(US、LS、L、B)、＜214、216＞T_2(US、LS、L、B)		
		18G	62	至 D_{216}	18GA、D_{220}A	D_{244}	B	B_{18}	(246)、(242)、220	D_{220}、D_{242}、＜(210)、(212)＞T_1(US、LS、L、B)、＜214、216＞T_2(US、LS、L、B)		
		D_{246}	63	向 19 道	D_{246}A、19GA	D_{246}	B		252、254、(256)	D_{248}		
			64	向 20 道	D_{246}A、20GA	D_{246}	B		252、254、256	D_{248}		
			65	向 21 道	D_{246}A、21GA	D_{246}	B		252、(254)、258	D_{248}		
			66	向 22 道	D_{246}A、22GA	D_{246}	B		252、(254)、(258)	D_{248}		

续上表

方向			进路号码	进路	排列进路按下的按钮	信号机			道岔	敌对信号	轨道区段	其他
						名称	显示	表示器				
调车进路	由	D_{246}	67	向 23 道	D_{246}A、23GA	D_{246}	B		(252)、260	D_{248}		
			68	向 24 道	D_{246}A、D_{252}A	D_{246}	B		(252)、(260)	D_{248}、<272>D_{252}		
		19G	69	至 D_{216}	19GA、D_{220}A	D_{248}	B	B_{19}	(256)、254、252、(220)	D_{220}、D_{246}、<(210)、(212)>T_1(US、LS、L、B)、<214、216>T_2(US、LS、L、B)		
		20G	70	至 D_{216}	20GA、D_{220}A	D_{248}	B	B_{20}	256、254、252、(220)	D_{220}、D_{246}、<(210)、(212)>T_1(US、LS、L、B)、<214、216>T_2(US、LS、L、B)		
		21G	71	至 D_{216}	21GA、D_{220}A	D_{248}	B	B_{21}	258、(254)、252、(220)	D_{220}、D_{246}、<(210)、(212)>T_1(US、LS、L、B)、<214、216>T_2(US、LS、L、B)		
		22G	72	至 D_{216}	22GA、D_{220}A	D_{248}	B	B_{22}	(258)、(254)、252、(220)	D_{220}、D_{246}、<(210)、(212)>T_1(US、LS、L、B)、<214、216>T_2(US、LS、L、B)		
		23G	73	至 D_{216}	23GA、D_{220}A	D_{248}	B	B_{23}	260、(252)、(220)	D_{220}、D_{246}、<(210)、(212)>T_1(US、LS、L、B)、<214、216>T_2(US、LS、L、B)		
		24G	74	至 D_{216}	D_{252}A、D_{220}A	D_{248}	B	B_{24}	(260)、(252)、(220)	D_{220}、D_{246}、<(210)、(212)>T_1(US、LS、L、B)、<214、216>T_2(US、LS、L、B)		
		D_{250}	75	至 D_{230}	D_{250}A、D_{230}A	D_{250}	B		(266)	D_{222}、D_{224}	266DG	
		D_{252}	76	至 D_{232}	D_{252}A、D_{232}A	D_{252}	B		(272)	D_{226}、D_{228}	272DG	

续上表

方向			进路号码	进路	排列进路按下的按钮	信号机			道岔	敌对信号	轨道区段	其他
						名称	显示	表示器				
调车进路	由	T_1D	77	至 D_{218}	T_1DA、$D_{218}A$	T_1	B		210、216	D_{214}、D_{236}、D_{240}、T_1(HS)	T_1G、210DG、216DG	
			78	至 D_{220}	T_1DA、$D_{220}A$	T_1	B		(210)、(212)、[214]、[216]	D_{214}、D_{236}、D_{240}、T_1(HS)	T_1G、210DG、212DG	
		T_2D	79	至 D_{218}	T_2DA、$D_{218}A$	T_2	B		(214)、(216)、[210]、[212]	D_{216}、D_{244}、D_{248}、T_2(HS)	T_2G、214DG、216DG	
			80	至 D_{220}	T_2DA、$D_{220}A$	T_2	B		214、212	D_{216}、D_{244}、D_{248}、T_2(HS)	T_2G、214DG、212DG	
解体	由	T_1	81	向 1～6 道		T_1	US、LS、L		202、204、210、216、218	D_{214}、D_{236}		
			82	向 7～12 道		T_1	US、LS、L		202、204、210、216、(218)	D_{214}、D_{240}		
			83	向 13～18 道		T_1	US、LS、L		202、204、(210)、(212)、[214]、[216]、220	D_{216}、D_{244}		
			84	向 19～24 道		T_1	US、LS、L		202、204、(210)、(212)、[210]、[212]、(220)	D_{216}、D_{248}		
			85	向 D_{206}		T_1	BS		(202)	D_{206}	202DG、204DG	
			86	向 D_{210}		T_1	BS		(204)	D_{210}	204DG	
			87	由峰下后退		T_1	HS		204、202	D_{202}		
			88	由禁溜线后退		T_1	HS		(204)、202	D_{202}	204DG、202DG	CL
		T_2	89	向 1～6 道		T_2	US、LS、L		206、208、(214)、(216)、[210]、[212]、218	D_{214}、D_{236}		
			90	向 7～12 道		T_2	US、LS、L		206、208、(214)、(216)、[210]、[212]、(218)	D_{214}、D_{240}		

续上表

方向			进路号码	进路	排列进路按下的按钮	信号机			道岔	敌对信号	轨道区段	其他
						名称	显示	表示器				
解体	由	T_2	91	向13～18道		T_2	US、LS、L		206、208、214、212、220	D_{216}、D_{244}		
			92	向19～24道		T_2	US、LS、L		206、208、214、212、(220)	D_{216}、D_{248}		
			93	向D_{208}		T_2	BS		(206)	D_{208}	206DG、208DG	
			94	向D_{212}		T_2	BS		(208)	D_{212}	208DG	
			95	由峰下后退		T_2	HS		208、206	D_{204}		
			96	由禁溜线后退		T_2	HS		(208)、206	D_{204}	208DG、206DG	CL

第四节　驼峰信号技术的发展

一、驼峰信号及编组站自动化的发展

中国驼峰调车始于1931年。驼峰信号的研究始于1958年，当时，编组站“平地起包”，开创了利用重力调车的新局面，实现了调车作业驼峰化。1960年，在苏家屯编组站上行建成了中国第一个机械化驼峰。随着DK-59和66-11型车辆减速器的研制成功，逐步开始推广机械化驼峰调车技术。1978年在丰台西、南翔编组站建成了半自动化驼峰，1979年通过铁道部技术鉴定并逐步在中国铁路推广。1984年，在南翔编组站建成了第一个利用国产小型计算机完成的集中控制的全场点式打靶调速自动化驼峰，减速器—推送小车点连式调速系统在徐州北编组站建成并通过鉴定。1989年，在郑州北编组站建成了第一个分散控制的综合自动化编组站。20世纪90年代，中国铁路全面推广驼峰自动化和编组站综合自动化技术，在20世纪末已建成郑州北、石家庄、阜阳北、向塘西等一批综合自动化编组站。2007年，编组站综合集成自动化系统(CIPS)在成都北站建成应用。2009年，编组站综合自动化(SAM)在新丰镇站投入使用，使编组站自动化进入一个新的发展阶段。目前，我国铁路大部分编组站实现驼峰自动化，驼峰自动化技术达到国际先进水平。

二、驼峰控制技术的发展

1. 驼峰推峰速度控制技术的发展

为了提高驼峰解体能力，解决推峰机车瞭望地面信号的困难，1978年研制成功了驼峰机车信号，1989年研制成功了驼峰机车遥控设备，1995年在阜阳北和向塘西编组站实现了计算机对推峰机车的无线遥控。

2. 驼峰溜放进路控制技术的发展

驼峰钩车溜放进路控制，早期是分散人工扳道，1959年使用了集中操纵的动力转辙机的电气集中设备，1962年研制成功程序控制的驼峰道岔自动集中，1982年完成了安全型继电器构成进路命令储存器的研制，并得到推广。1986年微型计算机驼峰溜放进路控制在山海关编组站投入使用。1995年，在阜阳北、向塘西自动化驼峰中将驼峰溜放进路、推送进路和调车进路纳入计算机控制。

3. 驼峰溜放速度控制技术的发展

1992年，TWK-1型驼峰溜放速度控制系统在德州站试验成功。1994年，驼峰微机分线控制系统在呼和浩特站投入运用。随后，微机可控顶调速系统也相继通过鉴定，使中小能力驼峰的技术改造加快了进程。1993年，TBZK和FTK型分布式驼峰自动控制系统在石家庄编组站下、上行场开通使用，并形成了综合自动化，使驼峰自动化及编组站综合自动化的推广速度大大加快了。1995年，和美国公司合作完成了向塘西、阜阳北2个编组站的综合自动化(DDC系统)，从而使中国的综合自动化编组站达到了国际先进水平。

4. 驼峰作业过程控制系统的发展

1999年，研究将驼峰溜放进路控制、驼峰溜放速度控制、驼峰溜放速度控制融为一体，构成驼峰作业过程控制系统。主要有TW-2系列组态系统、FTK系统和TYWK计算机一体化

控制系统，及 TBZK 型系统、YARDS-2000C 等系统。

三、调速设备的发展

1960 年，在苏家屯编组站恢复仿制美国的 1 型减速器（EP-31），1962 年将 EP-31 型改良为 GEP-31 型。1960 年又仿制了苏联的气动外力式车辆减速器（DK-59 型）。1966 年，中国自行研制成功 T·JY 型（66-11 型）单轨条液压重力式车辆减速器。1977 年，在 DK-59 型的基础上，又研制成功 T·JK 型（DK-77 型）气动外力式车辆减速器，在机械化驼峰中推广较多。1975 年以后，先后研制成功 T·JY1 型（7501 型）和 T-JY2 型浮轨液压重力式减速器。1986 年研制成功 T·JK2 型浮轨气动重力式减速器。1987 年研制了用于间隔制动位的气动、液压浮轨重力式减速器 T·JK3 和 T·JY3 型。经不断改进和提高，逐步形成了气动、液压 2 个间隔制动和目的制动浮轨重力式系列化产品：T·JK(Y)3-A(50) 和 T·JK(Y)2-B(50) 型，在各编组站得到大量推广应用，取得了显著的社会经济效益。1994 年在原有浮轨重力式结构的基础上，研制了电机驱动的减速器。

1975 年研制液压减速单元（减速顶），经不断改进与提高，成功推广 T·DJ 和 T·DW 型内外侧减速顶，以及可控顶、加减速顶和停车顶等。1984 年研制液压绳索牵引推送小车，在徐州北编组站使用。

四、测量设备的发展

1. 测速设备的发展

从 20 世纪 60 年代初开始研制驼峰测量设备。1965 年研制电子管 3 cm 波测速雷达，1977 年研制 TZ-103 型驼峰晶体管 3 cm 波测速雷达和半自动调速机并推广应用，1984 年又研制 TZ-104 型微型计算机驼峰雷达控制机。1993 年研制成功 T·CL-2 型 8 mm 波测速雷达，该雷达技术先进，设计合理，已在各驼峰调车场大量推广应用。

2. 测长设备的发展

1973 年研制 GC-102 型音频静态测长器，1979 年完成 TDC-103A 型音频动态测长器的研制，并逐渐推广应用。在 20 世纪 80 年代先后研制成功一个区段可测量 900 m 以上的音频测长器 T·CJ-1 型和 T·CW1 型驼峰微型计算机测长系统，替代了分段相加的测长设备。1992 年，TWGC-1 型微型计算机工频测长设备投入使用。1995 年，在徐州、阜阳北和向塘西编组站使用了美国公司的工频测长系统。各种测长设备在这一时期先后大量推广，测量精度和可靠性大大提高。

3. 测重设备的发展

1960 年开始研制测重机。1986 年研制成功塞孔式压磁传感器，直接安装在轨腰上，利用钢轨内部剪应力测量货车质量。塞孔式压磁测重机信号大、可靠性高，已在各驼峰场推广使用，效果良好。

4. 车轮传感器的发展

自 20 世纪 60 年代初开始，曾多次研制过机械式车轮传感器（踏板），但性能均未达到稳定可靠工作的要求。与此同时，仿制了当时苏联的无源踏板，经改进后于 1978 年得到广泛应用。它结构简单、可靠性高，可在全天候条件下使用，但车速低于 3 km/h 时，检测困难，且不能判向。1993 年研制成功 T·MS 型有源车轮传感器，它解决了车辆低速运行时的检测可靠性问题，适应车速范围为 0～60 km/h，并能判向、准确定点，体积小，得到大量推广使用。

在驼峰测量设备中，1995 年在阜阳北、向塘西编组站综合自动化系统中，首先使用了光挡、气象站和车辆存在探测器等，效果良好。

驼峰转辙机、信号机和驼峰电源设备也在不断地改进和提高。

复习思考题

1. 何谓调车驼峰？有何作用？
2. 自动化驼峰对溜放纵断面的有哪些要求？驼峰由哪些部分组成？各起什么作用？
3. 驼峰如何分类？
4. 简述驼峰信号设备的组成。
5. 驼峰控制设备包括哪些？各起什么作用？
6. 驼峰基础设备包括哪些？各起什么作用？
7. 驼峰有哪些信号机？如何布置？
8. 驼峰有哪几种轨道电路？轨道电路如何划分？绝缘节如何设置？
9. 驼峰道岔如何设置转辙机？
10. 按钮柱有何作用？如何设置？
11. 限界检查器有何作用？如何设置？
12. 车辆减速器有何作用？如何设置？
13. 驼峰有哪些测量设备？有何作用？如何设置？
14. 驼峰信号联锁表包括哪些内容？
15. 简述驼峰信号技术的发展。

第二章　驼峰信号基础设备

第一节　快速转辙机

一、ZD7 型电动转辙机

ZD7 型电动转辙机是 ZD6 系列的快速转辙机，供驼峰调车场分路道岔用。ZD7 型电动转辙机的结构与 ZD6 系列大体相同，与 ZD6 系列转辙机结构的主要区别在于取消了减速齿轮，电动机输出轴直接与行星减速器的输入轴用 5×5×16 平键相连接，这样减速比为 41，而 ZD6 系列减速比为 3.815×41≈156.4，就保证了快速动作的要求。它取消了挤切销，改用连接销；取消了移位接触器，为不可挤型。

ZD7 型电动转辙机的派生型号有 ZD7-A 型和 ZD7-C 型。

1. ZD7-A 型电动转辙机

ZD7-A 型电动转辙机是 ZD7 型的改进产品。ZD7-A 型的主要改进点是：采用分激式直流串激电动机，定子绕组为正转、反转分开使用，以配合五线制道岔电路；速动衬套均加上用复合材料制成的衬套，改善了润滑性能；动接点拐轴与支架改用花链连接，工艺简单，精度易保证；动接点拐轴与接点座之间也采用复合材料衬套，在使用中不需加润滑剂，且更换方便；改进了手动断电结构。ZD7-A 型电动转辙机结构如图 2-1 所示。

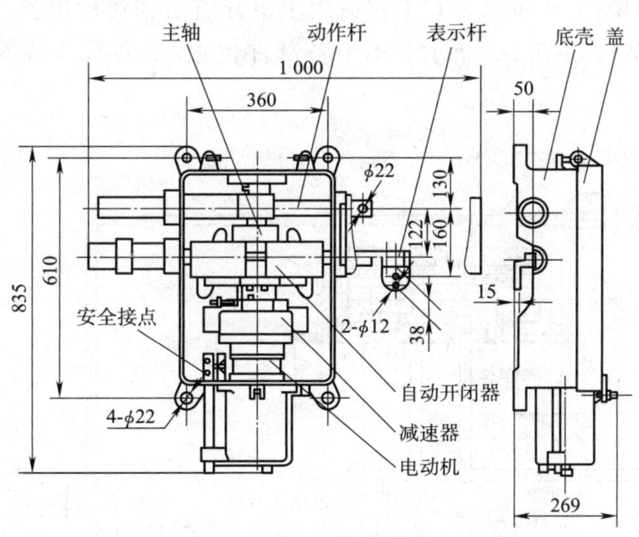

图 2-1　ZD7-A 型电动转辙机结构(单位:mm)

ZD7-A 型的主要技术特性：额定负载 1 470 N；额定直流电压 180 V；动作电流小于或等于 6 A；转换时间小于或等于 0.8 s；动作杆动程(165+2) mm；表示杆动程 86～167 mm。

ZD7-A 型用直流电动机电气参数：额定电压 180 V；额定电流小于或等于 5.6 A；摩擦电流

7.8～8.7 A；转速大于或等于 3 000 r/min；额定转矩 2.403 N·m；短时工作输出功率 750 V·A；单定子工作电阻 0.41 Ω；刷间总电阻 2.5 Ω。

2. ZD7-C 型电动转辙机

ZD7-C 型电动转辙机结构与 ZD7-A 型电动转辙机相同，只是加大了电动机的功率，额定转矩随之增大。

ZD7-C 型的主要技术特性：额定负载 2 450 N；额定直流电压 180 V；动作电流小于或等于 11 A；转换时间小于或等于 0.8 s；动作杆动程（156±2）mm；表示杆动程 86～167 mm。

ZD7-C 型直流电动机电气参数：额定电压 180 V；额定电流小于或等于 10.6 A；摩擦电流 13.5～16 A；转速大于或等于 3 250 r/min；额定转矩 4.2 N·m；短时工作输出功率 1 420 V·A；单定子工作电阻 0.22 Ω；刷间总电阻 1.46 Ω。

二、ZK 系列电空转辙机

电空转辙机以压缩空气为动力，具有拉力大、转换时间短的优点。但使用电空转辙机，需要有空气压缩机、储风缸、管路等风源设备，设备费用高，所以只在有风源设备的驼峰调车场道岔上使用。

目前，使用的电空转辙机有 ZK3、ZK3-A、ZK4 等型号。

驼峰调车场绝大部分是溜放作用，车辆对向经过道岔，只有机车上峰才顺向通过道岔，极少发生挤岔事故，所以电空转辙机没有考虑挤岔防护。

1. ZK3 型电空转辙机

ZK3 型电空转辙机转换力大，取消了机外关闭型锁闭器，改用机内机械锁闭和气锁闭，简化了结构，减少了零件断裂故障。它将滤气油雾、转换、锁闭和接点部分集中在一个箱体内，使转辙机安装与调整简单，便于维修。它不仅适用于单开道岔和对称道岔，还适用于三开道岔。ZK3 型电空转辙机结构如图 2-2 所示。图示各部件位置，是活塞杆拉入且到达最左侧时的位置。

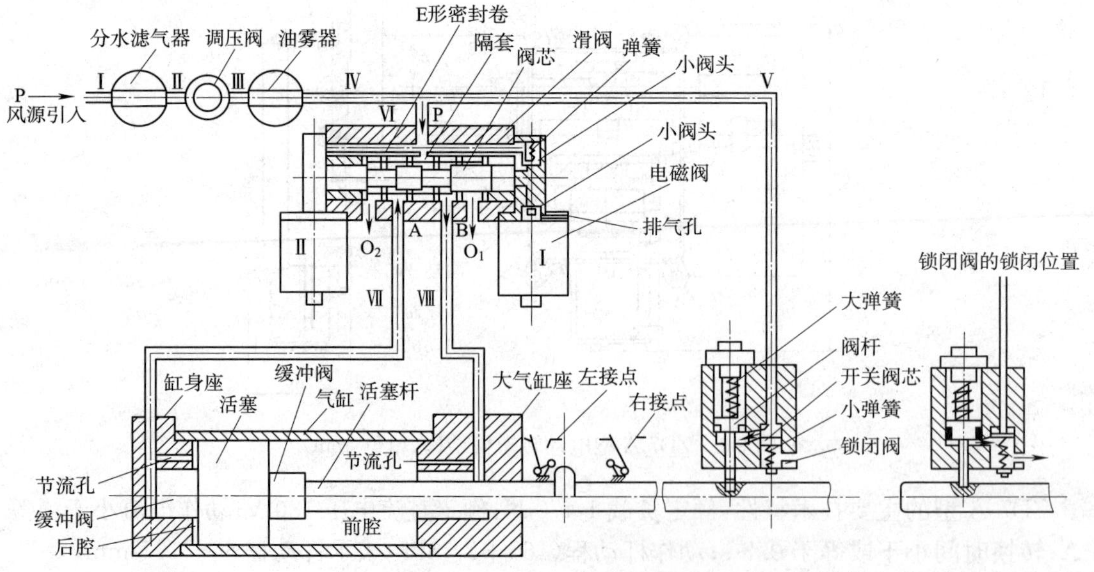

图 2-2　ZK3 型电空转辙机结构

(1)滤气、油雾

由外部气源引入气压大于或等于 550 kPa 的压缩空气,通过管Ⅰ流经分水滤气器,滤去微细污粒和水蒸气。净化干燥后的压缩空气经管Ⅱ到调压阀进行调压(额定压力为 550 kPa),再经管Ⅲ送往油雾器。具有一定压力的气体通过油雾器的喷射通管时,由于空吸作用将雾化油杯中的润滑油吸上来,与气体混合,变成雾状气流,达到润滑的目的。

管Ⅳ有两条分路,一条为管Ⅴ,通往锁闭阀;另一条为管Ⅵ,通向滑阀。

(2)解锁

经过管Ⅴ的压缩空气进入锁闭阀,空气压调整为 400 kPa,便克服了锁闭阀小弹簧的弹力,将开关阀芯推向下方,压缩空气经小孔道进入阀杆的下腔,压缩大弹簧将阀杆抬起,阀杆头部就由活塞杆的圆孔中拔出,使锁闭阀杆对活塞杆解锁。只要管路中停止输入大于或等于 400 kPa 的压缩空气,锁闭阀始终保持解锁状态。

(3)转换

流经管Ⅵ的压缩空气进入滑阀后,又分为三条支路。其中两条经小孔道分别通往左、右侧电磁阀上部的小阀头内腔,第三条为主通路,通往滑阀大腔孔。若接通左侧电磁阀的电源(直流 20 V),则衔铁吸起,顶起连接杆、阀杆及顶针,克服上部弹簧的弹力,将上部小阀头打开,同时将下部小阀头关闭,压缩空气便由左侧小通孔进入滑阀的左腔室,推动阀芯向右运动。此时由于右侧电磁阀未吸起,所以上部小阀头在弹簧作用下密封进气孔,下部小阀头打开排气孔。当阀芯向左运动时,滑阀右腔室内的空气便由排气孔排往大气。所以阀芯快速向右移动与缓冲垫相接触,在缓冲作用下阀芯停在右侧极限位置,导通了 P、A 输入气路和 AO_1 排气气路。于是,等待于 P 处的压缩空气顺着 PA 气路,经管Ⅶ分路到达气缸后腔,对活塞施加压力。在活塞杆随活塞向右运动的过程中,气缸前腔的气体经管Ⅷ和 AO_1 气路排向大气。在活塞将要到达右侧极限位置时,右侧缓冲阀将缸身座大排气孔堵住,气缸右侧的空气只能由孔径较细的节流孔往外排,来不及排出,被快速到来的活塞压缩而形成气垫,缓和了活塞的冲击。活塞杆即可通过密贴调整杆带动尖轨转换。

(4)接点转换表示

在活塞杆向右运动的过程中,装在活塞杆上左、右动作板随活塞杆开始向右运动(伸出时),就断开拉入状态的表示接点,动作终了时接通伸出状态的表示接点,来反映尖轨的位置。

(5)锁闭

①气锁闭

电磁阀通电后,滑阀阀芯到达极限位置,气路导通。即使断电,滑阀阀芯仍停留在动作以后的位置。因此,外部压缩空气始终以 550 kPa 的额定气压作用在活塞上,抵抗了活塞的反向运动,即锁闭了道岔。

②机械锁闭

当因故无压缩空气或气压降至 250 kPa 以下时,锁闭阀中开关阀芯便在小弹簧作用下往回滑动,堵住压缩空气进气孔而导通阀杆的下腔与排气孔,将储积在阀杆下腔的压缩空气排往大气。此时阀杆下移,其头部插入活塞杆的锁闭孔中,实行机械锁闭。

(6)挤岔

挤岔有两种情况,即有气压时和无气压时。

有气压时,即正常工作时,挤岔力由尖轨通过密贴调整杆传动到活塞杆,克服电空转辙机各部件的阻力及压缩空气在活塞杆上所产生的作用力,尖轨被挤到另一位置。

无气压(包括气压小于 250 kPa)时,锁闭杆阀杆头部将活塞锁住,如果挤岔力较大便将阀杆端部挤断。

但在使用过程中发现,它在转换、锁闭及表示系统等方面还存在着危及安全的缺陷,因此在 ZK3 型的基础上改进为 ZK3-A 型。

2. ZK3-A 型电空转辙机

ZK3-A 型是 ZK3 型的改进产品,它将锁闭阀改成经常锁闭状态,将分水滤室器、调压器、油雾器集成为两联体,在主气道的两联体后部增设了单向阀,增设了小锁闭阀及梭阀,增设了表示杆,采用了速动接点系统。

(1)ZK3-A 型电空转辙机结构

ZK3-A 型电空转辙机主要由气缸、滑阀(换向阀)、锁闭阀、表示接点系统及气源处理二联件等部件组成,如图 2-3 所示。

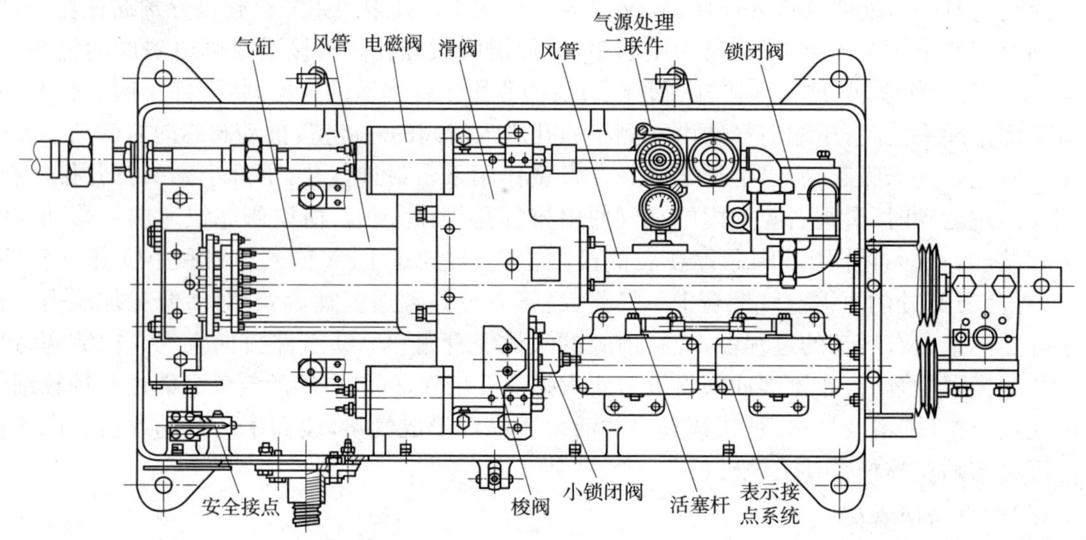

图 2-3　ZK3-A 型电空转辙机结构

①气缸

气缸主要由气缸体、活塞及活塞杆组成。活塞杆直接与道岔密贴调整杆相加,当压缩空气进入气缸推动活塞,使活塞杆伸出或缩进时带动道岔尖轨转换位置。

②滑阀

滑阀(换向阀)是 ZK3-A 型电空转辙机的控制机构,用来控制压缩空气进入气缸的方向(控制换向)及确保实现"软锁闭"。滑阀主要由滑阀体、滑阀芯、气隔离套圈、小锁闭阀、梭阀、电磁阀及单向阀等组成,如图 2-4 所示。ZK3-A 型与 ZK3 型的区别在于它的滑阀增加了小锁闭阀、梭阀及单向阀等,以及改进了滑阀芯的结构形式(一端延长并加钢套),以防止错误换向,进一步保证"软锁闭"的实现。所谓"软锁闭",就是依靠气缸中的压缩空气使道岔保持在规定位置的气压锁闭。

a. 滑阀芯与气隔离套圈

滑阀芯与气隔离套圈配合改变压缩空气进入气缸的方向,开关排气口。气隔离套圈由隔

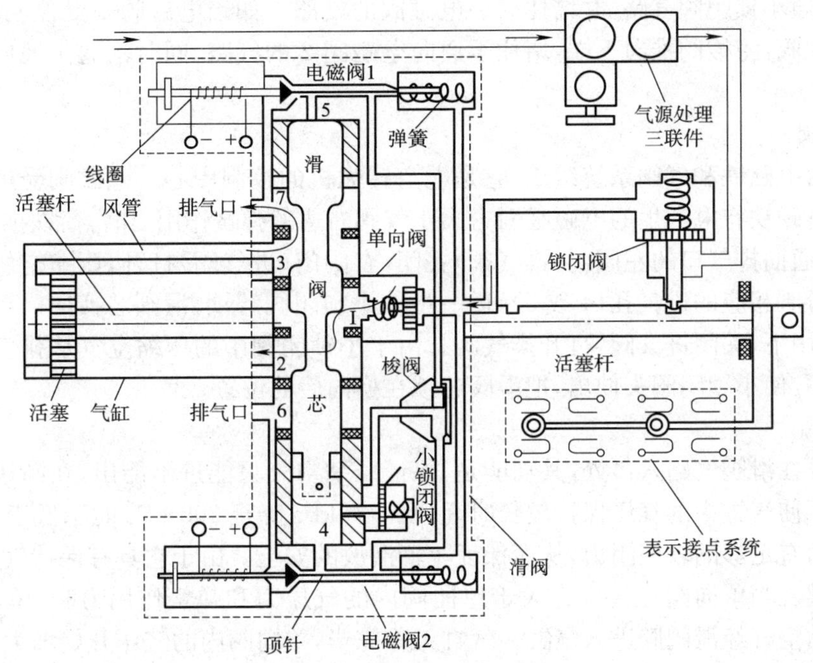

图 2-4　ZK3-A 型电空转辙机动作原理

圈、橡胶密封圈及垫圈组成，六个气隔离套圈被等距离地固定在滑阀体圆柱形空腔内。滑阀芯是一个直径粗细交替的铝质圆柱体，一端装有钢套，确保与小锁闭阀锁头接触时有足够的机械强度。当小锁闭阀活塞端部的锁头缩进时，滑阀芯可以在气隔离套圈中自由往返穿越。滑阀芯直径小的部分穿入气隔离套圈时，它们间接触的部分能密贴隔气。因此，滑阀芯位于不同的极端位置，可改变由单向阀进入的压缩空气通向气缸的方向。

如图 2-4 所示，滑阀芯位于上端时，压缩空气从滑阀体的进气口 1 进入滑阀腔，再由滑阀腔经滑阀体出气口 2 进入气缸活塞右边，推动活塞向左移动。同时滑阀芯将出气口 3 与排气口 7 的气路沟通，使气缸活塞左面的压缩空气经排气口 7 排向大气。在滑阀芯移至下端，出气口 3 与排气口 7 的气路隔断，进气口 1 与出气口 3 的气路沟通，压缩空气便进入气缸活塞左面，推动活塞向右移动。同时使出气口 2 与排气口 6 沟通，使气缸活塞右边的压缩空气从排气口 6 排向大气。

b. 小锁闭阀

小锁闭阀在未被控制或气压未达到解锁风压的情况下，锁住滑阀芯，防止滑阀芯由于振动等原因使滑阀芯自由移动而造成错误换向，同时也确保“软锁闭”的实现。被控制时压缩空气从电磁阀经梭阀进入小锁闭阀活塞的左边，当气压达到 400 kPa 时，气压力大于弹簧对活塞的作用力时，小锁闭阀的锁头缩进（即解锁），允许滑阀芯换向，使气缸换向。

c. 梭阀

电空转辙机每次受控制时，无论从定位到反位，还是从反位到定位，都要使小锁闭阀先解锁。如果小锁闭阀直接受电磁阀控制，上下两个电磁阀之间的气路就会相通，压缩空气便从不工作的电磁阀左边打开的排气阀排向大气，或部分进入滑阀另一端进气孔（4 或 5），使滑阀芯受到一个反向力，小锁闭阀不能解锁，滑阀也不能换向。为此，在电磁阀与小锁闭阀之间设一梭阀，用以沟通小锁闭阀气路，并堵住另一电磁阀的气路。如当电磁阀 1 受控制时，压缩空气从上面进入梭阀，将梭阀推向下端，堵住了通向电磁阀 2 的气路，同时沟通了通向小锁闭阀的气路。

d. 电磁阀

电磁阀由电磁铁和气阀系统组成，它是电空转辙机的控制中心。电磁阀受道岔控制电路的控制。当电磁铁有电产生的电磁吸引力大于气阀右边的弹簧作用力时，衔铁推动阀杆，顶针向右运动，使通向排气口的左阀门（排气阀）关闭，右阀门（进气阀）打开，压缩空气从进气阀门通向梭阀及滑阀相应的进气孔（4 或 5），进一步使小锁闭阀解锁，滑阀芯换向。当电磁铁失磁时，在弹簧作用下，关闭进气阀，打开排气阀。由于小锁闭阀中的压缩空气从排气阀排出和在弹簧的作用下，使小锁闭阀头伸出，把滑阀芯锁在换向后的位置。

e. 单向阀

单向阀设在滑阀气路入口处，其功能是，保证压缩空气只能进不能出，在断风和风源气压降压的情况下使气缸中的气压保持较长时间（从 500 kPa 降至 200 kPa 时不低于 3 min），确保在这段时间内有足够的软锁闭力，从而保证车辆溜放的安全。由于它具有保持气压的作用，故又称为保压阀。当单向阀外气压力大于单向阀内的气压力和弹簧作用力时，单向阀阀门（阀芯）打开，压缩空气经滑阀腔进入气缸。气缸工作完毕，单向阀内的气压开始增大，单向阀内的气压力和弹簧作用力之和大于单向阀外的气压力时，单向阀阀门关闭。在断风和风源气压下降时，单向阀内的气压大于外面的气压，再加上弹簧的作用，更使单向阀关闭。

③锁闭阀

锁闭阀用来实现电空转辙机内的机械锁闭。滑阀开始工作时，通向滑阀风管中的气压开始下降，即锁闭阀活塞上部的气压开始下降，活塞上部气压力与弹簧作用力之和小于活塞下部气压力时，锁闭阀活塞连同锁闭阀锁头向上移（缩进），锁头离开活塞杆上的定位或反位长圆孔，使其解锁，活塞杆即可伸出或缩进，带动道岔转换。在解锁过程中，压缩空气不停地经打开的锁闭阀门（锁闭阀活塞）进入滑阀。道岔转换完毕，滑阀的换向工作也告结束，这时锁闭阀活塞上部的气压开始增大，当作用在活塞上部的气压力与弹簧作用力之和大于活塞下部气压力时，活塞连同锁闭阀的锁头下移，锁头进入活塞杆的反位或定位长圆孔内，实现了机械锁闭。

④气源处理二联件

气源处理二联件就是把过滤调压阀和油雾器集成一体，以缩小体积。过滤调压阀由分水滤气器和调压阀组成，用来防止污物、异物及空气中的冷凝水进入气路，从而避免转辙机发生故障、机件生锈以致堵塞气路。调压阀的作用是使压缩空气在较大调压范围内保证输出压力稳定。油雾器使润滑油雾化后随气流进入需要润滑的机件，达到润滑的目的。气源处理二联件的功能是过滤、调压、润滑，故也称为气动三联件。

(2)ZK3-A 型电空转辙机动作过程

假设图 2-4 所示转辙机状态为定位，操纵后使其转换至反位。首先反位电磁阀（设电磁阀 1）受控，有电励磁，打开进气阀，关闭排气阀，压缩空气从进气阀进入通向梭阀和滑阀进气孔 5。通向梭阀的压缩空气将梭阀芯推向下端，堵住通往电磁阀 2 的通路；同时压缩空气进入小锁闭阀，当气压达到 400 kPa 时，小锁闭阀解锁，这时滑阀芯在进入进气孔 5 的压缩空气的作用下，推向另一极端（图中为下端）。滑阀芯移至下端，隔断了滑阀中的出气口 3 与排气口 7 的气路，沟通出气口 2 与排气口 6 的气路和进气口 1 与出气口 3 的气路。出气口 2 与排气口 6 的气路沟通后，使气缸活塞右边具有软锁闭功能的压缩空气迅速从排气口排向大气；同时，由于进气口1与出气口3沟通，进气口1的滑阀腔中的气压急剧下降，单向阀外气压力大于阀内气压力与弹簧作用力之和时，打开单向阀，压缩空气从进气口1经出气口3、气缸风管进入气缸活塞左边。这时，由于单向阀打开，通向滑阀风管及锁闭阀活塞上部的气压也急剧下降，使锁闭阀活塞上部对活塞的作用力小于下部进气压力对活塞的作用力，使锁闭阀解锁。压缩空气即从打开的锁闭阀门，经单向阀、滑阀腔进入气缸活塞的左边，推动活塞连同活塞杆向右伸出，带动道岔转换到反位。

道岔转换到底后，电磁阀1失磁，关闭它右边的进气阀，打开左边的排气阀，使滑阀进气孔5和小锁闭阀内的压缩空气经打开的排气阀排向大气，小锁闭阀锁闭。由于气缸活塞已推至右端不动，气缸中的气压上升到规定的压力时，关闭单向阀。这时气缸中的气压使道岔处于软锁闭状态，锁闭阀活塞上部的气压也随着升高，使上部的气压力与弹簧作用力之和大于活塞下部的气压力，将锁闭阀活塞连同锁头下移，锁头进入活塞杆的反位长圆孔内，实现机械锁闭，将道岔锁在反位。

ZK3型和ZK3-A型电空转辙机的主要特性如表2-1所列。

表2-1　ZK3和ZK3-A型电空转辙机主要特性

类型	活塞杆行程(mm)	额定风压(kPa)	锁闭风压(kPa)	解锁风压(kPa)	电磁阀电压(DC)(V)			转换时间(s)	额定负载(N)
					额定	吸起	释放		
ZK3	170±2	550	≥250	≤400	20	≤16	≥3.5	≤0.6	1 960
ZK3-A	200±2								2 450

3. ZK4型电空转辙机

ZK3型电空转辙机经多次改进，基本上能满足驼峰调车场解编作业的需要，但仍存在着结构复杂、可靠性低、使用寿命短及维修不良等缺陷。为此研制了ZK3型转辙机的换代产品，即ZK4型转辙机。它优化了结构设计，改进了气路并采用新型换向阀气缸和阀体用铝金材料代替铸铁材料，提高了关键部件寿命并减小整机质量和美化外观，采用新型密封材料提高了整机使用寿命和可靠性。

适用于驼峰调车场的50 kg/m和43 kg/m钢轨9号以下的单开对称道岔，可安装于道岔左侧或右侧。

(1)主要技术特点

ZK4型电空转辙机采用国内外先进的气动元件及相关技术，具有以下主要技术特点：

①采用差压式自保换向阀作为整机控制结构，消除了换向阀误动作的隐患，简化了结构，提高了安全性，并具有结构新颖、体积小、质量轻等特点。

②利用电磁锁闭阀代替气动锁闭阀，克服了解锁时与动作杆卡阻的缺陷，实现了到位锁闭、解锁动作的顺序化。

③设备主要机构运动部分均采用SF-2复合材料衬套，减少了现场维修工作量，提高了整机的使用寿命。

④采用双锁闭设计，即气缸的气锁闭和电磁锁闭，防止因泄漏或断风造成设备失控引发的故障。

⑤表示装置安全可靠,故障率低,动作直观,便于观测和维修。

⑥采用组合式气源处理元件,克服了现场额定压力因振动而造成变化的缺点。

ZK4 型电空转辙机的主要技术特性:活塞杆动程(170±2) mm,额定风压 550 kPa,最低工作风压 450 kPa,额定功率 20 V·A;换向电磁阀电压:额定电压 24 V,吸起电压小于或等于 16 V,释放电压大于或等于 1.5 V,转换时间小于或等于 0.6 s,额定负载 2 450 N。

(2)结构

ZK4 型电空转辙机由差压式自保换向阀、气缸、表示装置、电磁锁闭阀、组合式气源处理元件、管路等组成,如图 2-5 所示。

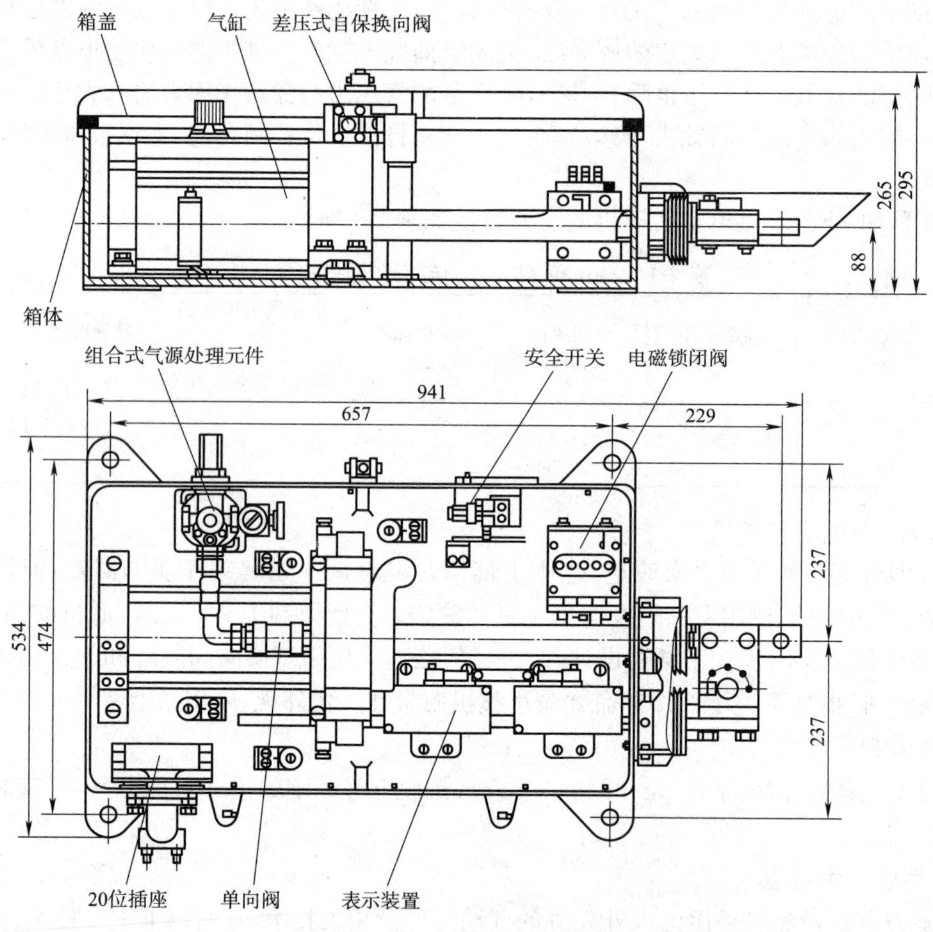

图 2-5 ZK4 型电空转辙机结构(单位:mm)

(3)主要部件

①差压式自保换向阀

换向阀是电空转辙机的主要控制部件,主要完成气路转换并实现自锁功能。采用新型的差压式自保换向阀代替 ZK3-A 型中的梭阀、小锁闭阀。差压式自保换向阀主要由电磁阀、阀体、阀芯、隔套、推套等组成,且阀芯设计为不同截面,如图 2-6 所示。

通过定、反位电磁阀的动作,使换向阀换向。动作完成后,利用换向阀阀芯变径结构产生压力差,保持换向阀阀芯的位置,确保设备不会因振动造成误换向,提高了整机的安全性。

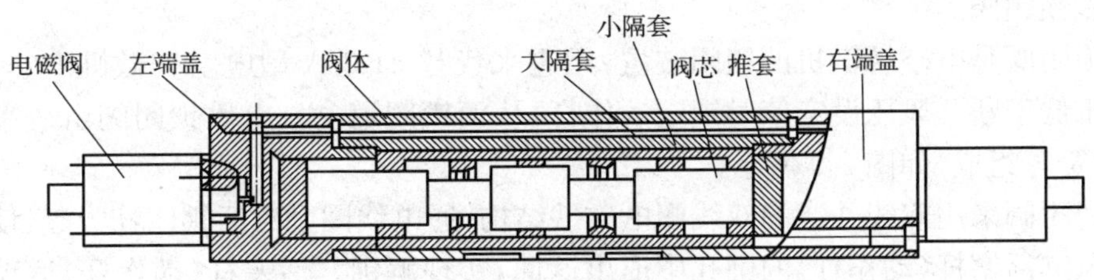

图 2-6　差压式自保换向阀结构

②气缸

气缸是电空转辙机的主要执行部件。采用双向直推、往复式直线自润滑式气缸。它主要由气缸体、活塞、活塞杆、气缸座、铜套等组成，如图 2-7 所示。气缸动作杆通过密贴调整杆与道岔尖轨相连。压缩空气推动动作杆伸出、拉入，从而完成道岔的转换。

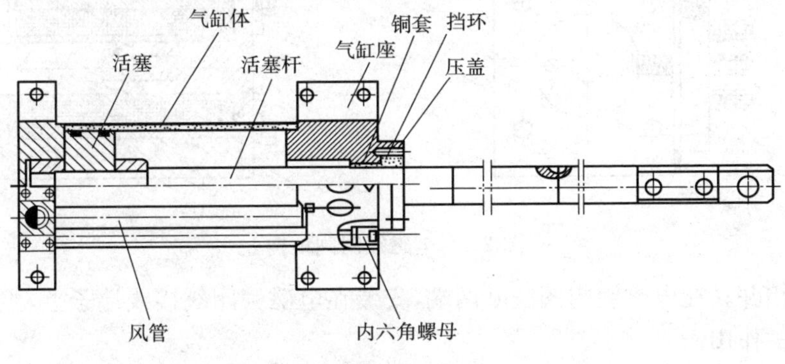

图 2-7　气缸结构

气缸由换向阀控制。换向阀换向后，打开气缸原工作气路，使气缸中的压缩空气排入大气，同时接通气缸另一侧气路，使管路中的压缩空气进入气缸的另一端，推动活塞、活塞杆快速移动(因气缸原储气侧压缩空气已排出，无阻力)，带动道岔快速转换变位。差压式换向阀直接安装在气缸前座上，如图 2-8 所示。

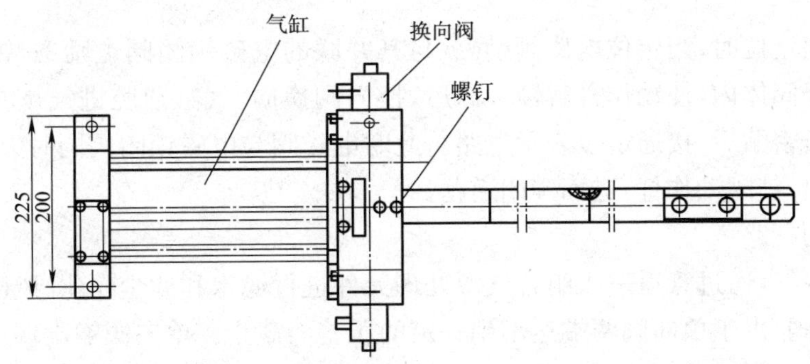

图 2-8　气缸与换向阀(单位：mm)

③表示装置

表示装置由动接点、静接点、表示杆和保持钩组成，其用来反映电空转辙机的定位或反位。表示装置中的表示杆通过连接铁与动作杆相连，并与动作杆同步动作，接通或切断表示电路。

④电磁锁闭阀

电磁锁闭阀是电空转辙机的锁闭装置，用它来代替 ZK3-A 型电空转辙机中的大锁闭阀，保证在风压低于断开风压设定值时锁定动作杆，从而锁闭道岔。电磁锁闭阀由线圈、导磁体、锁闭杆、弹簧等组成，如图 2-9 所示。

电磁锁闭阀采用双线并绕的双线圈电磁铁结构，通电线圈励磁后锁闭杆吸起，使锁闭销头部由工作风缸活塞杆（动作杆）的圆孔中退出返回，实现解锁。活塞杆（动作杆）运动到位后电磁阀失电，在弹簧作用下锁闭杆被弹力推出，使锁闭杆头部（锁闭销）伸出，卡锁住活塞杆，锁定动作杆，继而锁闭道岔。电磁锁闭阀的两个单线圈分别与换向阀定、反位电磁阀并联，不论是定位或反位电磁阀通电，电磁锁闭阀均动作，完成定、反位的解锁和锁闭任务。

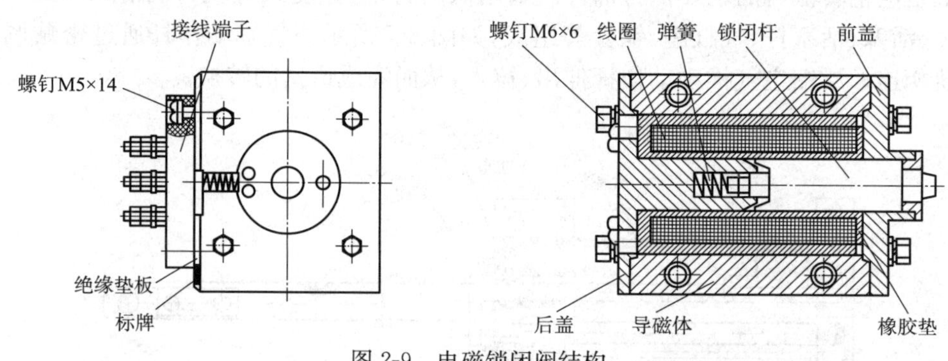

图 2-9　电磁锁闭阀结构

二极管反相并联在电磁锁闭阀线圈两端，安装在电磁锁闭阀接线端子上，主要是对换向阀上电磁阀起保护作用。

⑤气源处理元件

用集成式气源处理元件代替 ZK3-A 型电空转辙机中的气源处理二联件。

气源处理元件采用集过滤、油雾、调压功能为一体的集成式元件，对压缩空气在进入换向阀前进行净化处理，起到净化、油雾和调压的作用，并使油雾器滴出的油形成雾状随压缩空气进入换向阀和气缸，从而起到润滑作用。同时，调压阀具有调整气源压力的作用。

(4)工作原理

从反位转向定位时，当定位电磁阀励磁，与其并联的电磁锁闭阀也励磁，锁闭阀头在电磁力作用下缩回至阀体内，使动作杆解锁。此后，换向阀换向，气缸前腔进气，动作杆缩回，待尖轨与基本轨重新密贴后，接通定位表示电路。此时电磁阀与电磁锁闭阀同时失磁，锁闭阀头在弹簧作用下伸出，锁闭动作杆，进而锁闭道岔。

①转辙机的气路

外部压缩空气，通过管道进入组合气源处理元件进行滤水和滤尘净化、风压调整及油雾处理后，进入单向阀，由于单向阀两端达不到一定的压差而截止。单向阀输出端连接差压式换向阀阀体两侧气路，该气路为左、右电磁阀输送压缩气体，如图 2-10 所示。

在左（右）电磁阀控制下，换向阀左（右）腔气路可打开，实现换向阀换向。换向过程中由于气体的流动，单向阀两端形成压差而打开，换向阀换向后，打开气缸原工作气路，使气缸中的压缩空气排入大气，此时换向阀也接通气缸另一侧气路，使管路中的压缩空气通过单向阀进入气缸的另一端，推动活塞、活塞杆快速移动转换。

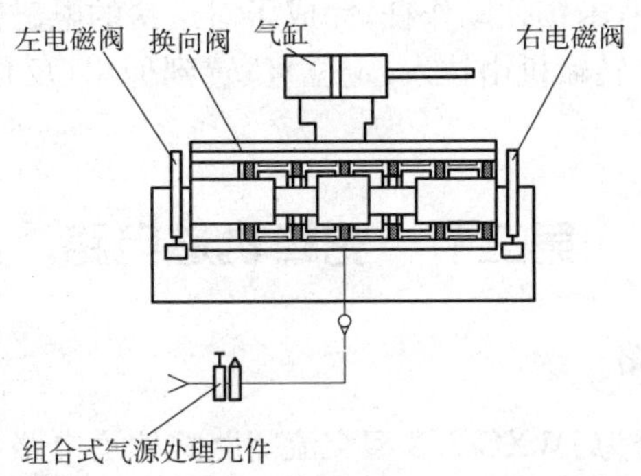

图 2-10　ZK4 型电空转辙机气路原理

②解锁过程

当转辙机为拉入(定位)状态时,如图 2-11 所示。反位电磁阀接通控制电源励磁,其动铁芯将电磁阀后端排气口封堵住,同时打开前端和换向阀相连的进气通路,换向阀左腔气路打开,压缩空气经通道进入换向阀左腔,推动阀套及换向阀芯向另一端快速移动而转换,其进气口接通工作气缸的后腔,排气口接通气缸的前腔,原前腔压缩气体经换向阀排气口排向大气,气缸风压软锁闭解除。此时转辙机双层气锁闭全部解锁。

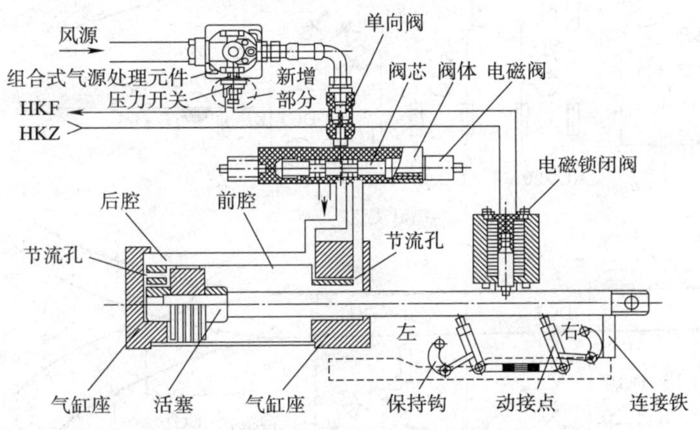

图 2-11　ZK4 型电空转辙机工作原理

③转换过程

由于换向过程中压缩空气的流动,形成单向阀两侧气压差,使单向阀入端气压高于出端气压而打开。换向阀换向到位后,打开气缸前腔工作气路,使气缸前端中充入的压缩空气排入大气,同时接通气缸另一侧气路,使管路中通过单向阀的压缩空气进入气缸的后腔,从而推动活塞杆向外快速伸出,实现道岔快速向反位转换。

待道岔尖轨转换到位与基本轨重新密贴后,由于表示杆与活塞杆通过在活塞杆端部的连接铁连在一起,与活塞杆进行同步动作,在活塞杆动作的同时首先完成切断原定位表示,在道岔转换到底尖轨密贴后,接通反位表示,从而完成表示的转换过程。

④锁闭过程

道岔转换到位后表示电路切断反位电磁阀和电磁锁闭阀反位线圈供电,由于电磁锁闭阀失电,电磁锁闭阀电磁力消失,其锁闭阀杆在弹簧作用下前移,使锁闭阀阀头伸出进入工作风缸活塞杆(动作杆)的圆孔中,卡锁住动作杆,完成了对道岔的电磁机械锁闭。

以上各过程完成了道岔转辙机由拉入(定位)位置到伸出(反位)位置的转换,若向定位转换,各过程则反之。

第二节 驼峰轨道电路

一、驼峰双区段轨道电路

驼峰双区段轨道电路分为JWXC-2.3型交流闭路式轨道电路和JWXC-2.3型直流闭路式轨道电路。交流式轨道电路适用于非电气化区段的驼峰场;直流式轨道电路适用于电气化区段的驼峰场,以防止电气化干扰。

JWXC-2.3型驼峰轨道电路如图2-12所示,其中图2-12(a)是非电力牵引区段用的交流连续式轨道电路,图2-12(b)是电力牵引区段用的直流连续式轨道电路。两区段之间存在极性交叉关系,且电气化区段与非电气化区段整流桥设置位置不同。

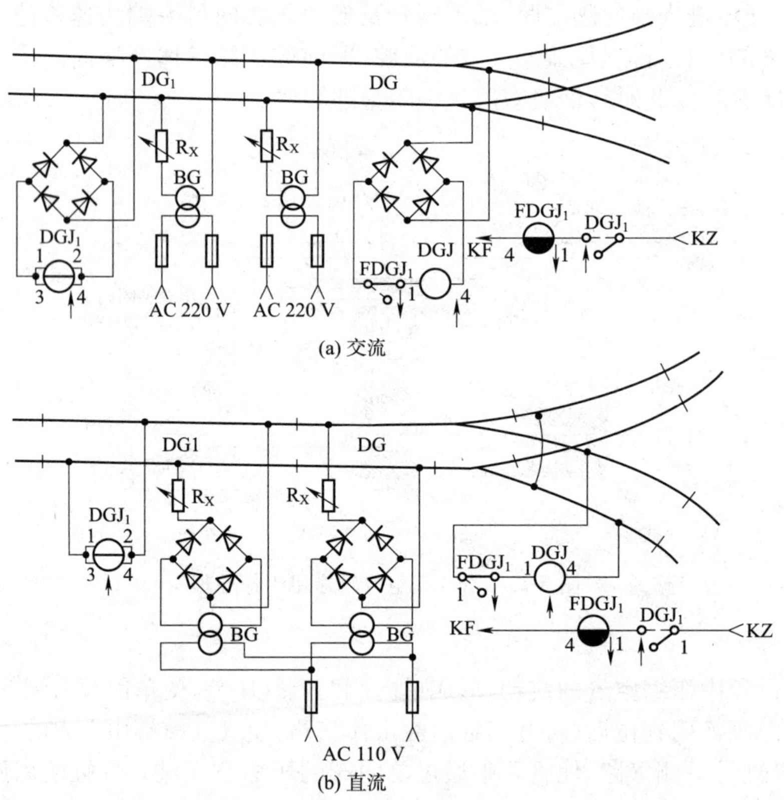

图2-12 JWXC-2.3型驼峰轨道电路

该轨道电路利用硒整流器的非线性特性,有车占用时,硒片上的正向电压降低,正向电阻急剧增加,从而加速轨道继电器的落下,提高了分路灵敏度。

送电端轨道变压器采用BG_1-50型或BG_1型,送电端限流电阻为R-6/65型,轨道继电器为JWXC-2.3型,硒堆或整流桥选用额定正向整流电流为1 A(电力牵引区段为5 A)的器件。

双区段轨道电路前面的无岔区段命名为DG_1,后面的道岔区段称为DG,各设一个轨道继

电器 DGJ_1 和 DGJ。DGJ_1 的两个线圈并联，以提高其对车辆占用的反应速度。DGJ 线圈串联使用。此外，还设有 DGJ_1 的反复示继电器 $FDGJ_1$（JWXC-H340 型），将其后接点接至 DGJ 电路中，用以加强电路的防护性能。

平时无车组占用时，DGJ_1 和 DGJ 都吸起，$FDGJ_1$ 由于 DGJ_1 前接点切断其电路处于落下状态。当车组进入 DG_1 区段时，DGJ_1 被分路落下，$FDGJ_1$ 电路经 DGJ_1 前接点构成，使 $FDGJ_1$ 吸起，$FDGJ_1$ 后接点接在 DGJ 电路中，DG 区段虽然还没有被车组分路，但 DGJ 也失磁落下。即，$DGJ_1\downarrow\rightarrow FDGJ_1\uparrow\rightarrow DGJ\downarrow$。这时，若轻车在 DG_1 上跳动，虽然 DGJ_1 会随车组的跳动而瞬间吸起，但由于 $FDGJ_1$ 缓放，DGJ 不会吸起。当 $FDGJ_1$ 经缓放落下，待车组进入 DG 区段，DGJ 仍保持落下，此时轻车再跳动，因车组已压上尖轨，也不致造成道岔"四开"的危险。

JWXC-2.3 型交流闭路式轨道电路应符合以下要求：

①电路在调整状态下，轨道继电器的直流电流：线圈并联时，应为 380～580 mA；线圈串联时，应为 230～330 mA。

②送电端限流电阻（包括引接线电阻）应不小于 4 Ω。

③用 0.5 Ω 标准分路电阻线在轨面上分路时，轨道继电器的直流电流：线圈并联时，不大于 110 mA；线圈串联时，不大于 56 mA，继电器应可靠落下，缓放时间不大于 0.2 s。

JWXC-2.3 型直流闭路式轨道电路应符合以下要求：

①电路在调整状态下，轨道继电器的工作电流不小于 207 mA。

②送电端限流电阻（包括引接线电阻）不小于 2 Ω。

③用 0.1 Ω 标准分路电阻线在轨道上分路时，继电器电流不大于 56 mA，继电器应可靠落下。

二、驼峰高灵敏轨道电路

为了进一步提高轨道电路的分路灵敏度，解决高阻轮对造成的分路不良问题，研制了高灵敏轨道电路。

高阻轮对是由车轮本身的结构和材质及轮面锈蚀等原因造成的。驼峰溜放进路的轨面比较脏，从车组上散落下来的油污、沙子、煤屑等经车轮碾压形成导电不良的薄层，再加上雨雾水气使轨面生锈，这些都会导致分路不良，使得分路失效，可能在解体作业过程中造成严重后果。

高灵敏轨道电路是针对提高分路灵敏度和快速动作的目标设计的。其电路原理如图 2-13 所示，主要由高压脉冲发送器、电子脉冲接收器、单闭磁轨道继电器组成。脉冲接收器和轨道继电器设在室内，脉冲发送器可分散设在现场变压器箱内，也可集中设于室内。

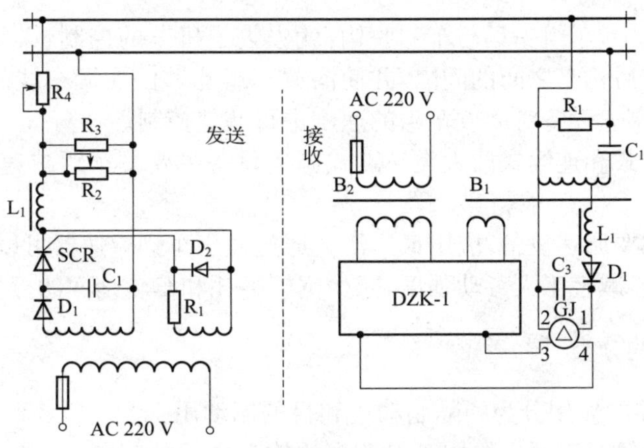

图 2-13 高灵敏轨道电路原理

脉冲发生器利用二极管、电容、电阻、晶闸管将 50 Hz 交流电转换成为幅值约 100 V 的高压脉冲。当电源正半周使 D_1 导通时，通过 D_1 向 C_1 充电，由于充电时间常数很小，C_1 电压很快充至电源电压峰值。电源负半周，正向触发电流加至晶闸管 SCR 控制极，当触发电流达到一定值时 SCR 导通。SCR 导通后，C_1 向负载放电，产生电压脉冲。当 C_1 放电电流小于 SCR 的维持电流时，SCR 关闭，断开 C_1 放电电路。电源下一个周期又重复上述过程。于是产生 50 Hz 脉冲。

高压脉冲可击穿导电不良的薄层。该脉冲由轨道电路发送端经钢轨传至接收端。区段无车占用时，接收器接收到脉冲。脉冲接收器将从轨道接收的高压脉冲经 C_1 隔直、B_1 降压，一路由 D_1 整流、C_3 滤波成为较平滑的直流，作为轨道电源送至轨道继电器(JDBXC-550/550 型)的控制线圈 1-2；另一路驱动电子开关(DZK-1 型)产生局部电源，供轨道继电器的局部线圈 3-4。轨道继电器 GJ 的两个线圈得到同极性电源即吸起。当轨道电路被分路或其他原因使 GJ 的任一线圈失去供电时，GJ 落下。

发送设备的 R_3 和接收设备的 R_1 采用热敏电阻，进行温度调节。

由于电子开关具有很高的返还系数和开关速度，就使脉冲接收具有高返还系数和分路灵敏度(50 m 以下区段不小于 3 Ω，其他区段不小于 0.2 Ω)以及应变速度快(50 m 以下的区段不大于 0.2 s，其他区段不大于 0.5 s)。

相邻区段都为高灵敏轨道电路时，采用极性交叉的办法防护轨端绝缘的破损。由于脉冲接收器是有极性的，当轨端绝缘双破时，因相邻轨道电路送来的脉冲极性相反，不被接收。

分路道岔区段仍采用双区段轨道电路，来防护轻车跳动的问题。

在发送器、接收器内部分别接有压敏电阻，作横向防雷保护；在发送端、接收端与轨道连接处设有压敏电阻作纵向防护。

第三节　车辆减速器

车辆减速器是驼峰调车场的主要调速设备，应用最广泛。其设备集中，调速能力大。通常一台减速器不到 10 m 长，可使 15 km/h 的车组停住。其优点是简单、耐用、耗能少。缺点是制动力不够稳定，尤其是车轮侧面被油污污染时制动力减弱，影响调速。

一、车辆减速器的作用

在车辆溜放作业中，车组一旦与车列脱钩，就失去了机车的控制，必须依靠地面调速设备进行调速。为保证前后钩车之间的间隔，并使溜放车组能够停在调车线的预定地点或同停留车安全连挂，需要用调速设备对溜放车组的速度进行调整控制。

调速设备分为点式和连续式两大类。点式调速设备主要是车辆减速器，连续式调速设备包括各种减速顶。

车辆减速器是主要调速设备，应用最广泛。通过使用车辆减速器可以提高解编能力，保证调车作业和人身安全，减轻工人劳动强度，减少钢轨磨耗和车轮踏面的擦伤。

二、车辆减速器的分类

1. 按车辆减速器的作用分为间隔制动用和目的制动用

间隔制动用的车辆减速器主要用于保证溜放钩车之间的间隔，应满足动作速度快和较大制动力的要求，在任何情况下均能对车辆进行有效的制动。间隔制动用的车辆减速器设在第Ⅰ、第Ⅱ制动位。

目的制动用车辆减速器设在编组线头部的第Ⅲ(第Ⅳ)制动位，用来使溜放车组与停留车安全连挂。

2. 按其动力系统分为液压型、空压型和电动型

液压型、空压型和电动型车辆减速器的动力分别用压力油、压缩空气、电动机拖动。液力传动动作快，有利于自动控制；油泵效率高；油缸、换向阀有自动润滑功能，较易做到无维修化。缺点是压力高，要求良好的密封性能、管道和油液清洁，以免油液外泄和液压阀卡阻。风压传动压力较低，技术要求可相应降低，但传动反应较慢、效率低、消耗多。电动机拖动动作慢，锁闭困难，耗电多，但无需空压站或液压站，结构简单，投资省。

3. 按制动力来源分为重力式和非重力式

重力式减速器的制动力由车轮荷重通过杠杆产生，其制动力与车重成正比。浮轨重力式车辆减速器，即承受车轮荷重的机构主要是浮动的走行轨。

非重力式减速器通过不同制动等级的外力源对车辆进行制动，通常分为 4 个等级。

目前，大多采用重力式减速器。

三、对车辆减速器的要求

1. 车辆减速器上部限界应符合车辆减速器相关技术条件中的相关规定。

2. 车辆减速器应具有足够的抗冲击机械强度，制动时允许车辆最高入口速度不小于 6.5 m/s，间隔制动不小于 7 m/s。

3. 适应车辆在钢轨上的蛇形运动，及车辆减速器对车辆实施控制后产生其他运动的特点，不会导致制动中挤出车轮和脱轨的危险发生。

4. 对车辆的作用力合理，不至于对车辆有较大的损伤，车辆减速器对车辆的作用力必须在车辆的允许范围内。

5. 车辆减速器应满足重复制动的要求。

6. 具有适应控制系统所需要的可靠而有效的制动能力和可靠而快速的缓解。

7. 具有较好的可维护性和较长的寿命周期。

8. 对间隔制动位车辆减速器的要求。要有足够大的制动能力，有较大的单位制动能高，可缩短车辆减速器的有效制动长度和缩短驼峰咽喉区的长度。在任何情况下均能对车辆进行有效的制动和缓解。

9. 对目的制动位车辆减速器的要求。制动和缓解时间较小，制动能高适宜，控制中有比较稳定的减速度，以保证较好的控制精度。由于编组线数量较多，安装在其入口的目的车辆减速器数量较大，除了车辆减速器有较高的出口控制精度外，经济指标也不可忽视，必须结构简单、造价低、维护费用低，便于维护安装。

四、车辆减速器的术语

1. 最大入口速度：车辆进入车辆减速器的最大允许速度。

2. 车辆能高(m)：在溜放过程中，车辆单位质量所具有的能量(包括位能和动能)，用当量高度来表示。

3. 制动能高(m):车辆减速器消耗被制动车辆的能高值。

4. 单位制动能高(m/m):车辆减速器达到制动状态,在单位制动长度上对最易行车所能抵消的能量高度。

5. 全制动时间(s):制动电磁阀得到制动指令开始至车辆减速器进入制动状态(有制动表示)的时间。

6. 全缓解时间(s):缓解电磁阀得到缓解指令开始至车辆减速器恢复缓解状态(有缓解表示)的时间。

7. 缓解时间(s):缓解电磁阀得到缓解指令开始至车辆减速器对被制动车辆失去制动能力的时间。

8. 节距:相邻两轨枕板中心间的距离。

9. 制动轨高度:制动轨最高点至基本轨顶面的距离。

10. 制动轨开口:内、外侧制动轨轨顶面间的最小距离。

11. 两条内侧制动轨间最小距离:在制动状态时,两条内侧制动钳向股道内侧调整至结构最小位置时(用撬棍撬)两内侧制动轨的制动面之间的尺寸。

12. 最大制动电流:车辆减速器从开始制动到电动机到位断电过程中,整台车辆减速器的配电线路中出现的最大电流有效值。

13. 最大缓解电流:车辆减速器从开始缓解到电动机到位断电过程中,整台车辆减速器的配电线路中出现的最大电流有效值。

五、车辆减速器的型号

我国已形成 T·JK/T·JY 减速器系列,多为钳夹式浮轨重力式减速器,即承受车轮荷重的机构主要是浮动的走行轨。该系列减速器有多种型号。

目前,在我国铁路驼峰场广泛运用 T·JK(Y)系列减速器,其中 T·JK(Y)3 型用于间隔制动,T·JK(Y)2 型用于目的制动。

T·JK 型为钳夹式气动非重力式车辆减速器;T·JK2、T·JK2-A 和 T·JK3 型以及 T·JK3-A(50)、T·JK2-A(50)和 T·JK2-B(50)型为钳夹式气动重力式车辆减速器。

T·JY、T·JY1、T·JY2、T·JY2-A 和 T·JY3 型以及 T·JY3-A(50)、T·JY2-A(50)和 T·JY2-B(50)型为钳夹式液压重力式车辆减速器。

车辆减速器的型号含义如下:

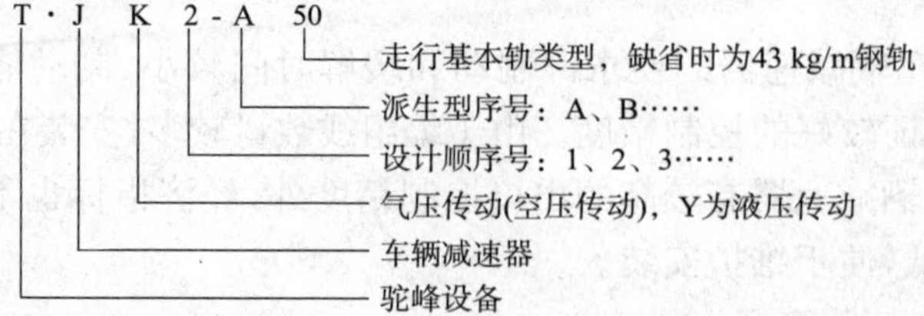

六、车辆减速器的工作原理

1. 重力式车辆减速器的工作原理

现以 T·JK3 型为例介绍其工作原理。T·JK3 型减速器是空压型重力式减速器,它利用被制动车辆的质量，通过浮动的基本轨和制动钳的传递，使安装在制动钳上的制动梁对车轮两侧产生压力，对车辆进行制动而减速。它主要由制动钳组件、制动轨、浮动基本轨、工作气缸及其驱动的四连杆机构和整体道床组成。其制动原理如图 2-14 所示。

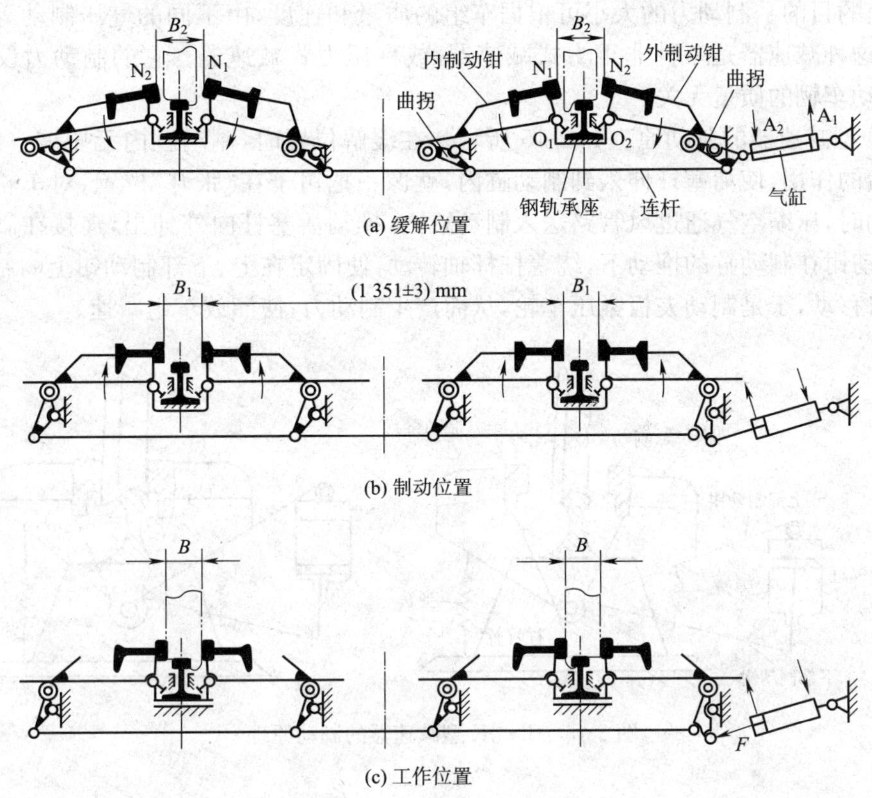

图 2-14　T · JK3 型减速器

在缓解位置，压缩空气未进入气缸，装在基本轨两侧的制动轨 N_1 和 N_2 之间的开口 B_2 大于车轮厚度，这时车辆通过，减速器不起作用。

在制动位置，压缩空气自入口 A_1 进入气缸，气缸油塞通过活塞杆将曲拐和连杆推到制动位置，使内外制动钳绕制动轴 O_1、O_2 向上旋转，制动轨 N_1、N_2 间的距离缩小到 B_1，B_1 小于车轮厚度，这时减速器准备对进入的车辆进行制动。

在工作位置，车辆进入制动状态的减速器后，车轮将制动轨 N_1、N_2 间的开口由 B_1 挤开到车轮的厚度 B。这时内外制动钳以曲拐滚轮为支点，连同制动轴 O_1、O_2 及钢轨承座同时向上抬升，迫使基本轨浮起。压在其上的车轮的重力经内外制动钳的杠杆传递，使制动轨 N_1、N_2 对车轮产生侧压力进行制动。

当压缩空气进入气缸的外向入口 A_2，驱动活塞将曲拐和连杆拉回缓解位置，解除对车辆的制动。

减速器采用分散的工作气缸直接驱动四连杆机构，可随时对不同车辆组合的车组进行重复制动。

T · JY3 型是液压型重力式减速器，其结构和工作原理与 T · JK3 型完全相同，只是将气缸改成油缸。

2. 非重力式车辆减速器的工作原理

T·JK 型车辆减速器是气动非重力式减速器，它是以压缩空气为动力，利用杠杆原理，将制动缸产生的推力通过杠杆传到制动夹板，对溜放车组的轮对产生侧压力，来对车组进行制动以达到减速的目的。制动力的大小可根据车组的质量和速度，由不同的气压制动等级进行调整。因此，这种减速器是一种非重力式减速器，或称压力式减速器。它的制动力仅与外力有关，与被制动车辆的质量无关。

T·JK 型减速器的制动原理如 2-15 所示。在缓解位置时，制动缸内无压缩空气，靠自重和部分弹簧的作用，使活塞杆伸入到制动缸内，就像一把钳子在"张开"位置，对车轮不产生作用力。制动时，压缩空气通过风管路送入制动缸内，推动活塞杆向外伸出，连接在制动缸上的上、下部制动钳在制动缸的推动下，绕着杠杆轴转动，使固定在上、下部制动钳上的制动梁和制动夹板相对移动，于是制动夹板紧压车轮，从而产生制动力，使溜放车组减速。

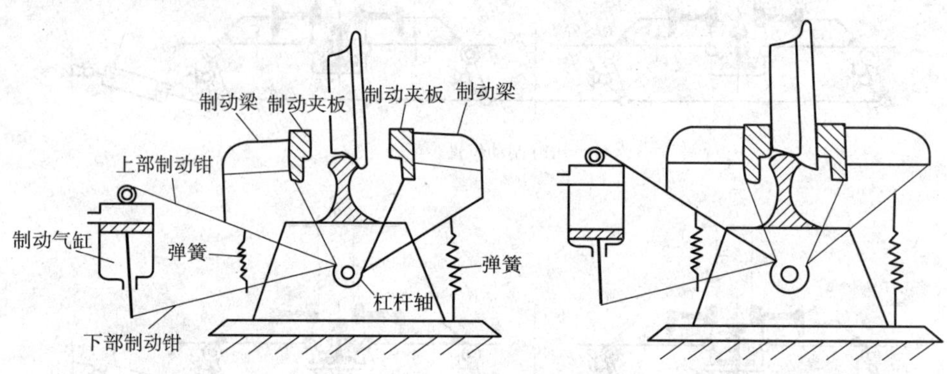

图 2-15　T·JK 型减速器的制动原理

七、浮轨重力式车辆减速器

重力式减速器的结构不断改进，性能更加优越，现场维护更加方便，运用寿命不断延长。目前主要有：应用于间隔制动的 T·JK3-A、T·JK3-B、T·JK4 等；应用于目的制动的 T·JK1-D、T·JK(Y)2-A、T·JK(Y)2-B 等。它们基本结构和工作原理相同。

1. T·JK1-D 型车辆减速器

T·JK1-D 型车辆减速器，由制动部分、传动部分组成。制动部分由制动钳、制动轨、钢轨承座、主轴等部分组成。传动部分由曲拐、拉杆和气缸等部分组成。

制动钳通过主轴和钢轨承座铰接。工作气缸通过拉杆和曲拐连接，带动制动钳，使钳口处于制动或缓解位置。制动部分是浮在传动部分上，而且钢轨承座可以在浮动基本轨内左、右移动。因此，车辆减速器对车组制动时，整个制动轨、制动钳和钢轨承座连成一体，以滚轮为支点，左、右摆动可达 15 mm，以适应车辆的蛇形运动。

工作气缸是浮动的，其行程位置的限制和确定由曲拐上的定位平面来实现。在制动时，外曲拐上的定位平面与拉杆平面接触，以保证在制动位置时，内、外曲拐的偏心距在 $15_{-3}^{\ 0}$ mm 范围；在缓解位置时，内曲拐上的定位平面与拉杆平面接触，以保证在缓解时有确定的位置。

车辆减速器按节数分为 4、5、6、7 节。

气动控制系统主要由控制阀箱、气源净化过滤器、工作气缸、连接管路等组成。

控制阀箱主要由先导电磁换向阀、三位五通换向阀、油雾器件、箱体等组成。先导电磁换向阀(简称电磁阀)在气动换向系统中起放大控制作用,由电磁铁控制气路,产生一个先导压力,控制小流量压缩空气推动三位五通换向阀阀芯换向,达到主气路的压缩气体流动方向改变换向的目的。三位五通换向阀(简称换向阀)是控制车辆减速器动作的主要阀件,它与电磁阀配套使用。风源净化过滤器过滤气源杂质。

工作气缸为单活塞双作用气缸,主要由活塞组、前后端盖、缸体、密封防尘件、轴套、活塞支撑环等组成。

2. T·JK(Y)2-B型车辆减速器

(1)T·JK(Y)2-B型车辆减速器主要特点

①采用不对称钢轨承座,使内制动钳主轴外移(相对走行轨)距离比外制动钳主轴大,彻底解决了车轮轮沿碾压内制动钳问题。同时加大了主轴和主轴套的直径尺寸及内制动钳孔处的断面,并增加了曲拐上滚轮的长度和滚轮轴的直径,增加了设备强度,提高了设备运用周期。

②适当降低杠杆比,改变制动轨与车轮接触高度,使轻车跳动和挤出大为改善。

③结构简单,性能稳定,寿命长,动作速度快,耗电量小。

④符合标准化、通用化要求,根据需要更换少量零部件就可满足气动、液压或电动传动及43 kg/m或50 kg/m轨的要求。

⑤延长使用寿命,方便维护,满足25 t轴重车辆制动时的要求。

(2)T·JK(Y)2-B型车辆减速器的结构

T·JK(Y)2-B型车辆减速器适应重载车辆,主要由制动钳、制动轨、曲拐、主轴、钢轨承座、气缸组成。

制动钳通过主轴和钢轨承座相连,走行轨支撑在钢轨承座上,曲拐通过支承轴和支座固定在专用轨枕板上。

结构的改进措施有:采用不对称钢轨承座,钢轨承座加钢套,提高制动钳强度,提高易磨损件的强度。

3. T·JK(Y)3型车辆减速器

(1)T·JK(Y)3-A型车辆减速器

T·JK(Y)3-A型车辆减速器是T·JK(Y)3型车辆减速器的改进加强型。其他主要特点有:主轴孔外移,增加主轴及滚轮轴和套的直径;增加内外制动钳的强度,采用带平台的外限位块;减少各部正压力、限制轴转动;嵌调质钢套等方法使其强度提高;符合标准化、通用化要求,根据需要更换少量零部件就可满足气动、液压或电动传动及43 kg/m或50 kg/m轨的要求。

T·JK(Y)3-A型车辆减速器是在T·JK(Y)3型车辆减速器的基础上将主轴孔外移,增加主轴及滚轮轴和套的直径,增加内外制动钳的强度,采用带平台的外限位块,减少各部正压力,限制轴转动,嵌调质钢套等,使其强度、寿命和制动平稳性均有较大提高。

(2)T·JK(Y)3-B型车辆减速器

T·JK(Y)3-B型车辆减速器是在T·JK(Y)3-A型车辆减速器的基础上,为解决轴重25 t以上重载车辆的制动锁闭和缓解解锁的问题,满足重载车辆对车辆减速器机械强度的要求,提高车辆减速器运用周期,方便现场维护而研制的。它在对钢轨承座的维护更换及解决轨枕板局部破损不易维修的问题上有较大突破。

T·JK(Y)3-B 型车辆减速器主要特点是:制动钳组各零部件的主要受力截面均满足 25 t 轴重载荷的强度要求;采用合理的锁闭角度解决了在低压重载条件下对车辆的制动锁闭和缓解解锁的问题;可拆卸式钢轨承座,方便现场维护;制动轨采用 75 kg/m 钢轨,磨耗量最大可达20 mm,延长了制动轨使用寿命,减少了现场对制动轨的更换;采用组合式轨枕板,提高了车辆减速器基础部分的使用寿命;在保证车辆减速器重载强度的条件下适当提高车辆减速器制动能高。

T·JK(Y)-B 型车辆减速器的基本结构与 T·JK(Y)3-A 相同。T·JK(Y)3-B 型车辆减速器重点对钢筋混凝土轨枕板和制动钳组件(钢轨承座、主轴等)进行改进。

①制动钳组件结构的改进

通过对制动钳组(钢轨承座、主轴等)结构改进设计,使其各零部件的主要受力截面均满足 25 t 轴重载荷的强度要求,并使其钢轨承座为可拆卸式,统一了内外制动钳,加大了轴孔长度及轴径。

②轨枕板结构的改进

采用组合式轨枕,对易磨损部分可进行局部更换。

4. T·JK4 型车辆减速器

T·JK4 型车辆减速器是针对提高间隔位重力式减速器的抗冲击能力、零部件耐磨耗、延长大修周期而设计的。其结构及工作原理与 T·JK1-D 型车辆减速器基本相同。

T·JK4 型车辆减速器的主要特点是:控制换向阀采用大流量中泄式三位五通换向阀;适当增大杠杆比,使重复制动力增大 20%以上;加强了制动钳和底座等主要部件的机械强度,疲劳试验寿命可达 300 万次,能满足对入口速度为 25 km/h 的 25 t 轴重的车辆进行有效控制;主轴轴肩增加注油孔,方便主轴注油润滑,改善了主轴的润滑状况,降低了主轴和轴套的磨耗量;主轴轴套采用硬质铜套,并可在主轴及镶嵌在制动钳孔的钢套之间转动,从而有效防止因轴套局部变形和磨耗快而降低制动效果;所有的轴都采用了防转设计,避免了轴座孔磨损;气缸的前后端盖增加缓冲气室,减速器的制动缓解机械部件无冲击现象,活塞支撑环设计为丁字形,增加导向长度,前端盖活塞杆处的 QY 形密封圈和 J 形防尘圈设计为组合圈,使安装拆卸方便;机械结构强度加强,单位质量大,吸收能量可靠性高。

T·JK4 型车辆减速器主要部件有:动力控制执行系统、制动机构、动力传动机构等。

动力控制执行系统由换向阀、气缸、风管路和空气油雾净化装置组成,换向阀采用大通径中泄式三位五通阀,缓解时间可达 0.2 s 左右,提高控制精度。气缸的缸径由原来的 180 mm 增加到 200 mm,在相同条件下气缸推力增大,提高重复制动的能力和效果。

制动机构由制动钳组、制动轨和曲拐组成。在制动机构的设计中提高了单位制动能高,由 0.12 m/m 提高到 0.13 m/m,提高了制动钳的疲劳寿命和耐磨损性。

动力传动机构为平行四边形机构,减速器制动和缓解是靠气缸活塞杆伸出和缩回驱动四机构来实现的。传动机构制动缓解的限位是以气缸为主、以曲拐为辅的双跟位结构,使机构的动作可靠、准确;推杆采用了整体结构,从而避免了曲拐冲击推杆造成推杆断裂。

由于冲击力不可能完全克服,所有受力部件在一定程度上进行了加强,主轴轴套和滚轮轴采用了硬质耐磨铜套,所有轴都进行了一定程度的加大耐磨面积,并采取一定防转措施。

八、电动车辆减速器

1. 电动车辆减速器的主要特点

(1)安装、维护简单,操作方便,易于掌握。

(2)以电能为车辆减速器的工作能源,省去了动力站,降低了投资,减少了维修工作量和维修费用。

(3)六连杆机构两级传递,直角直线双重锁闭,锁闭位一定范围内的过位或欠位,均可安全锁闭和解锁。制动、缓解可靠,消除了正常使用中不缓解(夹停)的可能。

(4)锁闭机构将被制动车辆的反作用力(冲击力)作用于底板,从根本上避免了因冲击力直接作用于电动机而切断机轴。

(5)设备结构强度大,整机对误差不敏感,允许有较大的制造、安装误差,允许较大的磨耗量,使用寿命长、可靠性高。

(6)主要零部件与相对应的T·JK1-D及T·JK4型车辆减速器通用,可在现有气动减速器轨枕板上直接安装,改造方便,费用低。

(7)在380 V额定电压下,工作电流保持在10 A,降低了配电条件。

(8)电动机可以较长时间堵转,堵转电流小。

(9)工作电流小,动作时间快,耗能低,调速精度高。

(10)控制系统、电动机及驱动机构放在股道外侧,结构紧凑,有利于安全作业和检修。控制箱采用模块化设计,拆装方便,故障处理简单。

2. T·JCD系列电动车辆减速器结构

T·JCD系列电动车辆减速器的动力源采用电动,结构与气(液)动车辆减速器基本通用,不同点主要在传动动力的机构。

T·JCD系列车辆减速器采用电动机六连杆驱动方式,主要由制动钳组、制动轨、轨枕板、推杆组、六连杆机构、电动机及控制箱等组成。曲拐、连杆、摇柄、曲柄、安装底板构成两级传递双重锁闭的六连杆机构,控制箱采用模块化设计。

(1)传动机构

传动机构指电动机与推杆机构之间的连接机构,该机构不仅要完成运动传递,而且还具有力转换特性——增力和锁闭效果。传动机构为两级传递、直角直线双重串联锁闭的六连杆机构。传动机构主要由曲拐、连杆、曲柄、摇柄底板等组成。

六连杆机构采用了二次放大机构原理,制动和缓解的可靠性得到大幅度提高,并将制动冲击力产生的曲拐反作用力卸载到底板上,可有效防止电机轴因受到径向力的冲击而折断,解决了电动减速器电机易断轴的问题。该机构无需现场调整,锁闭和解锁可靠。

间隔制动车辆减速器上采用了相邻电动机用联轴器互锁,进一步保证减速器缓解的可靠性。

该减速器传动机构力矩传动比为3.2,即曲拐上得到的主动力矩为电动机力矩的3.2倍,输出同样力矩时,所需电动机力矩较低,使电动机工作电流大幅度减小。

(2)电动机

可堵转电动机是为电动减速器设计的专用电动机,主要由机座、转子、定子、端盖、电动机轴等组成。

定子绕组采用不等匝、不等跨距的非正规绕组，有效地削弱了谐波对基波磁场的影响，从而增加了电动机堵转转矩，提高了电动机功率因数。

转子槽采用大小槽相间结构，有效调节槽漏磁大小，改善电动机启动转矩，降低电动机启动电流。定子槽采用多槽深槽结构，增加了导线的有效截面积，降低了电流密度，提高了电动机效率。

为了使电动机能适应冲击负荷，电动机机壳采用钢板结构，提高了电动机的机械性能。电动机采用内转子、外定子交流电动机，可以较长时间堵转，且堵转转矩大、电流小。

(3)控制箱

控制箱采用模块化设计，由箱体、配线、主控板、分控制板组成。每块分控制板控制两台电动机，各分控制板可以互换；主控板根据控制信号控制各分控制板上的接触器动作，实现制动和缓解。主控板、分控制板可以方便地进行插拔、更换。配电箱内设置一个隔离开关，控制箱动力线路上设置一个空气开关。

3. T·JCD系列电动车辆减速器工作原理

T·JCD系列电动车辆减速器以电动机为动力，用曲柄摇杆传递力矩，改变电动机转动方向，通过推杆机构推动制动钳组进入制动位或缓解位。溜放车辆通过处于制动状态的车辆减速器时，车辆质量通过基本轨及制动钳组的传递，转换成制动轨对车轮的侧压力，实现对溜放钩车的制动。

传动机构采用滑块摇杆机构串联，曲柄与电机轴同步旋转，通过滑块带动摇柄，通过连杆带动曲拐转动，曲拐推动制动钳抬升或落下，完成制动和缓解。

在制动位置时，曲柄与摇柄的导槽垂直，构成第一级直角锁闭，而摇柄与连杆、曲轴、安装底板构成的四连杆机构处在死点位置，构成第二级直线锁闭。直角、直线两级串联锁闭，即使各杆位置存在一定误差，仍能保证锁闭的可靠。

缓解时只需电动机对曲柄施加较小的力即可，缓解可靠。

当控制系统发出制动命令，控制箱制动继电器吸起，电动机输出制动电源，接通电动机交流三相工作电源，电动机转子驱动曲柄逆时针方向旋转，带动摇柄转动。摇柄通过推杆推动曲拐转动立起，支起制动钳和制动轨，驱动机构处于锁闭状态，电动机断电，减速器进入制动状态。

控制系统发出缓解指令，控制箱缓解继电器吸起，并向电动机输出缓解电源，接通电动机交流三相工作电源，缓解过程与制动过程相反，电动机转子驱动曲柄顺时针方向旋转，带动摇柄转动，摇柄通过推杆拉动曲拐向下旋转，制动钳落下，制动轨恢复到缓解位，电动机断电，缓解过程结束。

九、分级制动车辆减速器

目的制动车辆减速器制动噪声大、结构较复杂，需附属动力设施。为此，研制一种结构相对简单，又能适应目的制动需要，实现制动力分级的车辆减速器就很有必要。

TJDY型液压分级制动车辆减速器属于非重力式减速器，首创了液压分级制动技术，有结构合理、耗能低等特点。

1. TJDY型液压分级制动车辆减速器结构

TJDY型液压分级制动车辆减速器由执行系统、分级控制系统、电气系统三部分组成，如图2-16所示。

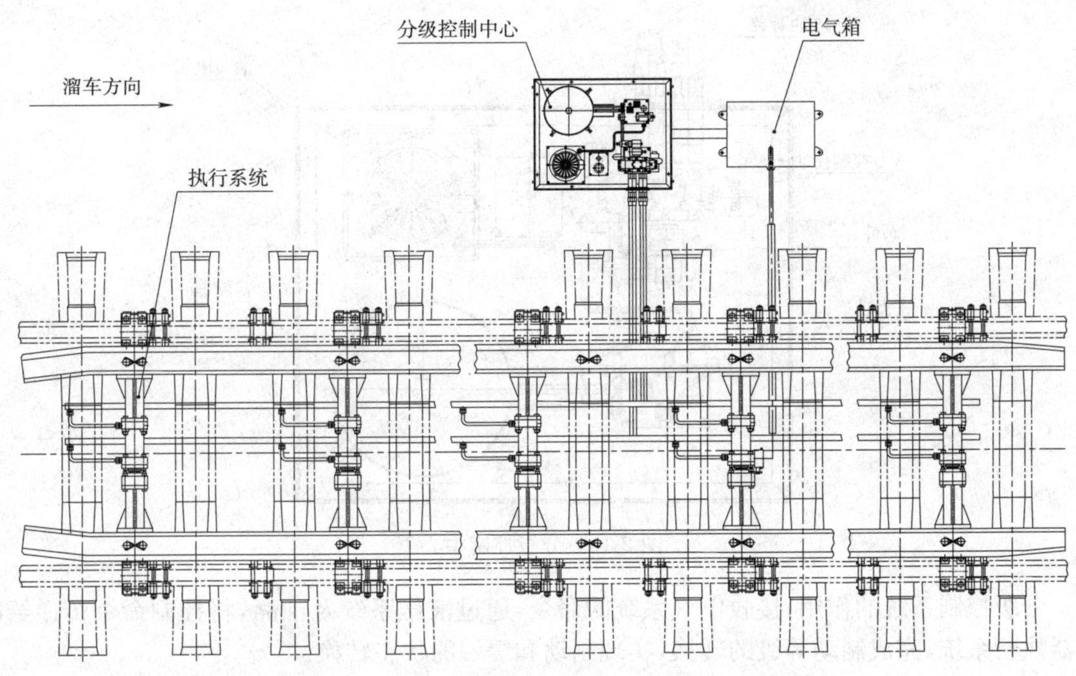

图 2-16　TJDY 型液压分级制动车辆减速器结构

(1)执行系统

执行系统由制动轨、制动轨座、表示开关、油缸、油管、托梁、防爬卡等组成,如图 2-17 所示。

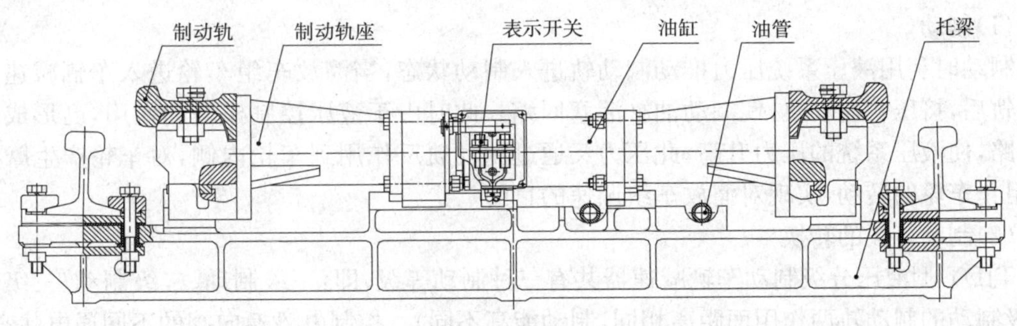

图 2-17　执行系统

执行系统的作用:用托梁将线路基本轨和车辆减速器的动作机构连接为一体,吸收溜放车辆的动能;制动时,接受液压分级系统的控制,产生高于系统的压力,反作用于车轮,对车辆实施分级制动。缓解时,接受液压系统的控制,使动作机构收缩,失去制动力,使车辆减速器处于缓解状态。

(2)分级控制系统

分级控制系统由制动油管路、缓解油管路和分级控制中心组成。

分级控制中心是分级控制系统的核心,由液压集成块(压力控制模块、压力转换模块)、蓄能器、油泵电机、液压阀件、压力测试和控制元件、连接管路等组成,如图 2-18 所示。

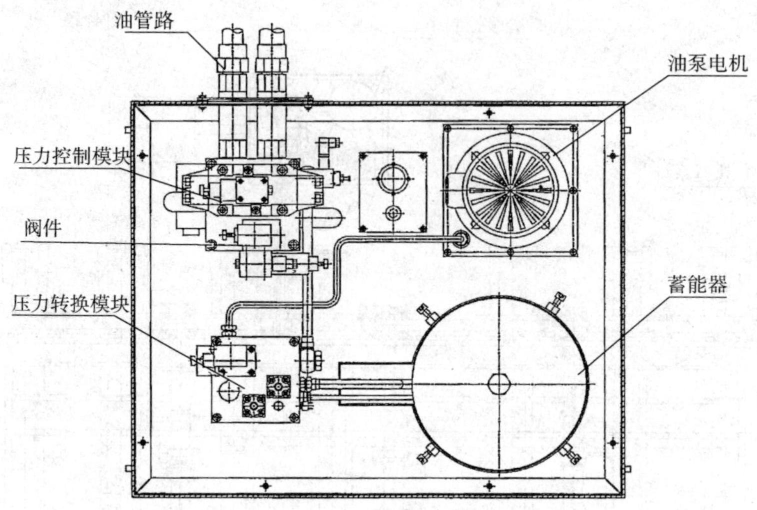

图 2-18　分级控制中心

分级控制系统的作用:接收电气系统的命令,通过液压系统及油路,将控制命令传递给减速器执行系统,完成制动等级的转换,实现制动和缓解的状态转换。

(3)电气系统

电气系统由电液换向阀、压力控制元件、自动补油装置、表示组件等组成。

电气系统的作用:传递自动控制系统的指令,控制车辆减速器的动作,反馈设备的工作状态信息;同时对车辆减速器液压系统压力进行监控。

2. TJDY 型液压分级制动车辆减速器工作原理

(1)制动

制动时利用液压系统压力推动制动轨进入制动状态,当溜放车组车轮进入车辆减速器两制动轨后,挤压两制动轨,使制动油缸活塞回缩。此时由于液压控制模块的作用,已形成了封闭油路,使液压系统的压力升高,此压力又通过制动轨反作用到车轮内侧,对车轮产生摩擦力矩,阻止车轮的转动,实现对溜放车组调速的目的。

(2)制动等级的转换

TJDY 型液压分级制动车辆减速器共有三种制动等级,即:一级制动、二级制动、三级制动(各级制动的制动轨两作用面距离相同,制动能高不同)。控制电磁换向阀的不同通电状态,即可实现制动等级的转换。

TJDY 型液压分级制动车辆减速器共有一级、二级、三级制动位和缓解位四种工作位。车辆减速器平时定位在一级制动位,通道控制电磁换向阀的不同通电状态,实现各种工作位的转换。电磁换向阀通电状态组合如表 2-2 所列。

表 2-2　TJDY 型液压分级制动车辆减速器电磁换向阀通电状态组合

序号	工作状态	电磁换向阀		
		1CT	2CT	3CT
1	三级制动	无电	有电	有电
2	二级制动	无电	有电	无电

续上表

序号	工作状态	电磁换向阀		
		1CT	2CT	3CT
3	一级制动	无电	无电	无电
4	缓解	有电	无电	无电

(3)缓解

车组速度达到控制系统设定值后,控制系统下达缓解命令,通过电液换向阀控制车辆减速器的液压集成模块,使电液系统及油缸工作状态转换,车辆减速器转换到缓解状态,使车辆在缓解状态安全通行。

3. TJDY型液压分级制动车辆减速器主要特点

TJDY型液压分级制动车辆减速器采用液压分级技术,设计不同的液压油路,设定不同的压力等级。采用托梁内撑式,不设安装基础,也不需要辅助设施,直接将托梁通过连接件安装在线路基本轨上。不同组数的托梁通过制动轨连成一体,构成一台完整的车辆减速器,使得车辆减速器安装方便、维护简单。针对车辆减速器使用条件恶劣的特点,设计了专用油缸,磨损不影响密封,磨损部位可定期更换,便于维修。

(1)TJDY型液压分级制动车辆减速器通过液压技术,提供多级制动,配合速度控制系统,在调速过程中根据车组的质量和速度选择制动等级,并可实现制动过程中的制动等级快速转换,重复制动少,使车组制动均衡、平稳,调速精度高。

(2)平推式结构有利于提高控制精度,基本满足大组车放头拦尾、重复制动等作业的要求。

(3)车辆减速器制动等级转换时不发生机械位置转换,只是液压换向阀动作,使车辆减速器具有较快的等级转换时间,并且转换时无噪声。

(4)车辆减速器采用独立液压单元组件,每台独立工作,互不影响。在液压集成、密封、制动油缸等方面采用多项新技术,性能可靠,使用寿命长。

(5)车轮进入制动轨入口时,压力逐渐升高,制动轨与车轮柔性接触,制动调速均衡平稳,车辆减速器受冲击力较小,可延长使用寿命。

(6)车辆减速器利用溜放车辆的动能,通过电控液压技术转换成制动力,节省电力,耗能低。

(7)车辆减速器不需要基础,无需设动力室,无需大容量电力电源及输送动力源管网系统。减速器工程一次投资省,运营成本低,性价比高。

(8)结构合理,安装、维护方便。

第四节 测量设备

测量设备提供车组溜放速度、股道空闲长度、车组质量、车组走行阻力和车组信息等各种静态及动态数据参数,是自动化驼峰控制系统的重要基础设备,直接影响控制系统功能的实现和控制精度。测量设备包括测速、测重、测长、车轮传感器、光挡、气象站等设备。

一、测速设备

雷达是一种利用无线电波发现目标,测定目标方位和距离,并可用于测速的设备。测速雷达测量溜放车组的连续、瞬时速度信息，作为控制系统控制车辆减速器的主要依据。测速雷达必须有在速度测量范围内覆盖车组实际溜放速度变化范围的能力、很小的速度测量延迟时间、足够的测量精度和作用距离、较高的信噪比、较强的抗干扰能力和恶劣环境的适应能力，以及长期连续工作的稳定性和可靠性。雷达测速精度高，能连续测量瞬时速度，受工频干扰小，维修简便，得到了广泛应用。

1. 多普勒效应

人听到某一声源发出的声音时，若人与声源之间没有相对运动，听到的声音频率与声源发出的频率相同；当人与声源之间有相对运动时，听到的声音频率高于或低于声源发出的声音频率。随着距离的变化，声音的频率逐渐变高或变低，这种物理现象称为多普勒效应。

电磁波和声波一样，也产生多普勒效应，雷达就是利用多普勒效应进行测速的。雷达天线向运动目标（走行车组）发射频率为 f_1 的高频电磁波，遇到运动车组目标时，该波束反射回一个频率为 f_2 的信号，如图 2-19 所示。当车组迎着天线溜放移动时，$f_2>f_1$；当车组背向雷达顺着雷达波束方向溜放移动时，$f_2<f_1$，其差频称为多普勒信号频率 f_d，且 $f_d=|f_2-f_1|$。

多普勒信号频率 f_d 数学模型描述为

$$f_d=\frac{2f_1v}{c}\cos\theta$$

式中 v——钩车溜放走行速度；

c——电磁波在自由空间传播速度，等于光速，为 3×10^8 m/s；

θ——雷达电磁波辐射方向与车组速度方向之间夹角，通常很小，$\cos\theta\approx1$；

f_1——雷达发射频率。

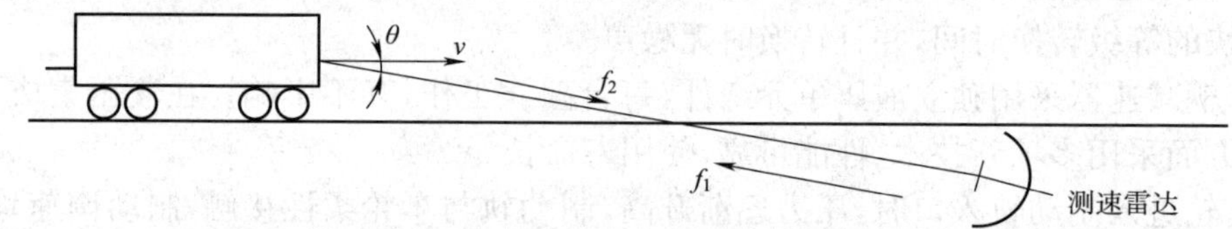

图 2-19　雷达测速原理

f_1、θ 和 c（光速）均是常数，可见 f_d 与车速成正比。通过对多普勒频率的测量，即可得到车辆的运动速度。

2. 测速速雷达结构

调车场使用的测速雷达都属于多普勒测速雷达。根据波长的不同大致有两种：一种是 3 cm 波长雷达，另一种是 8 mm 波长雷达。3 cm 波长雷达（TZ-103 型和 TZ-104 型）已淘汰，目前基本使用 8 mm 波长的测速雷达。

8 mm 测速雷达具有信息量大（在 3～30 km/h 速度范围，雷达的多普勒信号 f_d 频率为 200～2 000 Hz，是 3 cm 波段雷达的 4 倍）、测速精度高、体积小、质量轻、检修测试方便等优点。主要型号有 T·CL-2 型、T·CL-3 型、T·CL-2A 型、T·CL-2B 型等。

（1）结构

8 mm 测速雷达主要由圆锥形介质透镜喇叭天线、一体化微波收发组件（包括主振腔、稳频腔、环行器、混频器、隔离器等）、多普勒信号处理板（包括自检电路）和直流稳压电源等部分组成。内部结构示意图如图 2-20 所示。

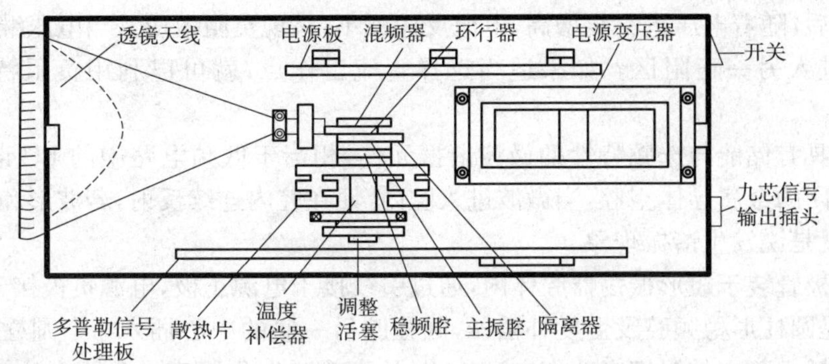

图 2-20　测速雷达内部结构示意

雷达天线选用的是圆锥形介质透镜喇叭天线，该天线具有波束窄、增益高、副瓣低等特点。介质透镜采用损耗极小的聚四氟乙烯加工成双曲线截面的圆柱，将介质透镜置于圆锥喇叭天线的焦点处，使振荡源产生的毫米波信号通过介质透镜的不同径路同时到达透镜平面而发射出去。为减少透镜表面反射对天线驻波的影响，在透镜平面端刻有四分之一波长的同心圆凸槽相匹配。圆锥喇叭天线加上介质透镜后可使天线体积变小、波束变窄、增益变大。

(2)微波组件

①体效应振荡器

体效应振荡器由体效应二极管和振荡腔两部分组成。振荡腔主要由主振腔、稳频腔、温度补偿器、调谐活塞等组成，如图 2-21 所示。体效应二极管设在主振腔体装管孔内，由装管螺钉固定，腔体为地，并接电源负极，腔内引出极接电源正极。体效应二极管是一种负阻器件，两端加上直流电源就可产生振荡，体效应振荡器为侧面馈电，具有振荡性能稳定、阻抗匹配良好、频谱纯正、噪声低、能在高振动条件下稳定工作等优点。在主振腔后有高 Q 值稳频腔及温度补偿器，用于提高频率稳定性，同时减小微波通道的驻波比，降低对振荡器频率的牵引，频率稳定度可达 10^{-9}，温漂在 0.7 MHz/℃以下。主振腔电源两端反向并联二极管 D 及电容 C，防止脉冲干扰，保护体效应二极管。

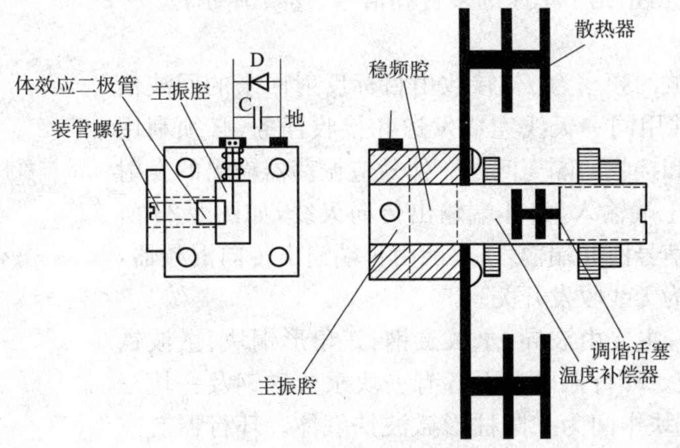

图 2-21　振荡器结构

体效应二极管是利用半导体材料砷化镓构成的无结器件。当加于体效应管上的电压升至临界阈值电压后，随着电压进一步增高，电流反而减小，呈现负阻效应。当电压继续上升，电流又开始上升，进入另一正阻区。如果适当选择直流工作点，就可以利用负阻特性产生高频振荡。

振荡腔是具有储能与选频特性的微波谐振元件，相当于低频电路中的 LC 谐振回路。振荡腔是一个封闭的金属导体空腔，当微波进入腔内，便在腔内连续反射，若波形和频率合适，即产生驻波，也就是说发生谐振现象。

体效应二极管装于矩形振荡器腔体内，通过引线接于电源正极，电源负极接于振荡腔的腔体（地），后面是圆柱形稳频腔及温度补偿器，圆柱腔另一底的中心插入一个圆柱调谐活塞，通过改变调谐杆插入腔内的深度来改变电容效应，从而改变工作频率。只要在体效应二极管两端加上适当的直流电源就可以在振荡腔内产生微波振荡，构成了微波负阻振荡器。

振荡腔一方面通过调谐使波形接近正弦，另一方面将高频能量集中在腔内，通过通道送到负载上。通过活塞杆调整圆形腔体的长度，改变腔体的大小，达到对振荡频率的调谐。

②混频器

混频器结构与主振腔相似，如图 2-22 所示，主要由混频二极管、顶管螺钉、混频器腔体组成。混频器工作在直流高负载条件件下，具有噪声小、驻波比小、检波效率高和稳定性等优点。为了实现混频，必须采用伏安特性具有非线性的元件。采用应用广泛的肖特基势垒二极管，该二极管具有变频损耗小、噪声低、可靠性高等特点。肖特基二极管与同一波导腔组成单管波导混频器。

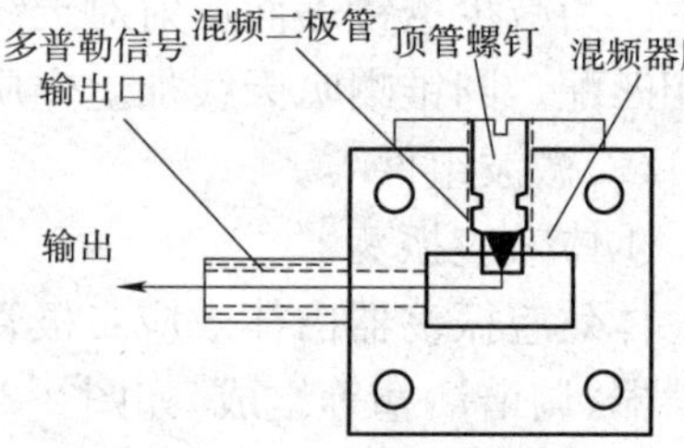

图 2-22　混频器结构

混频器是变频器件，用来改变信号频率。将两个不同频率的信号同时作用在二极管上，利用二极管的非线性，产生差频信号。

进入混频器的微波信号，一是本机振荡器产生的频率为 f_1 的发射电磁波信号，二是由 f_1 信号经目标车组反射回来频率为 f_2 的回波反射信号，两个不同频率的信号被送入混频器，同时作用于混频二极管上。由于二极管具有非线性伏安特性，其高频信号被滤掉，而产生差频电流信号，即混频器输出正比于车速的多普勒信号，其频率为 f_d。

③环行器

雷达发送电磁波的频率为 f_1，接收由目标反射回来的回波信号频率为 f_2，由于共用同一天线完成发送和接收任务，必须利用环行器来解决发送和接收的隔离问题。体效应振荡器输出的发射功率信号由环形器Ⅰ端输入，由Ⅱ端输出传向天线，如图 2-23 所示。天线接收回波信号由Ⅱ端输入，只能由Ⅲ端输出传向混频器，故也可以称环形器为天线收发开关。

环行器为 T 形，主要由波导、永久磁钢、三角形铜块、微波铁氧体、连接法兰组成。环行器内上下各有一块永久磁钢及一块三角铜垫块，三角铜垫块中间为一圆柱形微波铁氧体。环行器有三个通道口，其中仅Ⅱ通道口用波导法兰与天线连接；与振荡器、混频器连接均为波导体直连，Ⅰ通道口与振荡器连接，Ⅲ通道口与混频器连接。

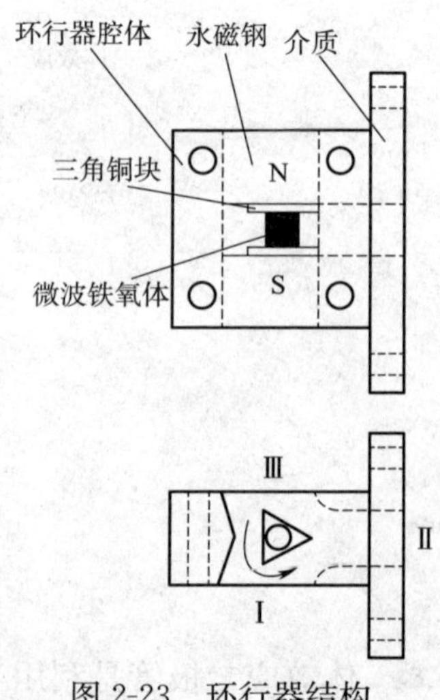

图 2-23　环行器结构

环行器内的铁氧体是一种黑褐色陶瓷，电阻率很高，微波信号通过时导电损耗很小，是一种非线性各向异性的物质，其磁导率随外加磁场比变化。加上恒定磁场后，在各方向上对微波磁场的磁导率不同。当外加磁化场的大小、方向变化时，铁氧体的磁导率发生变化，也就改变了电磁波的传播常数，实质上是微波与磁化了的铁氧体内自旋电子间的相互作用，使微波的传播特性发生变化产生不可逆场移效应。环行器就是利用这一特性实现微波信号单向传输的。

微波铁氧体对微波功率各向异性的特点，使环行器在上下永久磁钢恒定磁场的作用下，对电磁波的传播产生不可逆特性，微波功率只能沿着箭头方向传播，即由Ⅰ→Ⅱ、Ⅱ→Ⅲ、Ⅲ→Ⅰ，此时微波功率衰减极小，不能沿逆箭头反方向传播，逆箭头反方向传播微波功率衰减极大，这样就实现了将发送和接收的电磁波隔离。

④隔离器

由于负载对体效应振荡器的工作状态影响很大，负载变化通过反射会影响振荡器工作的稳定性，导致其功率和频率发生变化，为此两者间必须加装隔离器。微波隔离器的特点是正向衰减很小，振荡器产生的微波信号功率几乎无损地通过，但其反向衰减很大，负载的反射信号不能进入振荡器而影响其正常稳定工作。也就是只允许微波功率信号顺箭头方向（见图 2-24）传输，逆箭头来的微波信号被微波吸收材料的介质吸收掉，因此逆向微波信号不能够通过。

隔离器结构与环行器基本相同，如图 2-24 所示。不同之处是将法兰同天线连接的端口取消，三通道变为二通道，在取消的端口侧采用微波吸收材料作为介质吸收其反射功率。

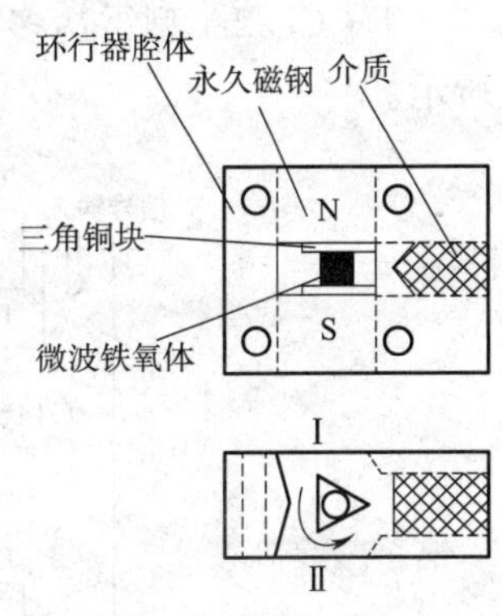

图 2-24　隔离器结构

隔离器是一种单向传输电磁波的器件，当电磁波正向传输时可将功率全部馈给负载，对来自负载的反射波产生较大衰减。其工作原理与环行器相同。

隔离器Ⅰ端与微波振荡器连接，振荡器产生的微波信号功率由隔离器的Ⅰ端只能通过Ⅱ端输出；由Ⅱ端进入的信号只能沿箭头方向传输，被微波吸收材料的介质所吸收，而不能传输到Ⅰ端。

以上部分既是独立元件，又相互依存，需要统一调整性能；在结构上各器件均采用小型波导腔体直连，组成一体化，便于整体更换维修；在无专业人员和专用仪器情况下，不得自行拆卸、组装、调整。

3. 测速雷达工作原理

测速雷达工作原理框图如图 2-25 所示。

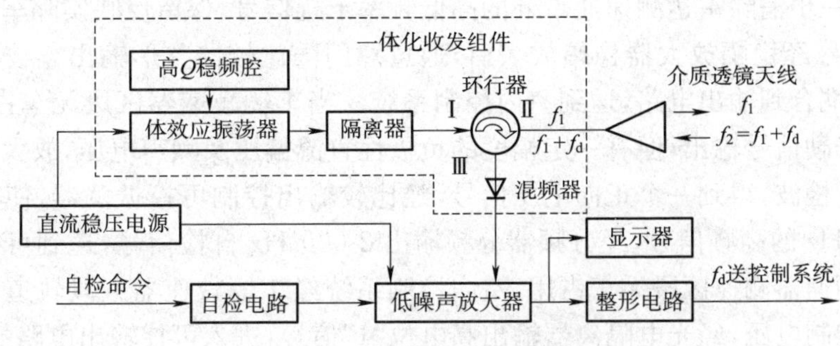

图 2-25　测速雷达工作原理框图

体效应振荡器加电后产生频率为 35.1 GHz(37.5 GHz)、功率为 30 mW 的超高频电磁波 f_1通过隔离器、环行器收发隔离正向导通，经圆锥形介质透镜喇叭天线辐射到前方被测目标物体上，同时，电磁波 f_1的一小部分功率经环行器反向隔离进入混频器作为本振频率。当发射频率为 f_1的电磁波遇到运动目标时，根据多普勒效应，反射回一个新的频率信号 f_2。反射信号 f_2由天线接收后，经环行器的正向导通至混频器与本振频率进行混频，其差频信号为多普勒信号频率 f_d。多普勒频率 f_d与目标物体运动速度成正比，与发射电磁波的波长成反比，将这个多普勒信号通过低噪声多普勒信号放大器进行滤波、放大和整形处理，送到计算机中，由计算机软件计算出频率的大小，即可得出移动目标物体的运动速度。

为监测雷达的工作状态，还设计了雷达自检电路。利用混频器直流偏压和控制系统发出的自检命令，在车辆减速器区段没有溜放车辆时可对雷达进行自检。若雷达各部分工作全部正常，控制系统能够收到一个频率固定的自检信号 f_z(T·CL-2 型为 2 000 Hz，T·CL-3 型为 2 222 Hz)，若雷达某一部分工作不正常，控制系统则收不到这个频率自检信号，即给予报警。当车辆减速器区段有溜放车辆时，控制系统停止向雷达发出自检命令，这时控制系统收到的是溜放车辆的多普勒速度信号 f_d。

各型雷达多普勒信号处理电路的主体结构和工作原理基本相同。

T·CL-2A 型雷达多普勒信号处理电路是 8 mm 驼峰雷达典型电路，其结构如图 2-26 所示。

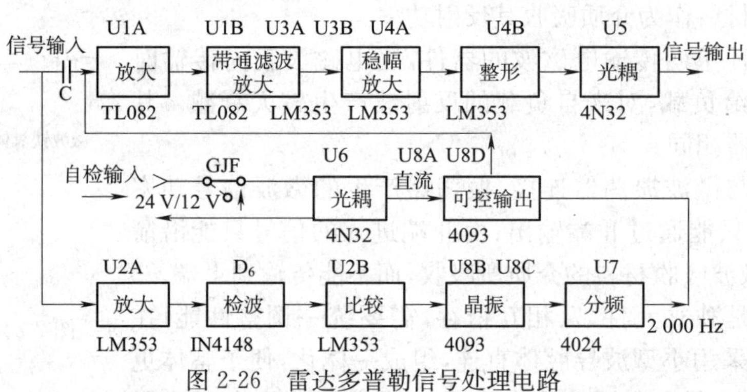

图 2-26 雷达多普勒信号处理电路

车辆减速器区段有车时，雷达工作在测速状态，雷达微波组件混频器输出的微弱低频多普勒信号输入到低噪声信号放大器。经放大后，通过低通滤波器消除低频干扰信号，再经过两级带通滤波器，进一步消除雷达测速通带外的高低频率干扰信号，保留反映实际车速变化的多普勒信号，将此信号经稳幅放大器稳幅放大后，通过双门限比较器整形输出方波多普勒频率信号，经光电隔离耦合到输出电路，送到室内控制系统。当车辆减速器区段无车占用时，混频器输出端没有多普勒信号输出，但有一定幅度的负极性直流偏压及噪声电压，放大电路将此信号电压放大后进行检波，得到一个正向电压信号，经比较输出控制可控振荡器，使其振荡工作产生频率为 256 kHz 的高频信号，经分频器分频输出 2 000 Hz 自检信号，送到可控输出电路输入端。由于车辆速器测速区段无车占用，室内控制系统经车辆减速器区段轨道继电器前接点条件送出直流控制电压，经光电隔离器输出高电位“1”信号，进入可控输出电路的另一输入端，可控输出器控制打开，2 000 Hz 自检信号经控制门输出，将其送到多普勒信号放大处理电路通道的输入端，经电路的各环节直至输出端输出，完成检查此通道是否正常，控制系统收到

2 000 Hz 自检信号，表示雷达天线在自检工作状态并工作正常。如果信号处理通道任一环节出现故障，2 000 Hz 自检信号则不能由信号放大处理电路的输出端输出，系统收不到自检信号，就可判定雷达故障。

当有车占用时车辆减速器区段轨道继电器落下，系统中断自检控制信号，即光电隔离器输入端无直流控制电压输入，光电耦合器输出端截止，输出低电位“0”信号，可控输出器控制门在关断状态，自检信号不能通过输出。此时信号放大处理通道进行多普勒测速信号的正常放大处理，输出电路输出正比于车组实际速度的多普勒频率方波信号。

二、测重设备

测重设备用于测定溜放车组质量，是调整溜放车组速度控制的重要依据，它为控制非重力式车辆减速器提供钩车平均质量等级参数，决定非重力式减速器的制动等级；确定可控减速顶的制动能力；用来统计编组列车的质量；利用车组质量粗略估算等效车组走行阻力，参与确定对间隔制动位和目的制动位速度控制的调整。

溜放车组的测重信息，通过安装在加速坡适当位置上的测重传感器测得。此质量信息转换为电信号，通过对电信号的处得到相应车组质量信息。溜放车组的平均质量数据，需利用溜放车组的分钩信息准确测得。分钩信息由轨道电路、光挡和车轮传感器等设备测得。

测量溜放钩车的质量是通过测车辆轴重实现的，测重装置将每一辆车的所有轴重进行累加求取车辆质量，并作车辆质量分级。再根据每辆车的质量等级求取钩车平均质量等级。

在得到溜放车组的平均质量数据后，将其通过各道岔区段轨道电路环节传递到各个制动位车辆减速器的控制环节，作为控制参数参与对溜放车组的控制。

驼峰测重传感器是测重设备的重要组成部分，有电阻应变片式、硅力敏电阻式、压磁式等多种，安装形式均为塞钉式。目前主要采用压磁式传感器。

1. 压磁式测重机的结构

T · ZY 型压磁式测重机由测重传感器、测重信号处理电路、A/D 转换及输出电路、轨道开关控制电路、窗口调试显示、专用激磁电源和直流稳压电源等组成。结构框图如图 2-27 所示。

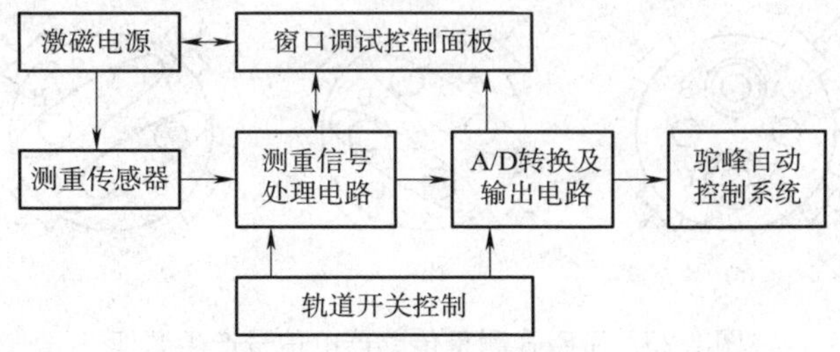

图 2-27　压磁式测重机结构框图

室外部分有压磁测重传感器及其电源、信号传输配线电缆盒。室内部分有测重机箱，机箱内装有各种功能电路板、稳压电源和传感器激磁电源。机箱前部为质量显示、调测窗口面板；机箱后部为外接引线插件，机箱可放入标准计算机机柜内，也可单放。

2. 压磁式测重机的工作原理

在钢轨受车轮作用时，其中性层的剪应力（同截面相切的应力）最大，并且与车轮的质量成正比。压磁式传感器利用钢轨中性层这一特点，将传感器安装在钢轨的中性层处，测量车辆轮重。

压磁式测重传感器是用特殊磁性材料制作而成的,该铁磁材料具有磁弹性效应。处于外磁场中的某种铁磁材料,在外加机械力的作用下,其内部磁化强度矢量的大小和方向也将随之改变。压力越大,磁阻越大,磁力线变形,这就是压磁效应。

塞钉式压磁测重传感器的核心部件是圆柱形的压磁芯。压磁芯由特殊性能的冷轧硅钢片叠成。边沿有4个受力的凸台,芯片中间位置有4个圆孔,用来缠绕线圈,在对角线位置上的两对孔内,分别绕上激磁绕组(初级线圈)和信号绕组(次级线圈),两个线圈相互垂直,如图2-28所示。初级线圈的激磁绕组馈以中频400 Hz交流激磁电流,次级线圈输出轮重模拟电压信号。铁芯压入钢壳,钢壳拧在钢轨的腹板中。压应力越大产生的感应电动势越大。压应力与传感器输出信号电压基本呈线性关系,通过对输出电压的测量就可以求出轮重信息。

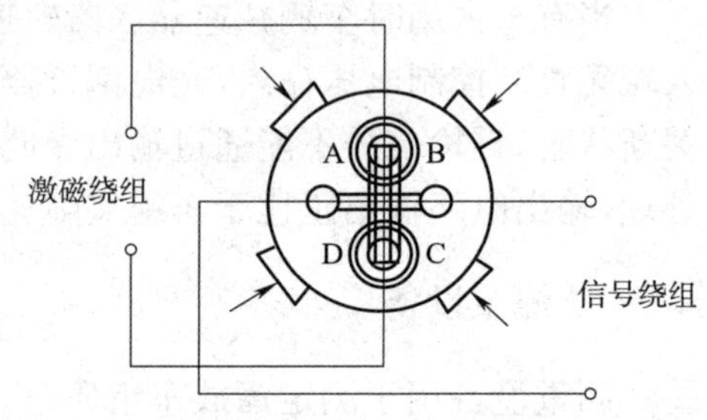

图2-28　压磁式测重传感器结构

当激磁线圈通以恒定的400 Hz交流电流,且传感器不受外力时(无轮重负荷),在激磁线圈周围产生磁场,四个孔间区域的磁导率相同,激磁线圈周围的磁力线基本呈轴对称分布,这时这个磁场不与信号线圈交链,图2-29(a)中信号输出线圈不产生感应电动势,输出为零。当传感器受外力作用时(车轮由左侧接近传感器),钢轨腹板处剪应力使一对凸台受力增加,另一对凸台受力减小,磁芯的几何尺寸发生变化,磁导率下降,磁阻即发生变化,而在水平方向基本不受应力,磁导率几乎不变,导致磁力线发生形变。从而使A、C区磁阻加大,B、D区磁阻减小,如图2-29(b)所示,磁芯内部磁化矢量的大小和方向随之改变,这个变化的磁场与信号线圈交链,在信号线圈产生感应电动势,感应电动势的大小与外力呈线性关系。信号线圈输出的交流电压信号便是与轮重成正比的车轮的重量信号。当车轮移动到传感器右侧时,传感器的受力方向反之,A、C区磁阻减小,B、D区磁阻加大,如图2-29(c)所示。压应力越大产生的感应电动势越大,压应力与传感器输出信号电压基本呈线性关系,通过对输出电压的测量就可以求出轮重信息。

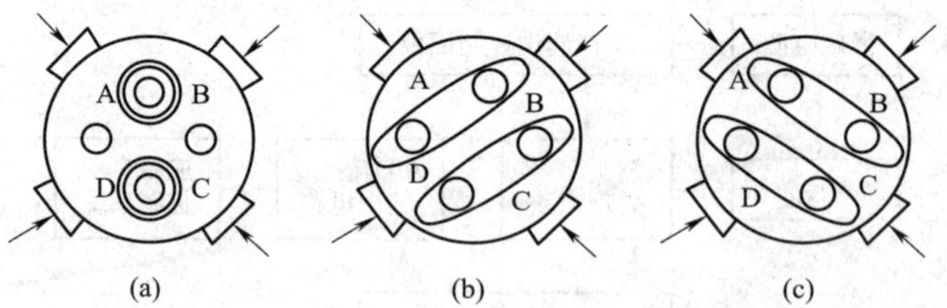

图2-29　压磁式测重传感器电信号产生原理

对信号线圈输出的电压信号经过一系列的处理之后,就能建立压力与输出电压间的关系。此交流电信号经传输电缆直接送到室内的测重信号处理电路进行处理。为保证线性度,采用交流恒流源来激励。激磁电源是传感器的专用电源,可提供两路400 Hz方波且相位相差180°的输出电流源为传感器使用。

车轮经过测重传感器时,传感器受钢轨剪应力的作用,输出对应钢轨剪应力波形两个相位相差180°频率为400 Hz的交流信号;此交流信号形成正负对称包络线,当车轮经过传感器中心时包络线达到最高点；车速度低，则输出信号包络线内周期数多，车速高时则相反。传感器输出信号幅度为毫伏级信号。车轮通过传感器处相邻轨枕之间所需最短时间只有 100 ms 左右，采用 400 Hz 的激磁信号电源，可以保证传感器输出的信号包络线不少于 40 个周期，以便于信号处理电路进行有效的处理。

3. 测重信号处理电路

测重信号处理电路由输入放大、相敏整流、移相调整、调零自动补偿电路、滤波放大、过零调整电路、峰值检测、A/D 转换、数据锁存和中断输出等电路组成，如图 2-30 所示。

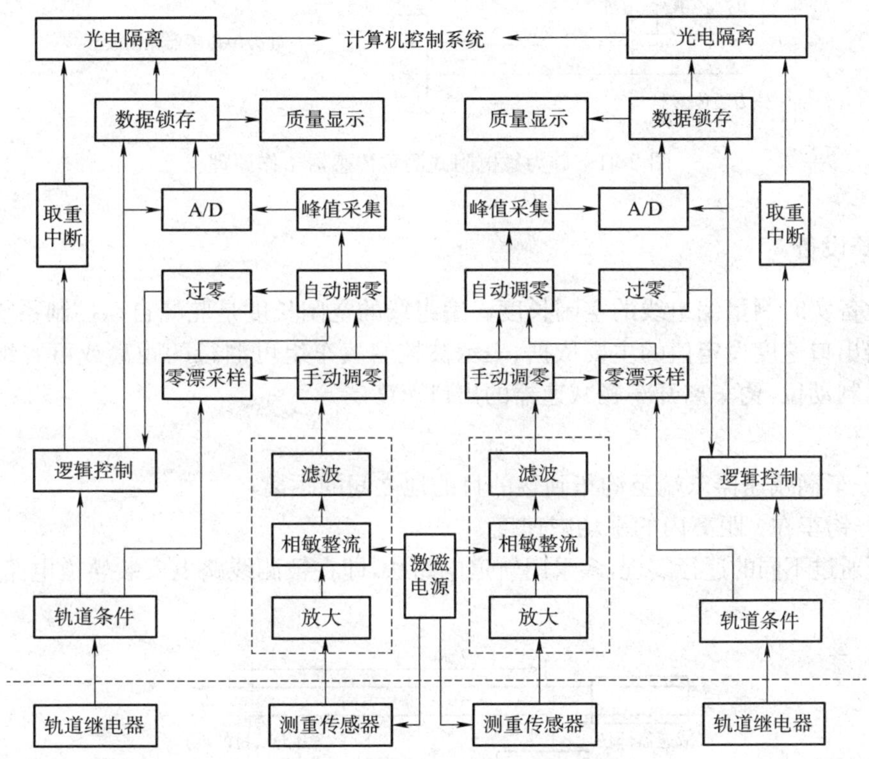

图 2-30 测重信号处理电路原理框图

传感器输出的轮重信号，经电缆传送进入室内，首先经测重机信号处理电路交流放大后，送入相敏整流电路变成直流信号。由于车轮通过传感器所在钢轨的前后区段时，该两段的测量交流信号相位差为 180°，所以经过相敏整流后，每个车轮的轮重都可得到正负两个半波直流信号电压。此信号经过正电压峰值采集电路，将车轮经过传感器中心时达到最高点的信号电压采集并保持，便得出轮重的模拟电压。轮重模拟电压经过 A/D 变换电路变为数字量。此轮重数字量被锁存，送测重显示装置显示。当车轮通过传感器时，电路产生一个电压过零脉冲，在 A/D 转换完成后此脉冲作为一个中断脉冲，通知计算机控制系统通过接口电路读取溜放车组的数字质量信息。

4. 硅力敏电阻式测重传感器

硅力敏传感器是应用半导体器件制造工艺，在硅基片上形成 4 个力敏电阻，如图 2-31 所示，按一定受力角度排列贴在塞钉式刚性体隔板上，将 4 只硅力敏电阻接成桥路结构，安装在钢轨腰部腹板中性层处的锥孔内。车轮经过时，钢轨腰部腹板中性层产生剪切应力，使电桥失去平衡，桥路输出一个与车质量成正比的电压信号，此信号送测重信号处理电路。调零利用电子电位差计实现，在无车时进行调零，将桥路产生的零漂消除，保证有车时输出正确。

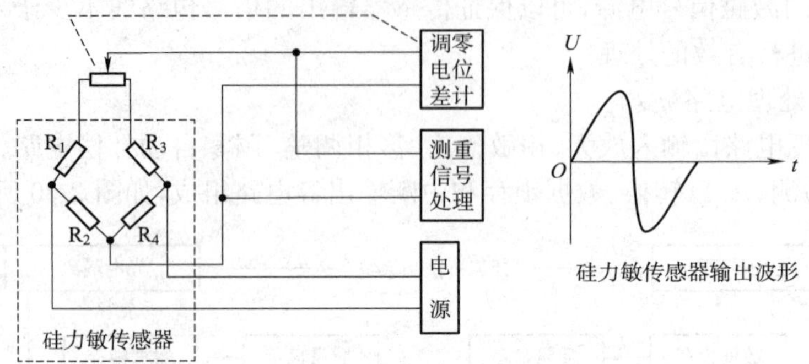

图 2-31　硅力敏电阻式测重传感器工作原理

三、测长设备

测长设备实时测量编组线的空闲长度。编组线的空闲长度是驼峰自动控制系统确定目的制动减速器出口速度设定值的主要依据，表示被控溜放车组可溜行的距离或可容纳车组的长度。在第Ⅲ制动位，钩车离开车辆减速器的出口速度

$$v=\sqrt{2as}$$

式中　s——车辆减速器末端至钩车到达的目的地之间的距离；

　　a——钩车在 s 距离内的平均减速度。

测长可通过不同的途径实现，多采用轨道电路法，即在被测线路上安装轨道电路，如图 2-32 所示。

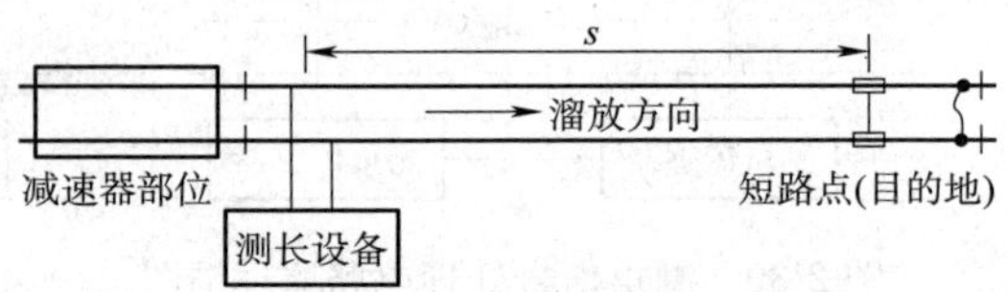

图 2-32　测长原理

实时动态的测长数据通过计算可确定车组在编组线内的走行速度和连挂速度。常用的测长设备有工频轨道测长、音频轨道测长、微机频率测长等。

1. 测长轨道电路基本工作原理

编组线空闲长度测量一般都是基于轨道电路短路输入阻抗与短路点到始端距离近似成正比的原理来实现的。利用轨道电路短路输入阻抗与不同信号参数的关系，有三种测长方法，即阻抗模值测长法、阻抗频率测长法、阻抗相角测长法。这三种方法非线性误差基本相同。下文主要介绍前两种方法。

(1)阻抗模值测长法

轨道电路相当于参数均匀分布的传输线，钢轨如同两根传输导线，轨枕和道砟相当于两根传输线间的介质，其等效电路如图 2-33 所示。图中 r、L、C、G 分别为单位长轨道电路分布电阻、电感、电容和漏导。阻抗模值测长法的电路结构如图 2-34 所示。

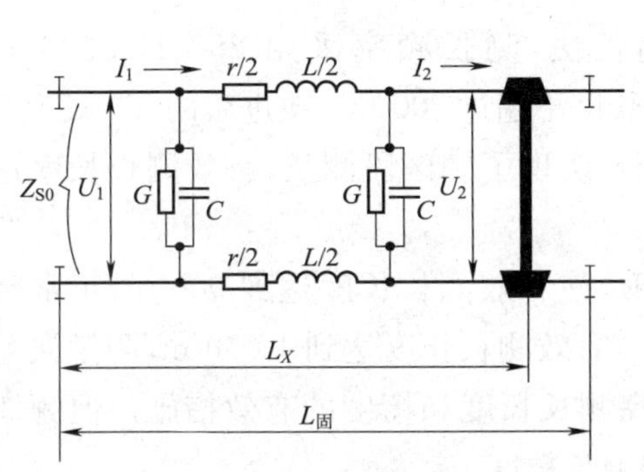

图 2-33　钢轨的等效电路

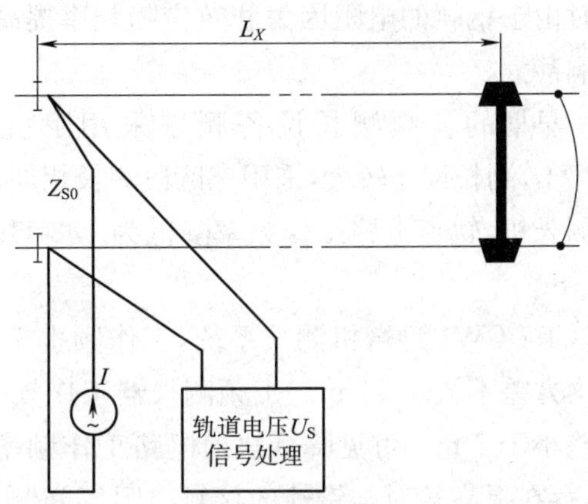

图 2-34　阻抗模值测长的电路结构

理想情况下，车辆占用轨道时，轮对的分路阻抗为零，轨道电路的短路输入阻抗为 Z_{S0}。如果传输系数和轨道电路的长度乘积较小，在轨道送电端输入恒定的交流电流，频率一定时，轨道送电端 U_S和短路点的距离 L_X的关系为

$$U_S = IZ_{S0} = I\sqrt{R^2+\omega^2 L^2}\,L_X = KL_X$$

可见，轨道送电端电压和短路点的距离成正比线性关系。

利用编组线内股道的两条钢轨及终端短路封线构成回路。在回路始端输入电信号，当车组在轨道上行走时，随着车组距始端距离的变化，引起短路输入阻抗发生变化，由计算机采样轨道电路的电压变化值，经过软件计算得出相应的长度值。这种方式称为阻抗—电压—长度方式，即阻抗模值测长。

(2)阻抗频率测长法

轨道电路短路输入阻抗 Z_{S0}与轨道的空闲长度近似成正比关系，而 Z_{S0}与振荡周期 T 的变化也近似成正比关系。利用这种关系，将轨道电路当作一个电抗元件，把音频信号电压用变压器耦合到振荡回路中去，即可获得轨道电路的空闲长度信息。频率测长原理如图 2-35 所示。

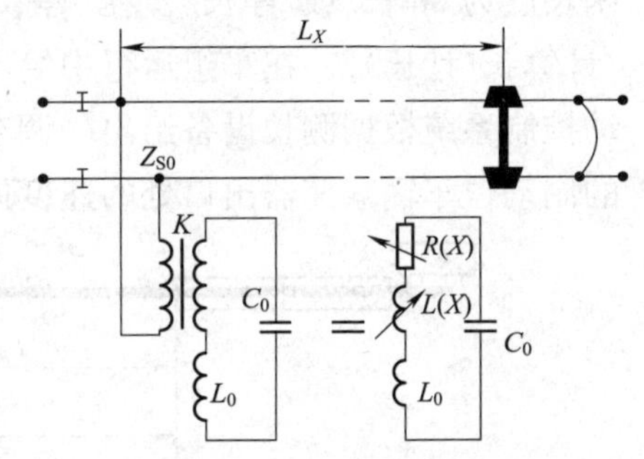

图 2-35　频率测长原理

设变压器变比为 K，轨道电路短路输入阻抗的变化引起轨道电路电感参数 $L(X)$的变化，$L(X)$与短路点距离 L_X的关系为

$$L(X) = K^2 L_X$$

$L(X)$的变化引起谐振频率和振荡周期 $T(X)$的变化。振荡周期 $T(X)$与轨道电路空闲长度 L_X 的关系为

$$T(X) \approx 2\pi\sqrt{L_0 C_0} + \pi K^2 L\sqrt{\frac{C_0}{L_0}}\,L_X$$

谐振回路产生的振荡信号，测量其信号变化周期，即可获得轨道电路的空闲长度信息。

(3)测长长度及精度的提高措施

有效测量长度的非线性误差随测量长度增加而剧增，非线性误差与轨道电路漏导成正比，同时由于钢轨的电阻因集肤效应随频率提高而增加，因此频率的选择对提高测长长度及精度影响甚大。

早期的音频测长设备频率采用阻抗模值测长法，测长频率采用 283 Hz、333 Hz、383 Hz，测长误差较大，采用三区段测长相加，每区段长度不超过 300 m。改进后的 T · CJ3 型音频测长机，轨道电路工作频率降低为 133 Hz、163 Hz，实现了一区段测长，有效测长长度达到 800 m。

T · CW1 型微机测长系统，工作频率 70～80 Hz，使有效测长长度达到 900 m，正常条件下均方差不大于 10 m。工频测长器工作频率 50 Hz，有效测长长度达到 1 050 m，测量误差均方差小于 7 m。可见降低轨道电路工作频率，是提高测长长度和精度的有效措施。但频率过低，存在提高轮对与钢轨的接触电阻等问题，也影响测长精度。

测长是利用车辆走行短路轨道电路，通过测量其输入阻抗变化来实现的，只是反映阻抗变化的形式不同，但最后都是采用计算机进行信息数据的数字化处理，解决测量中存在的非线性误差，从而得到精度较高的测长数据。因此，测长的准确性，不仅取决于硬件，也通过计算机软件处理结果反映出来，也就是说采用合理的软件处理方法及数学计算模型是提高测长精度必不可少的重要手段。

(4)主要测长参数

编组线的空闲长度指调车场第Ⅲ制动位(目的制动位)车辆减速器出口至最近停留车辆之间的距离。在编组线中任意两辆停留车组间的距离为“天窗”。车组在股道静止(暂停)后的空闲长度为“静长”或“停长”。在“停长”的基础上减去已进入股道的走行中的车组的长度值为“计算长(计长)”。在车组运行中给出的动态空闲长度叫“动长”或“走长”，如图 2-36 所示。自动控制系统根据测长设备给出的调车股道的“静长”“动长”“计长”参数，经计算确定车组在目的制动位车辆减速器出口处的速度值。

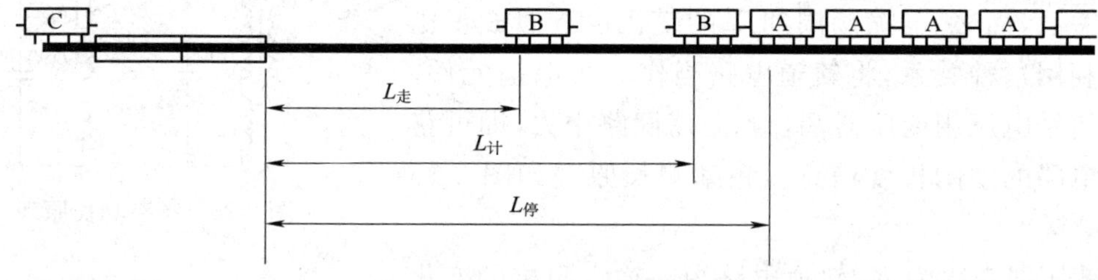

图 2-36　测长参数示意

2. TGWC 型工频测长设备

目前常用的是工频测长设备。工频测长设备的特点是设备结构简单，特别是发送端设备无复杂的电子电路，轨道电路供电电流大，工作可靠性高，维护简单，有效测量长度可达 1 050 m，并且测量精度较高。

随着电气化铁路的不断增加，驼峰场及其周边环境发生较大变化。在电气化区段，接触网与驼峰场很接近，在一些有编发线的驼峰场，接触网就在驼峰场尾部股道中，严重干扰了测长设备的正常工作。为了提高抗电气化干扰能力和测量精度，避免频率过低导致轮对接触电阻对测长精度的影响，适当提高了测长工作频率，采用 175 Hz。175 Hz 测长和 50 Hz 测长基本原理相同。将 175 Hz 作为测长传输频率,解决了电气化铁路牵引电流对测长的干扰,还解决由于锈蚀造成的分路不良和接触电阻大的问题,提高了测长的精确度。

(1)设备结构

工频测长设备具备独立和联机两种结构模式。

独立测长设备设有专用机柜,在机柜内设有数层套箱,每层套箱安装一个单元电路板,每单元板最多可测 16 股道。除正常使用套箱设备为工作状态外,设有一层套箱单元板为冷备状态。各套箱均可任意设置状态。测长计算机计算出的走长、停长值通过 RS-232 串口直接送往控制台室的显示终端。

在驼峰自动控制系统中,测长模块是整个控制系统中的一部分。在结构上,测长模块仅是一块单元电路板。其作用是采集和测量股道空闲长度模拟量和数字量参数,由计算机计算出走长、停长值。各种信息(包括报警)通过 CAN 总线和上位机通信交换信息。

对应不同的结构模式,工频测长设备只是改变安装结构,内部单元电路板和软件均不用变动。

测长设备由室外轨道变压器箱内送电变压器、电抗器、可调电阻器、钢轨接续线、传送电缆和室内设备轨道测长模块(CB 板)组成,如图 2-37 所示。测长轨道电路从车辆减速器出口到峰尾停车设备处,长度一般不大于 1 000 m。

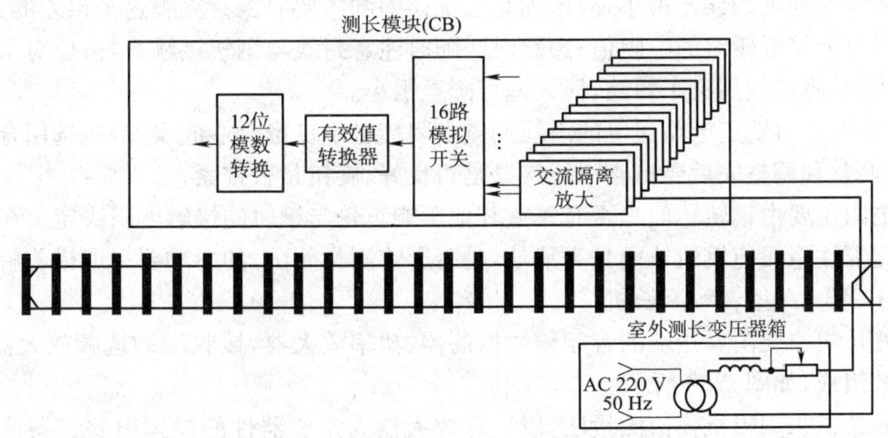

图 2-37　测长设备结构

(2)工作原理

工频测长设备采用阻抗模值测长。测长设备由室内净化电源统一送出工频交流 220 V 的信号电源到各个编组线的变压器箱,经变压器变成低压交流电,由电抗器滤波处理经可调限流电阻送到钢轨上,在编组线的末端装有短路线。由于轨道电路的特性,在正常情况下,测长编组线的始端便有一交流 1.5～1.8 V 空闲电压,电流为 3～5 A。送端变压器Ⅱ次侧为 0～36 V 可调,可以在 1 V 的间隔范围内调整,通过选择变压器的抽头和调整可调电阻,可以很容易地准确调整出编组线空线时的额定电压值。电抗器的作用是保持回路中电流的稳定并对信号电源进行滤波,使送入轨道的电流恒定。

在一定的条件下,轨道电路的短路输入阻抗与轨道的空闲长度之间建立起一种非线性的函数关系。也就是说,轨道电路始端轨道电压与短路点到始端的距离呈一种函数关系(近似成正比关系)。当车组进入编组线后,由空闲长度所反映的工频电压值送至轨道测长数据处理电路进行处理,测长计算机按照高次方程曲线逼近的 A/D 转换计算关系式确定轨道电路输入电压的有效值，这个有效值与空闲长度呈线性关系，也就是运用数理统计方法，回归每条编组线的轨道电路特性曲线，通过高次方程运算，消除轨道电路特性非线性变化的影响，从而有效地降低了测长误差，可满足均方差小于 7 m。在调整时，分别记录调整编组线的空线和满线状态时的电压值及与之对应的 A/D 转换值，计算出调整系数，计算机根据每条编组线的电压计算公式，自动得出相应的电压值，这个电压值经计算机用数理统计方法求出关系方程式中的各项系数。当测长轨道输入其电压值时，便得出轨道的空闲长度。

在 175 Hz 测长设备中，接收回路采用窄带高效带通滤波器，提高了轨道传输的信噪比，带通滤波器兼有抗大电流冲击功能，有效地防护电力牵引产生的干扰。

(3)软件计算

工频测长采用了高次方程曲线逼近的计算方法。任意一条非周期性曲线都可以用高次方程来逼近，幂取值愈高，方程所描绘的曲线便愈接近实际的曲线。运用这种方法，无论轨道电路呈现怎样的非线性特征，可以建立起它的数学模型。所有复杂的运算过程全部由计算机处理完成。

(4)系统调整

系统在调整时，人工用短路封线逐个短接采样点，每个点的封线接触电阻有很大的离散性。由于系统其他项的误差很小，故该项是系统误差的主要原因。克服这个误差的方法，封线电阻值要尽可能接近轮对的电阻值；短路时应随时注意封线与钢轨接触良好；应对采样数据进行筛选。当然，直接使用机车短路，该误差可降至很小。

此外，在调整时轨道电路送电的滑线调整电阻接触不良也会造成误差，应选用合格质量较好的器材，调整和调整完后要检查滑线接触是否良好、旋钮是否拧紧。

分路电阻主要由钢轨轨面是否有锈或其他影响车轮与钢轨的接触电阻决定。在进行测长调整时一定要注意股道钢轨轨面是否清洁，是否影响测长测试，如影响要采取措施解决。

3. T · CJ3-1A 型音频测长机

音频测长机主要由发送端的音频信号振荡器、功率放大器，接收端的选频放大器、AC/DC 变换等环节组成，如图 2-38 所示。

音频测长机采用阻抗模值测量法，以运算放大器为主要器件的模拟电路。振荡器产生的音频信号经发送电路功率放大后输出恒流电流，通过一对电缆送到轨道电路始端，通过轨道电路阻抗作用使端电压模值变化，轨端电压模值通过一对电缆芯线馈给接收电路，经接收电路的选频放大、AC/DC 交直流变换后，获得空闲长度的模拟电压值。为防止发送对接收的影响，测长的发送和接收必须分缆传送；由于测长机为电子设备，又直接和钢轨连接，必须在各环节采取有效的防雷措施。

轨道电路工作频率为 133 Hz、163 Hz，避开工频及其他可能干扰的频率，相邻股道选用不同的频率，有较好的抗干扰能力。

4. T · CW 型微机测长机

T · CW 型微机测长机主要由频率变换器、8080 单板机、I/O 接口，计数器、译码器、多路开关、通信接口等环节组成，如图 2-39 所示。

微机测长机采用阻抗频率测长法，频率变换器为音频振荡器，轨道电路的短路输入阻抗通过变压器把音频信号电压耦合到振荡回路中去，引起回路谐振频率的变化，谐振周期与空闲长度成正比，测量谐振频率变化的周期，即可获得轨道电路的空闲长度信息。谐振器输出的信号经整形电路变为方波，成为输出的长度信息，经光电隔离后送入多路开关(各股道的长度信息均送多路开关)，经选通后进入计数器，其正半周使计数器对时钟脉冲计数，其负跳变为计算机中断信号。计算机通过 I/O 采集的数值乘以时钟周期的 2 倍，即得出频率变换器输出的长度信息的周期。经计算机进一步处理可得出轨道电路空闲长度值。

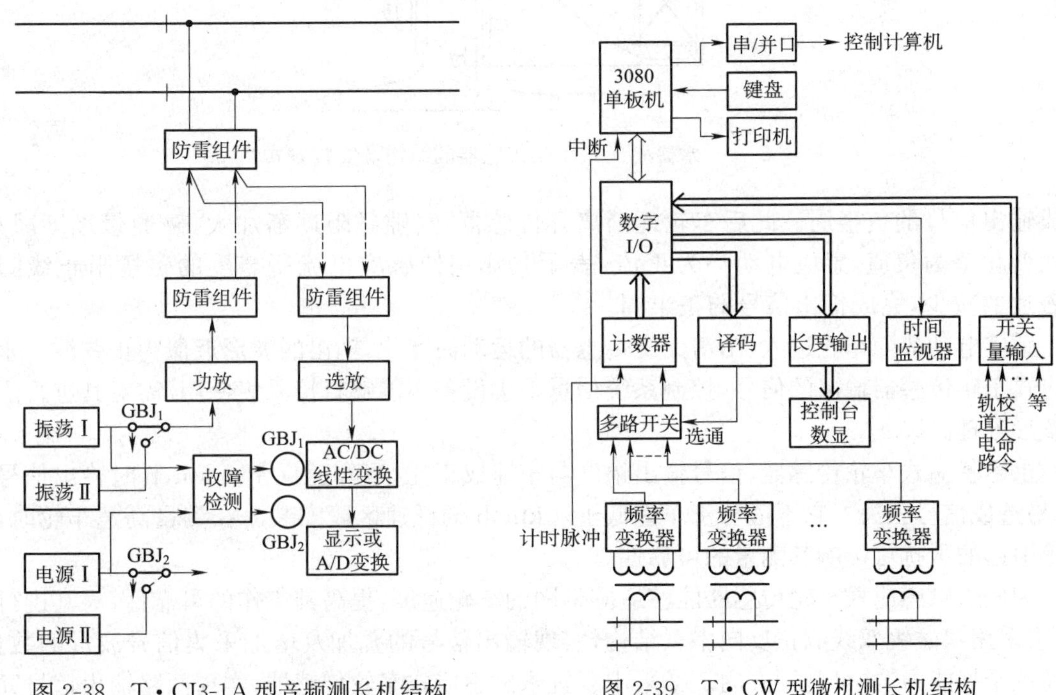

图 2-38　T·CJ3-1A 型音频测长机结构

图 2-39　T·CW 型微机测长机结构

四、车轮传感器

车轮传感器俗称"踏板"。它与控制系统配套使用，实现溜放车组的计轴、测速、测阻及车辆走行判向等。

车轮传感器的种类较多，常用的有 CYL 型无源永磁感应式和 T·LTS 型有源电磁感应式。

1. CYL 型无源永磁感应式车轮传感器

永磁感应式车轮传感器结构简单，无需电源，不用任何电子器件，只要制作工艺得当，就可长期稳定地工作。

永磁感应式车轮传感器的结构及安装方式如图 2-40 所示，将高强度漆包线绕制在一块长方形永磁材料制成的铁芯上，再用性能较好的绝缘材料将其密封在传感器外壳内，线圈引线用接线端子固定在接线口上，通过连接电缆将信息传输到室内设备。

永磁感应式车轮传感器安装在钢轨内侧的轨腰附近，与轨道构成(以车轮为宽度的气隙)磁路。无车经过时，永磁产生的磁力线通过钢轨、传感器顶面和钢轨轨头之间的气隙构成闭合磁路。此时的闭合磁路由于空气隙大，磁阻较大，磁通量较小，传感器无信号输出。当车辆以一定的速度接近传感器时，车轮进入其顶部的空气隙，车轮封闭磁路气隙，使磁路的磁阻逐渐减小，磁通量逐渐增大，磁通变化率为正值，在线圈绕组中产生相应的感应电动势为负值，表示其作用使感应电流所产生的磁场阻止线圈中原磁通的增加；当车轮到达传感器中心时，其磁阻为最小，磁通量达最大值，但此时的磁通变化率为零，感应电动势为零，

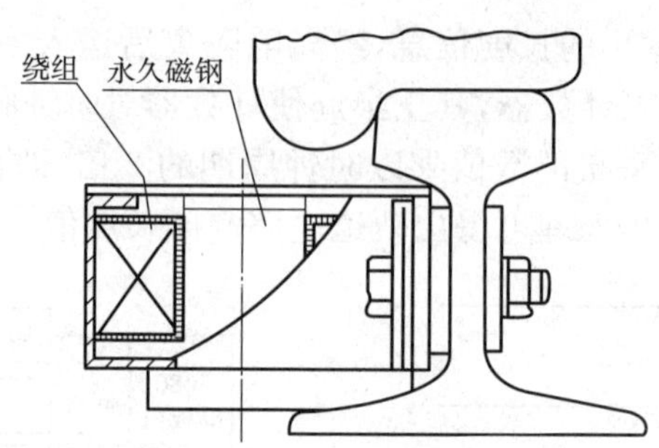

图 2-40 永磁感应式车轮传感器的结构及安装方式

完成输出信号的负半周。此后车轮逐渐离开传感器，气隙磁阻逐渐加大，磁通量逐渐减小，磁通变化率为负值，感应电动势为正值，表示其作用使感应电流所产生的磁场阻止线圈中原磁通的减少，完成输出信号的正半周。

感应电动势随车轮进入、出清无源传感器的运动而变化，输出的波形近似为正弦波。永磁感应式车轮传感器输出的信号，控制系统信息采集设备不能够直接采集使用，需对其进行隔离和整形处理。

永磁感应式车轮传感器，信号输出幅度与车速成正比，当车速低于 3 km/h 时输出信号过低，易造成信号丢失。它不适合于车速低于 3 km/h 的低速区段安装。在测量高速车轮时，振动等引起的干扰可影响其测量的可靠性。

为使永磁感应式车轮传感器能够适应不同的车轮速度，提高其工作的可靠性，对其进行改进：①采用双磁钢双线圈正反向串联结构，实现输出信号的叠加及增加采集信号波形的数量，提高抗干扰能力，并可判别方向。②采用双置永磁感应式车轮传感器，实现两路输出信号冗余使用，提高可靠性及抗干扰能力。③适当增加线圈匝数，提高输出信号幅度，改善信噪比。④采用智能信号处理电路，提高车轮信息识别的正确性和可靠性。

2. T·L JS 型有源电磁感应式车轮传感器

T·L JS 型有源车轮传感器是电磁感应式传感器，为双置式传感器（也可为单置），一个封装壳体内安装两个相同的电子检测电路（电子开关），电子开关由 LC 高频振荡器、信号检测放大电路及电流输出电路组成。两个开关间隔一定距离。传感器底座为 L 形防锈铜合金铸件，底座上加工有适于扣件安装的螺栓安装用的螺孔。传感器装有一条 4 芯电缆（每个电子开关有两条引接线）用于输出，采用全封闭直接引出方式。

有源式车轮传感器实际是电感式位移传感器，是一种金属感应线性器件。有源式车轮传感器在其壳体内装有直流供电的振荡器，振荡器线圈下端加以屏蔽，只在线圈上端形成以空间为开磁路的交变电磁场。金属物进入这个磁场时，在金属体内产生涡流，此涡流又产生反磁场，由于振荡器的反馈作用，使振荡器内阻增大，振荡器输出幅度线性衰减减弱，检测电路检测振荡幅度的变化，转换成输出电流的变化。安装在室内的信号处理电路测量电流下降（有车轮通过）和电流上升（车轮出清），输出控制系统可用的计数信号，此原理又称为变衰耗原理，即运用涡流效应原理实现接近测量。

接通电源后，电感线圈被一个独立的高频信号激励，在传感器的感应面产生一个交变磁场，当金属物体接近此感应面时，金属物体内部产生涡流吸取了振荡器的能量，使振荡器输出幅度衰减，根据衰减量的变化来识别出有无金属物体接近。其检测车轮接近传感器的距离 d，

小于 d 时输出一种状态，定义为车轮接近信号；大于 d 时，为无车轮信号。将线圈所形成的电感作为振荡回路的组成部分，使振荡回路谐振于某一频率。没有导体接近时，振荡幅度达到最大；有被测金属导体接近时，在金属体内产生涡流，使回路的 Q 值减小，振荡幅度减小，检测振荡幅度的变化，并将其转换为电流变化，输出具有开关性质的电流信号。

3. 测阻

车轮传感器可作为测量溜放钩车运行阻力的设备。车辆运动的加速度是由运行阻力决定的，因此测阻可以通过测加速度来实现。车辆在不太长的直线测阻区段上的运动可以看作是匀加速（或匀减速）运动，测量加速度就可以通过测量车辆在测阻区段始端和终端两点的速度，以及车辆经由这两点的间隔时间得到。

在测阻区段的始、终端各设 2 个短测速区段，如图 2-41 所示。每个短测速区段安装 2 块电磁踏板，踏板 TB_1 和 TB_2 为第一组，用以测量始端速度，踏板 TB_3 和 TB_4 为第二组，用以测量终端速度，记取钩车第一轮对经过各踏板的时间，即可求得钩车的运行阻力。

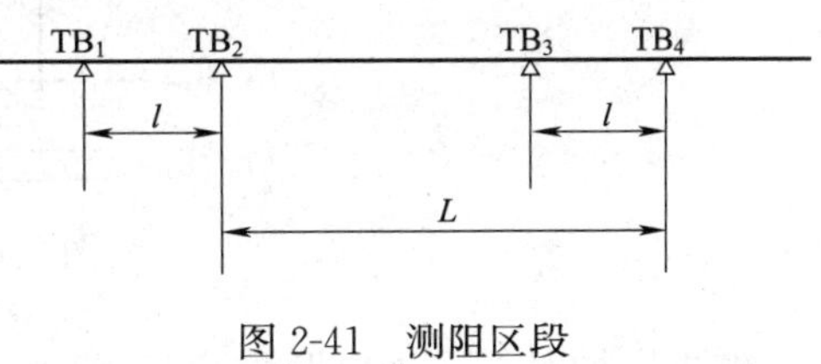

图 2-41　测阻区段

$$v_{均}=\frac{l}{t_1},\quad v_{均2}=\frac{l}{t_2}$$

$$a_{均}=\frac{v_{均2}-v_{均1}}{T}=\frac{v_{均2}-v_{均1}}{\left(\dfrac{L}{\dfrac{v_{均2}+v_{均1}}{2}}\right)}=\frac{v_{均2}^2-v_{均1}^2}{2L}$$

$$W_{总}=\frac{\left(\dfrac{l}{t_2}\right)^2-\left(\dfrac{l}{t_1}\right)^2}{2gl}$$

式中 $v_{均1}$——始端测速区段的平均速度(m/s)；
$v_{均2}$——终端测速区段的平均速度(m/s)；
l——一组踏板之间的距离(m)；
t_1——始端测速区段的时间(s)；
t_2——终端测速区段的时间(s)；
$a_{均}$——车辆平均加速度(m/s^2)；
T——运行区段时间(s)；
L——运行区段长度(m)；
$W_{总}$——总运行阻力(N)；
g——重力加速度。

五、光挡

光挡用来检测车辆分钩，工作原理如图 2-42 所示。光源 E 发射红外光束，接收机 R 接收到正的光束时，接收机输出级输出继电器接点闭合，或输出高电平信号；当光通道被阻断时，接收机 R 接收不到光信号，输出继电器接点断开，或晶体管输出低电平信号。接收机和发射机为分离式，分别安装在峰顶测重传感器处线路两侧限界以外。一般光电开关安装 4 组，其中

E_1—R_2、E_2—R_1光通路相交于车辆车钩中心处，用于判别分钩并构成冗余结构，从光通路被车钩遮挡阻断开始到车辆分开、光通路恢复接通为止，正好是一钩车组。E_3—R_3、E_4—R_4用于判断车辆受风面积及辅助测量。光挡的信号处理由安装在现场的计算机信息采集处理系统完成，处理后的信息送计算机控制系统。

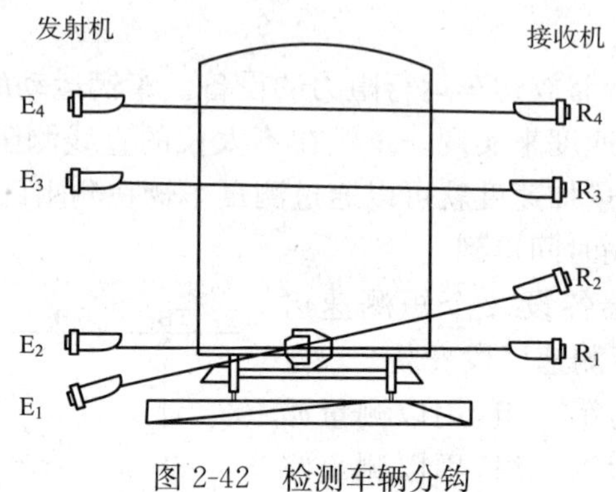

图 2-42　检测车辆分钩

如果增加对射式光电开关数量，将光挡形成光幕，就能够更加可靠地检测车辆的辆数及精确地测量车辆受风面积，并还可构成冗余结构。例如设置 8 对光电开关，就存在 8 条光学通道，每个通道状态用二进制值表示(通道遮挡为“1”，导通为“0”)，通过计算机对每个通道状态的数据进行处理，就能可靠、准确地识别出溜放钩车组车辆的辆数、受风面积及是否摘开钩。当使用较多对传感器时，可以设置为不同的调制频率来避免光线之间的干扰。如果沿线路设置两组光挡，按其阻断和恢复的次序，可以判别出是溜放、上峰还是钓鱼回牵，从而可正确地处理信息的传递。

六、气象站

1. 气象站的作用

自动气象站是由电子设备及计算机控制的自动进行气象观测和数据采集处理的系统。它对风向、风速、气压、温度、湿度、雨量、蒸发、辐射、日照等气象要素进行全天候监测。气压、温度、湿度、风向、风速、降水等气象要素经传感器感应后，由采集器采集并上传到控制系统计算机，向驼峰自动控制系统提供实时气象信息，包括风速、风向、气温及降雨等。气象信息可以进一步提高溜放车组的调速控制精度，有助于计算溜放车组风阻力，实现更加精确的调速控制计算，实现降雨对车辆减速器制动能高减弱后的自动补偿。

2. 气象站的组成

自动气象站一般由传感器、变换器、数据采集处理装置、资料存储发送装置、电源等组成。变换器将传感器感应的气象参数转换成电信号。数据处理装置则对这些电信号进行处理，再转换成对应的气象要素值。经过处理的气象要素数据按规定的格式编排，经资料发送装置以有线或无线方式传给用户，或存储在计算机中由用户采集。电源为气象站正常工作提供动力，在野外通常使用太阳能电池。整个系统由一部微机自动管理。

3. 传感器

(1)风传感器

风由两个参数来确定，即风速(风矢量的模数)和风向(风矢量的幅角)。风传感器可用来测量近地风向、风速。

风速传感器的感应元件是三杯风感应组件，由三个低惯性轻金属制作的风杯和杯架组成。变换器为多齿转光盘和狭缝光耦。当风杯受水平风力作用而旋转时，带动同轴的多齿转光盘在狭缝光耦中转动，以光电子扫描输出脉冲串，输出相应于转数的脉冲频率信号。即当风杯转动时，使光敏三极管接收发光二极管发射的光线，处于导通或截止状态，形成与风杯转速成正比的脉冲频率信号，该脉冲信号由计数器计数，经换算后就可得出实际风速值。

风向传感器为单翼风向传感器，采用低惯性轻金属的风向标响应风向。风向传感器的变换器为码盘和光电组件。当风向标随风向变化而转动时，通过轴带动同轴码盘在光电组件缝隙中转动。码盘每转动 2.8°，光电组件就会产生新的 7 位并行格雷码，经整形后输出对应风向的电信号。

还有一种风速计，在风速传感器的轴上吊有磁性圆盘，用霍尔开关器件将轴的转速转换成电信号，其输出信号频率与风速的大小成正比。当风杯转动时，带动同轴的磁性圆盘，在霍尔开关电路中感应出与风速成正比的频率脉冲信号，经计数器处理后，输出实际风速值。

(2)雨量传感器

翻斗式雨量传感器具有一个机械双稳态结构，利用所接水的质量使翻斗自己翻转，由磁钢触发翻斗侧壁上的干簧开关，由计数器记录干簧管动作次数。

SL_3 型双翻斗雨量传感器由集水器、雨量翻斗、调节螺钉、干簧开关等构成。每一次翻斗的雨量相当于 0.1 mm 降水。在测量过程中，雨量计随着翻斗间歇进行翻倒动作，带动开关，发出一个个脉冲信号，由计数器记录其脉冲信号，将非电量转换成电量输出。

雨水由截面积为 200 cm^2 的集水器汇集，通过装有小圆护网的小漏斗及其下端的引流管注入计量翻斗。当翻斗的水量达到一定的数量值时，翻斗翻转，另一半翻斗开始集盛雨。计数翻斗中部装有一块小磁钢，磁钢上端有干簧管。当计雨量翻斗翻动时，磁钢触发干簧管，使干簧接点因磁化而瞬间闭合一次，送出一个电路导通脉冲，相当于 0.1 mm 降雨量。采集器实时接受雨量传感器送来的降水量计数信号，每分钟计算出 1 min 内的降水量，同时每小时计算出 1 h 内的降水量。

(3)温度传感器

铂电阻温度传感器将温度信息通过桥式电路转换为电压信号，再经过放大及 A/D 转换后送微处理器进行处理。铂电阻的电阻值 R_t 与温度之间存在非线性关系，为了能对非线性进行校正，需要对铂电阻传感器输出的电压信号通过硬件电路或计算机软件进行非线性校正。

(4)数据采集器

数据采集器用来实时收集数据，并对传感器收集来的数据进行处理、存储。数据采集器以高精度采集单元作为采集核心，包括 CPU、A/D 转换电路、计数电路和数字信号输入电路等，还配有传感器接口、供电单元等，置于一个防腐不锈钢包装箱内。它拥有模拟通道、数字通道、计数器通道、1 个 RS-232 通信口及存储卡插件，+5 V、+9 V 和+12 V 三种供电输出。

第五节　驼峰动力供应系统

调车场的气动车辆减速器、电空转辙机需要压缩空气作为动力源，液压车辆减速器需要液压油作为动力源。为此，需要设置驼峰动力供应系统，分别为空压站和液压站，供应压缩空气或液压油。

一、空压系统

空压系统包括空压站及调车场输送气系统，空压站的核心设备是空压机及自动控制设备，空压机主要有活塞式和螺杆式二种。

1. 活塞式空气压缩机

(1)活塞式空压机的结构

活塞式空压机为水冷、往复活塞式，两个气缸为直角布置，直立的为一级气缸，卧置的为二级气缸，形成L形。外形成直角形的中间冷却器安装在两气缸中间，主要由减荷阀、一级缸、中间冷却器、二级缸、曲轴、连杆、气阀等部件组成。

①减荷阀和压力调节器

减荷阀和压力调节器安装在一级气缸入口处，组成气量调节机构，控制压缩机排气压力在预先规定的范围内。减荷阀下部设有手轮，可实现手动调节和减荷。减荷阀下部有一小活塞缸与压力调节器连通，压力调节器通过铜管接至储气罐采样。当采样压力超过额定值时，压力调节器的阀被气体推开，气体进入小活塞缸内，推动活塞上升，压缩阀上弹簧，将阀关闭，停止吸气。当气压降低后，压力调节器的阀在弹簧作用下关闭，减荷阀内的活塞在弹簧作用下打开，压缩机进入正常运转。

②曲轴

曲轴的作用是将皮带轮的圆周转动转变成连杆的直线运动，以带动气缸活塞工作。曲拐并列装置两根连杆，轴的伸臂端装一个大皮带轮，通过电动机带动轴转动。为了使旋转运动和往复运动质量平衡，曲轴的两个曲臂上各装一块平衡铁。

③连杆与十字头

连杆与十字头是活塞与曲拐的连接件，使曲轴的转动变成活塞的直线运动。

连杆杆身截面为工字锥形。连杆大头端分为两块，内装有轴承，并分为两块半圆的大头瓦，用连杆螺栓装配在曲拐颈上。连杆小端与十字头销配合，内有轴套。

十字头销孔内两端装有弹性挡圈，以防十字头销窜动，顶端内螺纹用作连接活塞杆。

④气缸

气缸由缸盖、缸体、缸座组成，互相间用双头螺栓相连。三部分的水路、气路对应连通，并各自独立分开，各接触面处密封。在缸座、缸盖上各有四个气阀孔：两个进气阀和两个排气阀。气缸通过活塞的运动产生压缩空气。当活塞从内止点向外止点运动时，缸体上的进气阀打开吸进空气，同时缸盖上两个排气阀打开，将压缩空气排出，反之，活塞从外止点向内止点移动时，缸盖上的进气阀打开吸进空气，缸座上的排气阀打开排出压缩空气。一级气缸直径比二级气缸直径大。一级缸排出的压缩空气压力为0.18～0.22 MPa，经中间冷却器冷却后通过二级缸上的进气阀进入二级缸内，经再次压缩后压力为0.8 MPa，通过逆止阀和后冷却器进入储风罐。

⑤填料

填料主要包括密封圈、挡油环和隔环。每个元件由互相等分的三瓣组成，在外圆柱面上用弹簧扣紧，使内圆柱面紧密贴在活塞杆上；各元件的端面均经过仔细研磨，以保证紧密配合。

⑥润滑系统

传动机构润滑系统由油泵、过滤盒、滤油器部件组成。油泵将油池内润滑油经过滤盒粗滤后，送入滤油器精滤，加压到 0.1～0.3 MPa，送到传动机构的各摩擦部分润滑。油泵为齿轮泵，由曲轴传动，油压的高低由泵体上的回油阀控制，油压过高油就会自行推开回油阀溢流到油池。

气缸润滑系统由注油器、逆止阀及注油管组成。注油器由齿轮油泵主动轴经蜗轮轴与注油器的凸轮连接，推动注油器打油，油通过油管和逆止阀进入油缸润滑。在停机时通过手摇把手动给气缸注油。

⑦气阀

气阀即吸、排气阀，均为环状阀，由阀座、升程限制器、阀片、弹簧等组成。阀片系网状结构，在一、二级气缸上各配置四个吸、排气阀，对称地装在活塞的两侧，吸、排气阀通过均布的圆柱形小弹簧，使阀片与阀座经常保持关闭状态。当活塞运动时，使吸气阀的阀片向内开启，以便吸气；而排气阀则相反，向外开启，使压缩空气排出。吸、排气阀阀片的开启和关闭是靠阀片两侧的压力差自动进行的。

⑧安全阀

安全阀为弹簧开启式，当排气压力超过规定值时自动打开，将气体排放出。一级安全阀装于中间冷却器外壳上，其开启压力不高于 0.24 MPa，关闭压力不低于 0.2 MPa。二级安全阀装于储气罐上，开启压力不高于 0.88 MPa，关闭压力不低于 0.8 MPa。

⑨冷却系统

冷却系统由冷却水管道、气缸水腔、中间冷却器及后冷却器等组成。压缩气体的热量和气缸壁的热量靠冷却水的流动而带走。冷却水由进水总管进入中间冷却器进行热交换，然后冷却水分两路进入一、二级气缸水腔内。水量可用截止阀调节。中间冷却器安装在一、二级气缸之间，主要作用是降低二级进气温度和缓冲气体，由冷却器的外壳、芯子、油水分离罐等组成。外壳呈直角形，上端与一级缸连接，下端与二级缸连接。冷却器芯子系由散热片穿在多列铜管上组成，并经浸锡保证管片之间接触良好。管中通过冷却水，气体由散热片和铜管间通过，得到冷却。下部为油水分离罐，底端设有排水阀。后冷却器为立式，其结构与中间冷却器相同，一般安装在二级缸排气口处。

(2)活塞式空压机工作原理

活塞式空压机的工作原理如图 2-43 所示，当启动装置开启后，电动机进入正常运转，通过三角皮带轮使压缩机曲轴转动，再通过连杆和十字头带动一、二级缸活塞，使曲轴的旋转运动变成活塞在气缸内的往复直线运动。当活塞由外止点向内止点开始移动时，气缸内活塞外吸气侧处于低压状态，空气通过进气阀进入气缸。当活塞由内止点向外止点返回移动时，进气阀关闭，气缸内的空气则被压缩而提高压力，当压力超过排气阀外的空气压力时，排气阀被压力压开，开始排出压缩空气。当活塞达到外止点时排气完毕，到此完成一个工作循环。气体经过一级气缸压缩经排气阀进入中间冷却器，再经中间冷却器冷却后，进入二级气缸进气阀，同样经再次压缩升压后由排气阀排出压缩气体进入储气罐中，以备使用。如此活塞往复运动，则不断地排出压缩空气。

本机为复动式，活塞的外侧与内侧同时工作，都可以产生压缩空气。外侧进气时，内侧为压缩与排气，外侧压缩与排气时，内侧为进气。

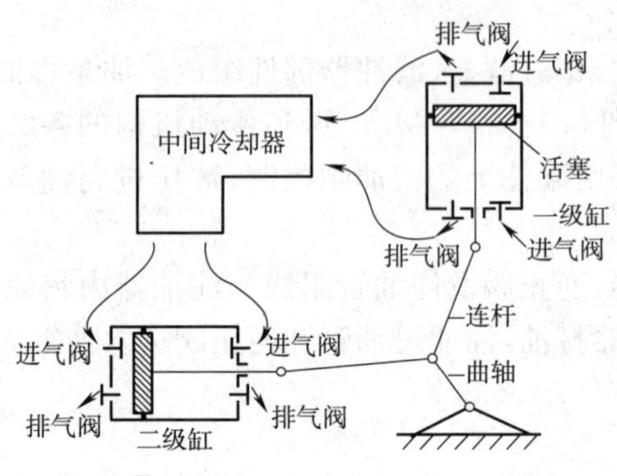

图 2-43　活塞式空压机的工作原理

活塞式空压机噪声大，维修工作量大而复杂，运行的经济性、可靠性差。

2. 螺杆式空气压缩机

螺杆空压机具有理想的力平衡性能，单机容量大、效率高，震动小、噪声低，可靠性好、寿命长等特点。

螺杆式空压机属于容积式压缩机，通过工作容积的逐渐减少来压缩气体。按照结构的不同，螺杆式空压机分为单螺杆空压机与双螺杆空压机。

(1)单螺杆空压机

单螺杆空压机结构如图 2-44 所示。主机由一个圆柱螺杆和两个对称配置的平面行星齿轮组成啮合副，装在机壳内，螺杆槽、机壳和行星齿轮齿顶面构成封闭的容积(气缸)。运转时，动力传到螺杆轴上，由螺杆带动行星齿轮旋转。气体由吸气腔进入螺槽内，经压缩后通过气缸上的排气孔口由排气腔排出。螺杆带动行星齿轮旋转，行星齿轮齿在螺杆槽内相对移动时，螺杆槽内的气体相应压缩和排出。螺杆通常有 6 个螺槽；每个星轮齿将它分隔成上、下两个空间，各自实现压缩机的工作过程。由于有两个行星齿轮，因此单螺杆压缩机相当于一台六缸双作用的活塞式压缩机。

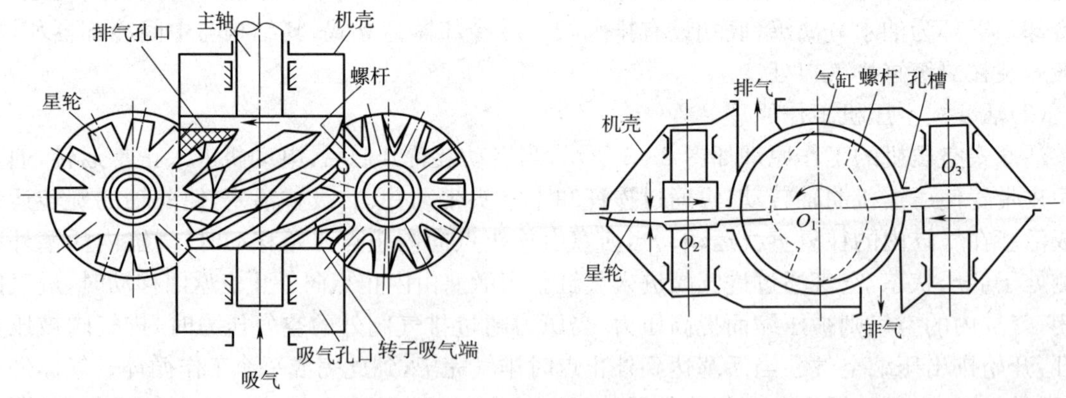

图 2-44　单螺杆空压机结构

单螺杆空压机主机由一个六条螺旋凹槽的螺杆，两侧配一对平面行星齿轮构成工作腔。气体通过吸气口进入转子齿槽，随着转子的转动，行星齿轮依次进入与转子齿槽啮合的状态，气体随即被吸入由转子齿槽面、机壳及星轮齿面所形成的密闭空间，即压缩腔。随着转子的旋转，这种压缩腔的体积便不断减小，其中的气体随之被压缩，压力逐渐提高，直到该压缩腔的前沿转至排气口，此齿槽与排气口相通后便开始排气，直到压缩腔完全通过排气口，完成一个工作循环。

(2)双螺杆空压机

双螺杆空压机结构如图 2-45 所示。核心部件是压缩机主机。空气的压缩是靠装于机壳内互相平行啮合的阴阳转子的齿槽之容积变化而达到。转子在与它精密配合的机壳内转动，使转子齿槽之间的气体不断地产生周期性的容积变化而沿着转子轴线，由吸入侧推向排出侧，完成吸入、压缩、排气三个工作过程。空压机的进气口和出气口分别位于壳体的两端，阴转子的槽和阳转子的齿被主电动机驱动而旋转。随着转子的连续旋转，吸气、压缩、排气过程循环进行。

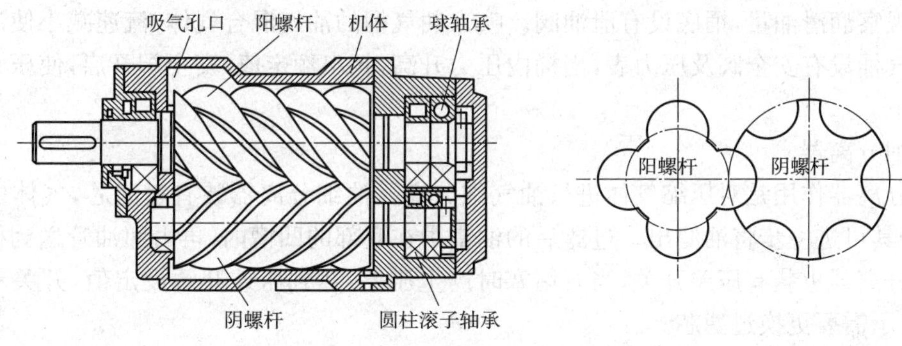

图 2-45　双螺杆空压机结构

(3)螺杆空压机整机系统

螺杆空压机整机主要由空气滤清器、进气阀、油气桶、油细分离器、压力维持阀、热控阀、油过滤器、空压机主机、电动机、后冷却器、各种安全阀等组成。典型的螺杆空压机整机系统结构如图 2-46 所示。

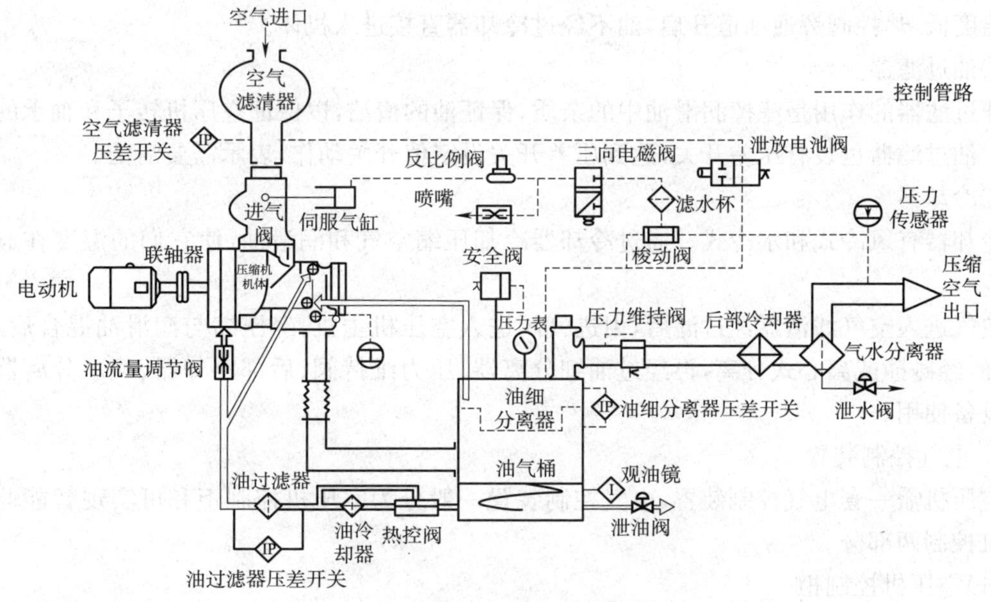

图 2-46　螺杆空压机整机系统结构

①空气滤清器

空气滤清器的主要作用是过滤空气中的尘埃。空气滤清器有的装有压差开关，当有污物堵塞时产生压差，达到压差开关设定值，开关动作点亮表示灯，表示有堵塞需要清洁。否则导致进气量减少，影响空压机排气量。

②进气阀

进气阀安装在空压机主机气缸入口处，主要作用是调节进气量，控制空压机排气压力在设定范围内。进气阀常用的有蝶式和空重负荷式两种。

③油气桶

油气桶作用是将经压缩与润滑油混合的气体进行油气粗分离和存放润滑油。油气桶设有观油镜可观察润滑油量，桶底设有泄油阀。喷入油气桶的油气混合气体，流速减小使油气得到分离。油气桶设有安全阀及压力表，当桶内压力升高，超出额定值，安全阀开启，使压力降到额定压力以下。

④油细分离器

油细分离器作用是对压缩气体进行油气细分离。油细分离器装有过滤芯，气体中含有雾状油气，经其可进一步将油滤出。过滤后的油集中在底部的凹槽内，再由回油管送到机体轴承端。油细分离器也装有压差开关，当有堵塞时产生压差，达到压差开关设定值，开关动作点亮表示灯，表示需要更换过滤芯。

⑤压力维持阀

压力维持阀位于油细分离器后端，设定一开启压力，主机启动时优先建立系统润滑油所需的循环压力。压力超过设定值打开，可降低流过油细分离器气体的流速，确保油气分离的效果，避免油细分离器因压差过大而损坏。

⑥热控阀

热控阀安装在冷却器前端，作用是维持排气温度在压力露点温度以上。空压机启动时润滑油温度低，热控阀旁通油道开启，油不经过冷却器直接进入机体。

⑦油过滤器

油过滤器的作用是滤掉润滑油中的杂质，保证油的清洁，以保证空压机转子和轴承的使用寿命。油过滤器也装有压差开关，达到压差开关设定值开关动作，表示需要清洁。

⑧冷却器

冷却器有风冷式和水冷式。通过冷却器冷却压缩空气和润滑油，使它们的温度在额定范围内。

空气进入空气滤清器经过滤后，由进气阀进入空压机主机，经压缩与润滑油混合后，喷入油气桶，经碰撞或离心式分离，再经过油细分离器、压力维持阀、后部冷却器、气水分离器送入气动设备使用。

3. 电气控制装置

空压机需一套电气控制装置，电气控制装置一般分为空压机控制柜和可实现智能监控的计算机控制两部分。

(1)空压机控制柜

每台空压机均设有一台空压机配电控制柜，由继电控制电路实现控制。控制柜面板上自动/手动转换开关是为实现自动控制系统控制而加设的。转换开关置在手动侧，实现手动状态下空压机现地手动操纵控制。转换开关置在自动侧，在自动状态下通过自动控制系统的控制接点，实现空压机自动控制系统在控制室内的自动控制。

继电式空压机自动控制电路仅能实现简单的控制，空压机低效率工作，设备磨耗、浪费能源严重，设备故障率较高。

(2)空压站自动监控系统

空压站作为调车场自动控制系统的重要组成部分，应采用计算机智能监测与控制，提高供风系统的供风效率、质量，以及可靠性和安全性。

①空压站监控系统功能

a. 自动控制供气功能

该功能可以进行空压机热启动、冷启动；可以实现空压机组自动组合、排位工作，按序自动循环工作，对供气管路定时自动排污控制，对冷却水自动控制。

b. 监测报警功能

该功能随机检测空压机组启动工作电压、电流值，超标报警。监测一、二级气缸的排气温度、压力，超标报警。检测机组冷却水、润滑油情况，不正常报警。检测机组配电控制设备主要部件状态，异常报警。检测供气系统气压情况，设有气压上下限多级报警、启停机功能。供风管网通过压力传感器检测并自动控制使系统压力保持恒定，一旦发生超压或欠压，自动报警。所有报警均为语音和铃声报警，根据语音内容可知报警设备及报警类型。

c. 管理维护功能

该功能对各机组工作时间进行自动计时和累计。实现日、月、年工作时间的统计，达到修程自动提示，实现机组合理维护，避免过剩修和超时修，方便分析设备状况，确定大、中、小修日期。

能实现故障报警记录和统计，提示故障性质和部位，方便维护处理。

d. 远程监控功能

该功能可远离机组设置远距离监控，改善值守人员工作环境。可与其他系统联网，实现集中监控。

②空压站监控系统结构

空压站监控系统为集散冗余式结构，如图 2-47 所示，分为上下两层，第一层为人机对话层，由上位控显机、控显屏、手操控制盘等组成，负责人机对话操作、管理任务；第二层为控制层，由下位控制机、信息采集模块、接口电路组成，负责对机组各种模拟量、开关量信息的采集和完成对机组的控制。采用继电逻辑控制作为备用冗余。

4. 输送气系统

(1)常用输送气系统

常用输送气系统如图 2-48 所示。一般将空压站设在用气量较大的间隔制动位附近，在第Ⅱ制动位站场两侧设有主、副储气缸群，并在距主、副储气缸群较远的第Ⅲ制动位两侧设有辅助储气缸。为保证连续供气的可靠性、安全性及便于维护，空压站连接主、副储气缸群的干线供风主管路为双套，去第Ⅰ制动位及第Ⅲ制动位的干线供气管路分别形成环形供气，以保证任何地方出现故障均能够实现供气不间断，调车场正常作业不受影响。

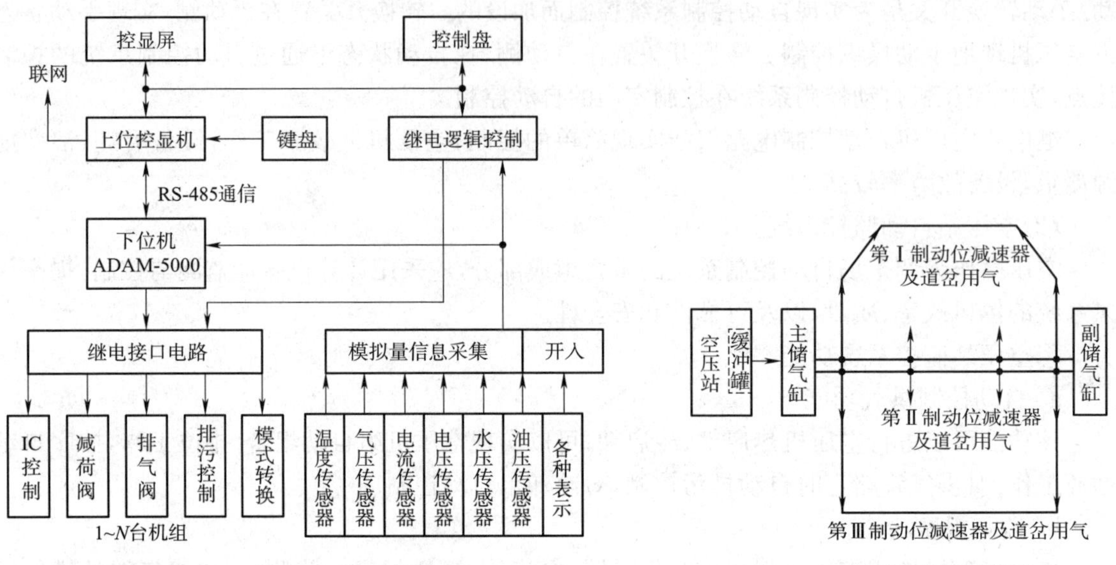

图 2-47　空压站监控系统结构　　　　图 2-48　常用输送气系统示意

(2)自然降温净化输送气系统

供气系统气源净化不好,经常造成气动设备工作异常。特别是寒冷地区,由于压缩空气中含水、油、尘等杂质,经常发生供气管路及气动设备挂霜、冻结、卡阻等故障,甚至发生供气管路结冰阻断现象,导致道岔转换慢或不动作,车辆减速器制动、缓解慢或失控,严重威胁驼峰作业安全。

自然降温净化供气系统,是以调车场干线送气管路和主副储气缸群为基础,增加使之自然降温的功能,在合理位置设置多级气液分离排污点,配定时自动排污装置,净化压缩空气,将压缩气体自然降温多级净化后再供给设备使用。

如图 2-49 所示,系统采用以干线送气管路为散热降温装置,配合改进型带有阻水装置的挡板式气液分离器,与专用旋风式气液分离器组合运用,除水、除油、除尘的效率达到 99%以上,满足调车场气动设备供气需要。气源经净化后大大减轻了气动阀件的腐蚀损坏,延长了设备的使用寿命。该方案和其他有(无)热再生干燥法、电热保温法等净化方法相比,每年可节约大量能源及维护费用,具有显著的经济效益和社会效益。

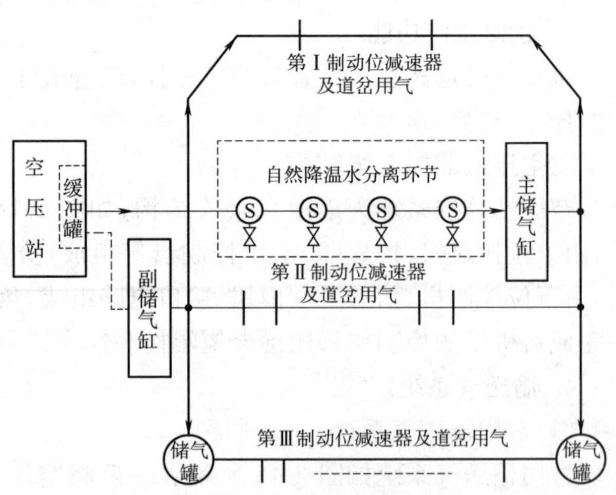

图 2-49　自然降温净化输送气系统示意

与常用输送气系统相比,自然降温净化输送气系统增加了自然降温净化水分离环节,由空压站输出的压缩空气首先经过净化环节净化后再供给气动设备使用;而常规的输送气方案,则是压缩空气由空压站输出后未经净化处理直接供给设备使用。

二、液压系统

液压系统是一种能量转换、储存装置，先将电能转换成液压势能，并储存起来，在车辆减速器需要动作时再将能量释放，把液压势能转换成车辆减速器的机械动能。

液压系统由油泵电机组、蓄能器组件、控制阀和工作油缸等部分组成，如图 2-50 所示。

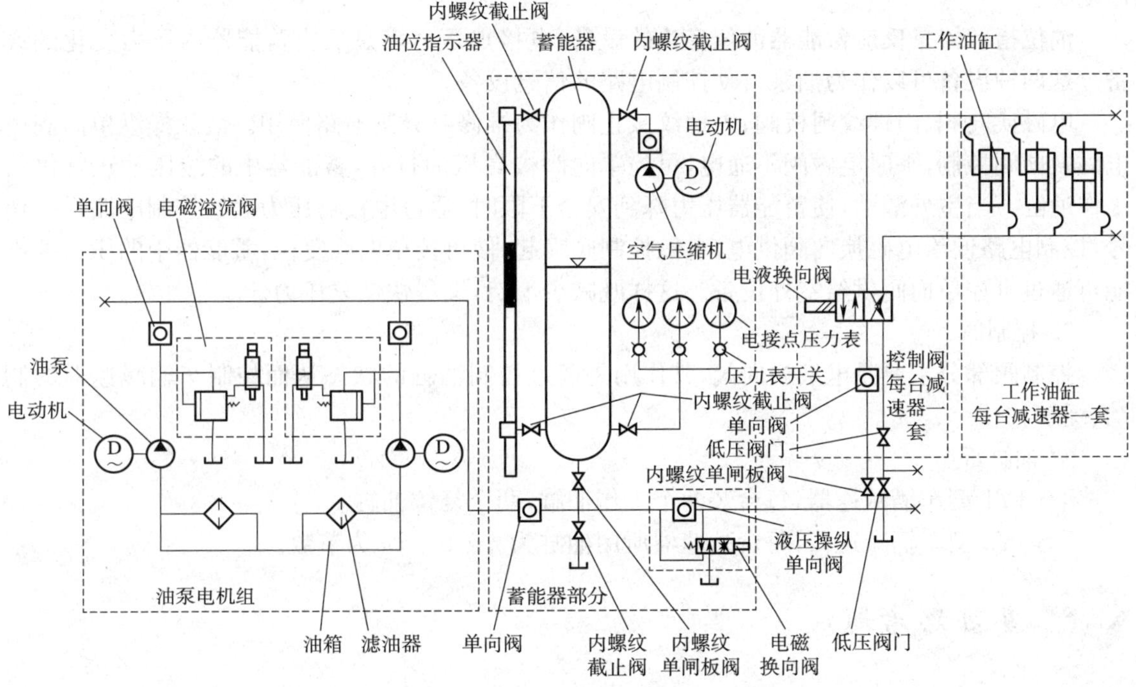

图 2-50　液压系统原理

1. 油泵电机组

油泵电机组由油泵、电动机、单向阀、电磁溢流阀及油箱等组成。其主要作用是产生压力油并将其储存于蓄能器中，以供车辆减速器制动、缓解用。

电动机由控制电路控制。当需泵油时，电动机启动并带动油泵转动，便将油箱中液压油通过滤网吸入油泵，油泵泵出的压力油通过单向阀压入蓄能器中储存。

单向阀的作用是防止油泵停机时，别的油泵工作产生的高压油或蓄能器中的高压油返回，造成泄漏。

电磁溢流阀由电磁阀和溢流阀组成。它的作用是：①当电动机启动后 3 s 内，电磁阀不吸起，使油泵泵出的油通过溢流阀提供的通路直接回到油箱，减轻电动机的启动负载。3 s 后电动机启动完成，进入平稳运转状态，此时电磁溢流阀的电磁阀吸起，提供的直通通路自动关断，液压油才能顶开单向阀进入蓄能器。②当油泵供出的液压油压力超过 7.8 MPa 时，滥流阀自动打开，起到卸荷作用，保证系统的安全。

2. 蓄能器

蓄能器组件由蓄能器、油位指示器、电磁换向阀和液压操纵单向阀、电接点压力表组成。另外还有空压机和电机。空压机是为了向蓄能器充气。

蓄能器的作用是将油泵泵出的压力油变成势能储存起来。蓄能器本身是一个压力容器，其内下半部分存的是液压油，上半部分存的是高压空气。利用气体较高的膨胀性能，可以储存较多的能量。这样就可以使油泵和工作油缸各自单独工作。当蓄能器中压力较低时，油泵开始工作，向蓄能器泵油，而油缸又可以在任何时候工作。当压力上升到一定高度时，油泵自动停止，而蓄能器仍可保证工作油缸的动作。只有当蓄能器压力降到一定值时，油泵才能再次启动。

油位指示器是反应蓄能器油位变化的设备，电接点压力表是反应蓄能器内压力变化的设备。这两种设备可以作为油泵自动控制电路的信息设备。

电磁换向阀、内螺纹闸板阀、内螺纹截止阀作为维修时分割通路使用。液压操纵单向阀由电磁换向阀控制，平时电磁阀不通电，可控单向阀被高压油打开，蓄能器中的液压油正常供给工作油缸。当室外漏油，使蓄能器压力降到安全下限时，通过电接点压力表给控制电路送一信号，控制电路便给电磁换向阀供电，电磁控制阀吸起，使可控单向阀复位，蓄能器中的压力油不能再通过可控单向阀供给室外设备。这样既减少浪费，又尽快恢复压力。

3. 控制阀

控制阀部分主要是电液换向阀，其作用是通过控制油缸的状态从而控制车辆减速器的制动、缓解。

4. 油缸部分

T·JY1 型车辆减速器，每台装两个工作油缸，两个复位油缸。

T·JY2 型车辆减速器，每台减速器所用油缸为 $n+1$ 个，n 为节数。

复习思考题

1. 简述 ZD7 型电动转辙机的结构和工作原理。
2. ZD7 型电动转辙机与 ZD6 型电动转辙机有何主要区别？
3. ZK 系列电空转辙机有何特点？
4. 简述 ZK3 型、ZK3-A 型、ZK4 型电空转辙机的结构和工作原理。比较它们的异同。
5. 驼峰双区段轨道电路有何特点？简述其结构和工作原理。
6. 驼峰高灵敏轨道电路有何特点？简述其结构和工作原理。
7. 车辆减速器有何作用？如何分类？
8. 对车辆减速器有哪些要求？
9. 简述重力式车辆减速器的工作原理。
10. 目前使用的浮轨重力式车辆减速器有哪几种？简述它们的结构。
11. 空压式车辆减速器和液压式车辆减速器有何区别？
12. 电动车辆减速器有何特点？简述其结构和工作原理。
13. 分级制动减速器有何特点？简述其结构和工作原理。
14. 比较各类车辆减速器的异同及优缺点。
15. 测量设备有哪几种？各起什么作用？
16. 简述测速设备的结构和工作原理。
17. 简述测重设备的结构和工作原理。

18. 简述测长设备工作原理。工频测长、音频测长、微机测长各有什么特点?
19. 简述车轮传感器的结构和工作原理。无源车轮传感器和有源车轮传感器有何区别?
20. 如何运用车轮传感器测阻?
21. 光挡有何作用? 简述其结构和工作原理。
22. 气象站有何作用? 简述其结构和工作原理。
23. 简述活塞式空气压缩机的结构和工作原理。
24. 简述螺杆式空气压缩机的结构和工作原理。
25. 简述液压系统的结构和工作原理。

第三章　驼峰自动控制系统

第一节　驼峰作业过程控制

驼峰作业过程控制包括驼峰溜放进路控制、驼峰推送机车速度控制、驼峰溜放速度控制。

一、驼峰溜放进路控制

驼峰钩车溜放进路控制是对钩车从峰顶脱钩以后溜入编组线所经线路的控制，就是对分路道岔的控制，一般还包括对推送进路和调车进路的控制，即对驼峰信号机和调车信号机的控制。我国铁路使用的溜放进路控制设备先后采用继电式驼峰道岔自动集中、微机式或微机—继电式溜放进路程序控制系统、驼峰自动集中微机控制系统。目前，驼峰自动集中微机控制系统已经纳入驼峰计算机过程控制系统。

1. 驼峰道岔自动集中的基本概念

驼峰调车场的解体能力与相邻钩车下峰间隔时间关系很大，相邻钩车之间的间隔时间越短，解体能力就越高。为了缩短相邻钩车之间的间隔时间，提高解体作业效率，驼峰溜放作业不能像一般车站那样“一次排出”进路，而应在各车组保持适当间隔的条件下自峰顶向编组线连续溜放。各钩车的溜放进路有共同的始端和不同的终端，它们是一些部分重叠的进路，从峰顶到最后一级分路道岔之间可能同时有几个甚至十几个钩车在溜放。为此，各车组的溜放进路应“分段排出”，即将溜放进路按分路道岔分成数段，每段中只包含一组分路道岔，随着车组的下溜，各分路道岔按进路要求“分段转换”。分路道岔应在前行车组出清该道岔区段、本钩车组即将占用之前及时转换到进路要求的位置，并为紧接其后的下一钩车准备好一段溜放进路。如不及时转换，车组将溜错股道，成为“外路车”。车组间的适当间隔，正是为了保证分路道岔来得及转换。

可见，准确掌握分路道岔的转换时机，是实现连续溜放的关键，如用人工操纵，难以掌握这一时机，且劳动强度很大。因此，普遍采用驼峰道岔自动集中。

驼峰道岔自动集中预先储存各车组的溜放进路命令，溜放时再依次输出和传递进路命令，自动控制分路道岔的转换，为各溜放车组逐段排列溜放进路。采用驼峰道岔自动集中后，不要临时为车组准备溜放进路，可消除人为差错，显著提高作业效率，改善劳动条件。

2. 驼峰自动集中计算机控制系统

溜放进路控制设备先后有继电式驼峰道岔自动集中和驼峰自动集中计算机控制系统两大类。

20 世纪 60 年代开始使用继电式溜放进路控制设备，称为驼峰道岔自动集中。它包括进路储存器和命令传递电路两部分。进路储存器供调车员预先储存各钩车的进路命令，而命令传递电路则在溜放钩车的作用下根据进路命令的要求及时转换道岔，为各钩车准备好溜放进路，使其溜到指定的编组线。

继电式驼峰道岔自动集中仅能预排 24 钩命令，对于作业繁忙的编组站已成为进一步提高解体效率的障碍，在解体过程中出现“钓鱼”时必须人工参与，在“编组站信息处理系统”建立后，无法与之联网。为与计算机化的自动化设备配套，经济而迅速地提高编组站自动化程度和作业效率，20 世纪 80 年代中期，研制了驼峰溜放进路程序控制系统，并进一步开发了驼峰自动集中计算机控制系统，扩展了很多继电设备难以达到的功能。例如，增加了进路命令的储存容量，实现了钩车溜放的自动追踪及溜放异常（错摘钩、钓鱼、追钩、溜错股道等）的自动处理，以及便于与编组站货车信息处理系统联网等。

驼峰自动集中计算机控制系统是在微机式溜放进路程序控制系统的基础上，将功能扩大到峰上全部联锁范围，实现全微机化的控制，操作手续大为简便。对途停、追钩、错道、钓鱼、分路不良等，都能报警及自动处理，使溜放作业更加安全。

驼峰自动集中计算机控制系统包括以下内容：峰上、峰下调车进路联锁；与到达场联系及推送进路联锁；驼峰信号控制；与编组站信息处理系统接口及作业计划的处理；溜放进路自动控制（包括储存和传递）；与峰尾集中联系；编发线发车锁闭联锁；与调速控制系统接口。

驼峰自动集中计算机控制系统由室外设备和室内设备两大部分组成。室外设备包括信号机、转辙机、轨道电路、限界检查器、按钮柱等。室内设备包括设于驼峰值班员室的操作工作站、简化了的驼峰控制台，设于信号机械室的控制机柜、报警打印机和接口组合柜等。

3. 联锁逻辑运算

(1)自动选路

可按预定的进路表调用，或按站场形网络描述的设备链接数据结构进行搜索。值班员操作确定进路的始端和终端后，自动地选出一条缺省进路。该缺省进路可根据需要事先设定。依次确定进路的始端、变更点和终端后，能选出相应的变更进路。变更点不仅可以是信号机，也可以是道岔或无岔区段。

(2)进路检查与锁闭

进路选出后，检查进路建立的联锁条件。若条件满足即发送道岔转换命令；不满足则自动取消操作，并报出不能建立的原因。在规定时间内，若道岔转换到规定位置且与有关联锁条件成立时，即对有关道岔及进路实现锁闭。若 30 s 内进路未完成锁闭，则由程序自动取消该进路。

当防护进路的信号机开放，进路的接近区段有车时，实现接近锁闭。当未设接近区段时，信号机开放后立即实现接近锁闭。

(3)联锁条件检查

①信号机开放前的联锁检查

信号机只有在办理进路或重复开放操作后，且其防护的进路空闲（包括侵限绝缘检查）、有关道岔位置正确、敌对进路未建立、进路锁闭等联锁条件检查通过时才能开放。

②信号机开放后连续检查及关闭

在信号开放过程中，连续不断地检查各项联锁条件，一旦某条件发生变化，及时关闭信号。此外信号机还能在下列情况下及时关闭：

a. 驼峰信号机在列车第一轮对进入该信号机内方第一轨道区段时；

b. 调车信号机在车列全部越过该信号机时；当信号机前留有车辆时，在车列出清该信号机后方第一轨道区段时；

c. 办理取消和人工解锁进路时；

d. 办理区段故障解锁时。

信号一旦关闭后，未经再次办理，不能自动重复开放。

(4)建立推送进路

先将溜放进路上相关背向道岔扳到定位并锁闭，然后根据溜放开始命令，选择相应的推送进路，以驼峰主体信号为进路终端。检查推送进路建立的联锁条件是否满足，在允许的情况下控制道岔转换到规定位置。在道岔位置正确及其他联锁条件具备时，锁闭推送进路，开始溜放作业。

(5)解锁推送进路

推送进路实行两段解锁方式，第一段从始端到最靠近驼峰信号机的反向信号机，第二段为剩余部分。随着溜放作业的进行，解体车列依次占用推送进路的第一段、第二段。溜放结束后，当车列出清第一段时，该进路即自行解锁。第二段进路在车列出清该区段且第一段进路解锁后方可解锁。

(6)驼峰信号机控制

驼峰信号机的控制方式分为由值班员操作；由系统自动给定和改变信号。

驼峰信号机和与其敌对的信号机，以及推送进路上的和峰下相关防护进路有关的道岔，均应联锁，但与分路道岔不直接联锁。

信号开放后，当发生灯丝断丝、联锁道岔被挤、闪光电源损坏等故障，以及溜放作业中的异常情况时，信号机立即自动关闭。

驼峰信号机因设备故障自动关闭后，未经再次办理，不能自动重复开放。

驼峰信号显示在绿色、绿闪和黄闪之间变换时，由原来显示直接转换到要求的显示；绿色、绿闪、黄闪显示与红闪、白闪、白色之间变换，以及红闪、白闪、白色显示之间的变换，都必须先关闭主体号，再转换到要求的显示。

驼峰信号机开放后，推送进路上同方向的调车信号机应随之带动开放，包括前进和后退两种情况。

(7)长调车进路

一次排列长调车进路时，防护各进路的调车信号机按运行方向由远而近地依次开放。

长调车进路的取消或人工解锁，其调车信号关闭过程与开放时相反，按运行方向由近而远地依次关闭和解锁开放。

(8)机车上、下峰进路的控制

在溜放状态下，上、下峰进路以溜放钩形式储存在作业计划单内。随着溜放作业的进行，执行到上、下峰进路时，关闭驼峰信号并检查进路建立条件，满足时即转换道岔并在联锁条件具备后锁闭进路，开放相关线束调车信号机和驼峰信号机。

(9)线束调车信号机的控制

线束调车信号机与机车上下峰进路相联系，随着上、下峰进路的锁闭而开放，取消而关闭；当线束调车信号机兼一般调车信号机时，通过信号机内方第一个道岔区分，若道岔位置开向峰上调车部分时，则该信号机与峰上调车信号机完全一样。

(10)去禁溜、迂回线的自动控制

溜放状态下，将去禁溜线或迂回线的作业以溜放钩形式储存在计划单内。当执行到去禁溜线或迂回线的计划时，先关闭驼峰信号机，然后开放红闪信号指示推峰机车后退，通向禁溜线或迂回线的进路联锁条件满足，即控制相关道岔转换到要求位置，同时锁闭进路，开放白闪信号。当车列要退出禁溜线或迂回线时，在作业员操作确认下，自动将白闪信号切换到红闪信号，指示车列退出禁溜线或迂回线，车列出清了与禁溜线或迂回线相关的道岔区段，即控制道岔转换到指向峰顶的位置，以便继续溜放。

(11)灯丝检查

驼峰信号机和调车信号机具有灯丝监督功能，在信号开放后不间断地检查灯丝良好状态。一旦灯丝检查未通过则关闭信号，且禁止自动重复开放。

(12)进路解锁

①正常解锁

列车或调车进路锁闭的进路在其防护信号机关闭后，随着车列的正常运行，使各轨道区段逐段自动解锁。各轨道区段除条件不具备者，必须满足三点检查，延时 3 s 自动解锁。

机车上下峰进路的解锁是当车列顺序通过一段基本进路的各个区段后自动一次性解锁整条进路。

②取消进路

在信号开放过程中，当值班员按下取消按钮和进路始端信号图标时，立即关闭信号，并在检查接近区段无车且车确实未进入到进路内方时，解锁进路内的所有区段。

③人工解锁

信号开放后，车已占用接近区段，此时要想改变进路，需采用人工解锁方法。值班员按下总人解按钮和进路始端信号图标后，进路不能立即解锁，而是先关闭信号，再经规定延时后方能解锁。在延时过程中，一旦车进入进路内方即取消人工解锁操作。

④故障解锁

区段在开机、停电恢复和因故障锁闭时，在检查区段未排列在进路中且区段空闲后，可实现区段故障解锁。进路在使用中由于轨道电路故障而不能正常解锁时，在轨道电路故障已经排除并检查车列已经通过进路后，可实现区段故障解锁。

(13)道岔的控制

道岔不仅能由进路选动，还可单独操纵。道岔受进路锁闭、区段锁闭、单独锁闭或其他锁闭时，拒绝向该道岔发控制命令。

4. 调车计划的接收与储存

(1)解体计划的接收

自动控制系统与信息处理系统接口，实现了解体计划的自动获取。

计划接收是通过调车长工作站或区长工作站的计算机串行口，按照基本数据链规程交换数据，在相关检错纠错保障措施的支持下，确保计划接收的正确性。工作站接收到计划后，经校验确认无误，并且按照系统对计划的要求进行格式化处理，作为新建待解体计划文件保存。

(2)解体计划的存储

系统待解体计划数据，按“车次”形成不同的文件，为显示需要和溜放跟踪需要所共享。钩计划数据结构为数组方式，以系统所规定的格式存放，全部为可见字符。通常规定在同一时刻只有一台工作站具有对计划的编辑权，需要编辑的计划被调到工作站中编辑，完毕后送至更新待计划数据库。但是对于正在溜放中计划的变动则按钩更新，以确保该变动被及时执行。

5. 溜放进路控制的逻辑运算

(1)溜放进路控制软件的数据结构

二叉树结构适应驼峰调车场的形状,使数据结构和存储具有最佳的合理性,减少程序的复杂性及执行时间。驼峰溜放部分站场线路成树形结构,如图 3-1 所示。根据此树形结构的站场,将溜放进路上所有的分路道岔轨道区段及车辆减速器轨道区段称为跟踪区段,作为一个存储空间,称为数据表,并被视为一个节点,由其数据表组成的二叉树形数据结构如图 3-2 所示。

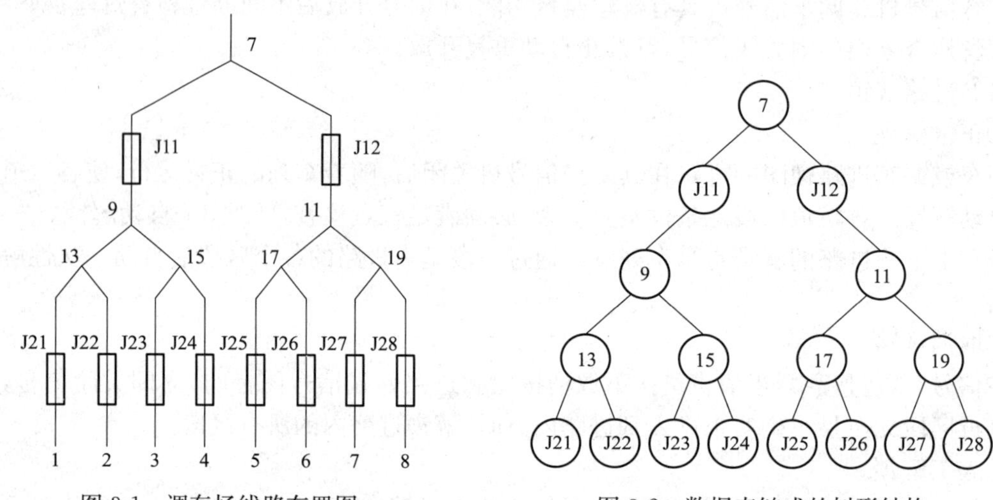

图 3-1 调车场线路布置图

图 3-2 数据表链成的树形结构

每个跟踪区段设一个堆栈的数据结构,即对应每一个跟踪区段(节点)的数据表,记录该跟踪区段设备的特征参数和动态数据,如车辆减速器区段的数据有设备编号、前方道岔编号和数据表首地址、该钩车的股道命令、辆数、质量信息、车轮传感器信息、轨道电路信息、雷达测速信息、车辆减速器状态表示、控制命令及车组状态信息等。对应每一道岔区段的数据有连接字、道岔状态字、车组数据。连接字中上连字为本道岔的前级道岔,定连字为定位方向连接的后级道岔,反连字为反方向连接的后级道岔。状态字表明了该道岔轨道区段状态、道岔控制及表示状态等。车组数据是在溜放作业时存放占用或即将占用该区段的车组数据,主要有钩序、股道、辆数及车组特征等。道岔数据表的链接及结构如图 3-3 所示。

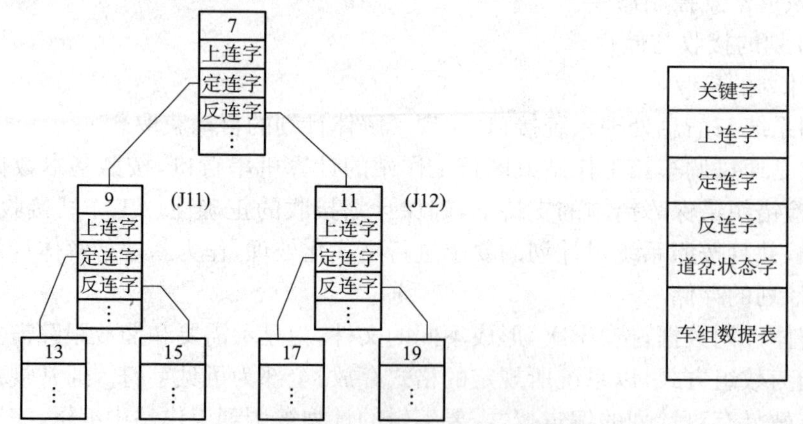

图 3-3 道岔数据表的链接及结构

由于在驼峰作业中出现因钓鱼等原因需要将车列向峰顶方向回牵。在确定车辆减速器出口速度值时，需要检查后方道岔的占用情况，均需要数据表的数据回传，避免数据的丢失而发生溜放控制的错误，因而要求数据表的链接是双方向的。

数据表只允许在表的一端进行插入（入栈），而在另一端删除元素（出栈）。单端队列限定插入和删除操作只能在表的一端进行，由队尾入队，队头出队。双端队列是限定插入和删除操作在表的两端进行的数据表，入队和出队操作均可在一端进行。双端队列的特点能够满足由于在驼峰作业中经常出现因钓鱼等原因，需要将车列向峰顶方向回牵，且数据表的数据也相应需要回传的要求。

(2)钩车的跟踪与控制

在溜放作业过程中，系统按预先输入、编辑并确认的调车作业计划，向全场分路道岔发控制指令，正确、及时地逐级排列进路，将钩车送到相应的编组线。这由溜放过程控制软件实现。溜放进路上的轨道区段称为跟踪区段。钩车命令到达或占用跟踪区段将发生本区段的“入栈”和上一个跟踪区段的“出栈”。当两个跟踪区段上或之间有多钩车时，栈里将有多个钩车记录。钩车的正常溜放过程形成了堆栈的“先进先出”。钩车的“钓鱼”过程构成了栈的“后进先出”。跟踪区段信息的变化是钩车记录在不同跟踪区段的队列间移动的激励，道岔表示决定了队列间信息移动的方向。钩车记录在队列间的信息流动构成了溜放程序控制与跟踪的主体。

在溜放钩车组命令信息的传递和跟踪过程中，也是根据车组占用道岔区段轨道电路的情况，当车组进入某一道岔区段时，根据该道岔定、反位表示确定的开通方向，将本钩车组命令下传，控制下一级道岔执行此命令。正常溜放时，堆栈队头指针指向最先“入栈”的第一个记录，使该记录“出栈”传向下一环节的队列，使其进入队尾。在发生“钓鱼”时，“钓鱼”回牵的过程形成了信息的反向传递。即，随着车列的回牵，队列信息反向传递，后进的记录逐一向上环节队列传递。

车组进路命令及信息的传递和跟踪，在软件设计中，一般将钩车进入轨道区段到出清轨道区段的过程分成钩车“进入”“有车”“出清”“无车”四个步骤，当溜放车组进入某道岔区段时，该道岔区段的轨道继电器落下，系统对该道岔做“进入”操作。“进入”操作主要有车组信息的传递、区段测速启动计时和判断该车组是否溜错。“有车”操作主要有溜放车组追钩、途停判别及防侧冲处理、后续车组信息的预置等；“出清”操作主要有区段测速计算、峰下摘钩和摘错钩及钓鱼的判别；“无车”操作主要有道岔转换的判定及控制。

6. 驼峰溜放场景

(1)信息共享

在上层管理机中，当钩车出现在峰顶时就建立一个钩记录临时数据结构，该记录除原始钩信息外，还随着溜放的进行不断填充和汇集该钩来自下层的测量信息和跟踪逻辑信息。如溜放峰位，推峰速度，测重，每台车辆减速器的入口速度、给定速度、出口速度、出清时间，经过道岔的方向等。每钩有一个唯一的“当前速度”，可以被第Ⅰ、第Ⅱ、第Ⅲ制动位雷达测速刷新，能认定为钩车当前的实时速度参数，为调速计算所采用。当钩车离开第Ⅲ制动位车辆减速器时，该钩记录被送至维护工作站存入已解体数据库，用于统计等。

(2)错道钩车的跟踪

在溜放控制过程中，无论何种原因造成道岔不能按指令执行均会导致错道。发生错道时，钩车将按道岔的自然位置或人工抢扳位置随机错往其他股道。系统利用钩车软件跟踪能对错道车进行跟踪直至股道，并处理跟踪过程中其他可能发生的情况，通过报警通知操作人员钩车的去向，并向车辆减速器控制提供改变方向后的跟踪信息。

(3)摘错钩

通过设在第一分路道岔区段内的两个踏板获得当前溜放钩的实际辆数，与作业计划单中的辆数比较，不一致时判断为摘错钩。当发生钩车拉锯式来回走动时，利用两个踏板判别方向，往前行数累加，往后退数累减。

(4)追钩

追钩的出现打乱了后续钩车的溜放计划，可能造成后续钩车逐钩错位。有速度计算法、间隔测量法、区段计轴法，分别用于判别。在道岔上或道岔间发生追钩，第Ⅰ、第Ⅱ、第Ⅲ制动位车辆减速器上发生追钩，第Ⅲ制动位车辆减速器前发生追钩。

①速度计算法

在道岔区段，当两个钩车间距小于分路道岔轨道电路长度时，将无法转换道岔，无法将两钩车去往不同的股道，即当两钩车占用同一个轨道电路区段时，称为追钩。

该方法建立在逻辑跟踪之上，以任意两个跟踪区段(如图 3-4 所示，前为 A，后为 B)间追钩判别为例。仅当两个跟踪区段范围内有两钩以上车时追钩计算才成立。

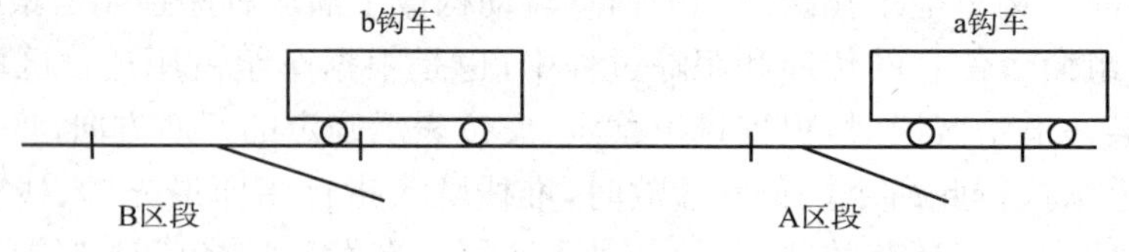

图 3-4　追钩判别示意图

a. 有两钩车，前钩为 a，后钩为 b，只有当钩车 b 出清区段 B 时，钩车 a 未占用或未出清区段 A 才启动追钩计算，否则没有追钩的可能性。

b. 若区段 B 出清点到区段 A 进入点之间的距离小于钩车 b 的长度，当钩车 b 出清区段 B 时判定为 b 钩追 a 钩。

c. 系统已知从区段 B 出清点到区段 A 出清点的距离 L。

d. 根据钩车最快速度计算钩车走行 L 所需最快时间 T，并从钩车 b 离开区段 B 时开始计时。

e. 若在 T 时间内 a 钩车出清区段 A，判定为没有追钩。

f. 若在 T 时间外钩车出清区段 A，可能性最大的应该是钩车 b+a 出清，判定为追钩。因为在 T 时间范围内，钩车 a 的最大走行距离应该小于[L－钩车 b 的长度－区段 A 的长度]，否则，两钩车的间隔小于分路道岔区段的长度。

认定追钩后，系统将及时合并和清除后钩车的跟踪信息，防止后续钩车可能发生的逐钩错位。

②间隔测量法

采用该方法的前提是系统能准确知道两钩车之间的间隔，可以通过雷达测速积分结合计轴的方法得到。判断条件是：当某钩车最后一个轴进入车辆减速器 13 m 后，出清车辆减速器前，若有新的计轴被采集到，认定为后一个钩车的第一个轴，被判定为“减速器上追钩”(小于 13 m 时将由“减速器前追钩”或“道岔区追钩”识别)。

认定追钩后，采用“放前夹后”的方法，设法拉开间隔，消除追钩，但是不采取清除与合并法，目的是追钩解除后可继续有效控制。如果追钩“拉开”不利，将由其他方法判别追钩。

③区段计轴法

如果钩车出清第Ⅲ制动位车辆减速器时，钩车在车辆减速器区段计轴对应的辆数大于事先预计的辆数，并且在钩车出清前，已经有另一个钩车曾经进入过上个跟踪点——警冲标区段，即可判定为“减速器前发生追钩”。

认定追钩后，清除留在车辆减速器上的尚未执行的后钩命令，防止残留命令而发生跟踪错误。

(5)“钓鱼”

溜放作业中由于没有及时摘开钩而反向牵回峰顶重新摘钩的现象称为“钓鱼”。“钓鱼”的监测是通过车组进入和出清轨道电路区段的前后顺序来完成的，如图 3-5 所示。

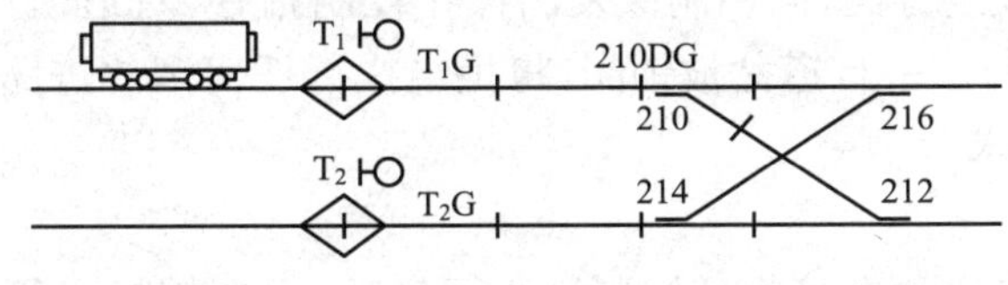

图 3-5　“钓鱼”现象检测

正常溜放时，车辆自峰顶下溜后，首先进入 T_1G(T_1 峰溜放时)，然后进入道岔区段 210DG，这时系统按正常溜放的控制程序进行操作。发生“钓鱼”后，驼峰溜放作业即中断，此时推峰机车需要后退。由于溜放跟踪已经启动，命令已经下传，溜放中反向回牵需要系统识别，实现“追踪”回传。在推峰机车后退的过程中，下溜车辆将首先出清头岔区段 210DG，然后出清 T_1G，系统通过对这两段轨道电路状态变化的监测分析，即认为出现“钓鱼”现象。

认定“钓鱼”后，出清第一分路道岔时命令自动回收，其他跟踪区段命令反向传递，不需人工介入。

“钓鱼”现象还可以通过其他方法监测，例如通过判反向踏板信号，判定是否有反向出清轨道区段的车组，如果有则认为出现钓鱼现象。

(6)峰下摘钩

与“钓鱼”不同的是，峰下摘钩是在溜放作业中没有摘开钩，但不反向牵回峰顶重新摘钩，而是就近在峰下(在第一分路道岔区段入口至股道间)摘钩。该作业的特征是：被溜放钩与溜放车组一同进入跟踪区段后，发生了被溜放钩在其后的跟踪区段正方向出清，或溜放车列在已经占用的区段反方向出清的情况。系统充分利用了分路道岔双区段轨道电路的出清顺序，识别“正向出清”和“反向出清”，并结合跟踪逻辑，分析出峰下摘钩的情况。

认定峰下摘钩后，在共同占用的跟踪区段上清除被溜放钩车的跟踪特性，防止跟踪出错，提醒值班员指挥提开钩后的剩余推峰车列反牵退出第一分路，再继续溜放，否则将可能影响其后溜放的正确性。

(7)轨道电路分路不良

系统利用峰顶计轴或作业计划中的辆数信息(推测钩车长度)、事先存储的区段长度及钩车通过轨道区段的最高限制速度(第一分路道岔为 18.0 km/h、其他区段为 21.6 km/h)，计算钩车从占用到出清该道岔区段的最小时限，称为“轨道电路区段占用屏蔽时间”。

$$区段占用屏蔽时间=\frac{区段长度+钩车长度}{区段通过最大速度}$$

系统实际占用时间小于该时间时，判定为高阻轮对分路不良。一旦系统判定发生了轻车跳动，将及时报警，并拒绝为后续钩车发出道岔控制指令。

(8)关闭驼峰信号

当发生道岔恢复、计算机故障、道岔无表示、发生追钩、摘错钩、发生错道、有计划去往被封锁股道、发生途停或堵门、岔封锁被破坏情况时，系统自动关闭驼峰信号，实现了驼峰溜放的故障导向安全。

(9)股道封锁

在股道满线或编发线作业的情况下，可使用软件封锁、解锁股道功能。只要通过工作站的封锁、解锁操作，系统将根据所选择的股道号和相邻股道的情况，自动选出相关的道岔，实行锁闭或解锁；根据道岔的锁定方向，向控制级发出操作控制指令，对道岔进行“硬”锁闭、解锁(控制道岔的锁闭继电器 SJ)。一旦道岔被锁闭，将拒绝执行任何溜放进路控制、调车进路及人工抢扳对该道岔的控制要求。

(10)道岔恢复

在溜放过程中，如果道岔在接收到控制命令而启动，但在转换过程中受阻，延时一定时间后仍不到位，系统将自动发出一个“往回转”的指令。返回原位后系统将该道岔锁闭(软锁闭)，避免新的转辙尝试，同时发出报警并关闭驼峰信号机。只有在操作人员确认该道岔没有后续钩车命令时对该道岔办理“道岔恢复”，才能解锁。

(11)途停

在溜放过程中，当钩车由于拉风不净抱闸或其他原因使其阻力过大，有可能使钩车无法完全溜放入线，或停留在道岔区段上，有可能导致侧冲或高速冲撞追钩。

系统在溜放钩车速度低于 8 km/h 时判为途停。该速度来自钩车的全线速度实时跟踪信息，其来源是：第Ⅰ、第Ⅱ、第Ⅲ制动位雷达测速(当钩车正处于减速器的测速区域时)，钩车通过每个道岔的入、出口速度。此外，钩车走行在轨道区段上或死区段上时，在已知作业计划中的辆数和区段距离的基础上，采用占用时间超过了按最低走行速度 8 km/h 时计算的时间限时，也判为途停。

认定途停后，系统及时关闭驼峰信号，同时将钩车刚出清的道岔锁闭至去往途停车的方向(刚出清的区段为减速器区段或第一分路道岔时除外)，预防钩车侧冲。若在某一个区段途停后 60 s 内解除，属于过程途停，其途停道岔锁闭可能会向下转移(在下一个跟踪区段也认定为途停)。若在某一个区段途停维持时间超过 60 s，系统认定为永久性途停，将解除相关道岔的途停锁闭，终止对该钩的跟踪，并允许向途停钩车通往的股道排列调车进路，消除途停车对后续溜放的影响。

(12)堵门

堵门是指钩车停留在警冲标区段后，对邻线的溜放形成超限。堵门来自以下判别方法：在警冲标区段发生溜放途停 60 s 以后，没有来由的警冲标区段占用(例如，钩车倒溜或尾部调车侵入)。

认定堵门后，系统报警并始终将对应的最后分路道岔锁闭到通往该股道的位置，禁止邻线进入溜放钩车，直至警冲标区段出清为止。但是不影响向堵门股道排调车进路。堵门使后续通往该股道的钩车在第Ⅱ制动位车辆减速器的定速降至最低限。

(13)满线

满线是指钩车在车辆减速器区段上途停,或警冲标区段与减速器区段之间的死区段上发生途停。

认定堵门后,系统报警并且自动封锁该股道,禁止后续钩车进入该股道,直至调车员办理股道解锁;使后续通往该股道的钩车在第Ⅱ制动位车辆减速器的定速降至最低限。

(14)侧冲

如果两钩车在某道岔上的间隔较紧(但是没有追钩),两钩车对该道岔方向要求不同,并且钩车速度前慢后快,当达到一定速度差时,就有可能在前钩车没有离开该道岔的警冲点时后钩车前部进入了警冲点,从而造成侧冲。

系统对侧冲的检查方法是:每当钩车出清道岔区段,如果后钩车在该道岔有不同去向,将依据前钩车的出清速度、后钩车的当前速度、后钩车的当前位置,分别计算前钩车离开该道岔区段警冲点和后钩车进入相同警冲点的时间,并进行比较,得出结论。

二、驼峰推送机车速度控制

推峰是指调车机车将车列推向峰顶的过程。推送速度低会降低作业效率,但推送速度过高会造成"追钩"增多,也会降低作业效率,所以最佳推送速度应随溜放车组组合的不同而变化,这个变化的推送速度要使得各溜放车组间始终保持必需的间隔。

起初采用驼峰机车信号来改善推送机车司机的瞭望条件,使司机随时根据信号显示控制推送速度。驼峰机车信号仅作为驼峰信号机的复示信号,效果不显著。为提高推峰机车速度控制的自动化程度,研制了驼峰推峰机车遥控系统。在自动化驼峰,可与溜放速度计算机联网,实现自动变速推送。在半自动化驼峰,可由驼峰值班员手动操作实现对推送机车的速度遥控。目前,驼峰推峰机车遥控系统已纳入驼峰计算机过程控制系统。

1. 驼峰无线机车信号

驼峰无线机车信号是以铁路专用无线电台作为传递信息的工具,将驼峰信号机的显示传送给推峰机车的。这种机车信号设备还具有通话功能,不发送机车信号时,峰顶信号楼的值班人员能与司机彼此通话。

具有两条推送线多台机车作业的驼峰编组站,其驼峰无线机车信号设备布置如图 3-6 所示。

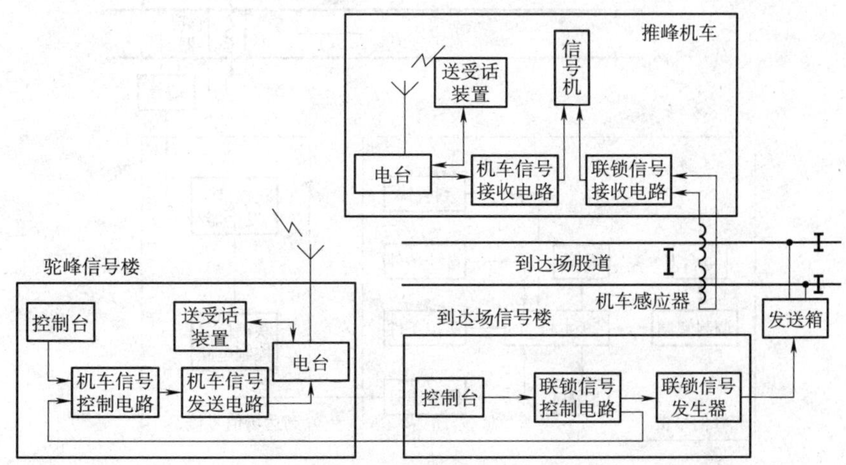

图 3-6　驼峰无线机车信号设备布置

为使机车信号的显示与到达场排列的推送进路间实现必要的联锁关系，在到达场安装以下设备：联锁信号控制设备；联锁信号发生器；联锁信号发送箱及联系电缆。

驼峰场信号楼应将驼峰信号机的显示情况通过电台传递给推峰机车，因此，设有以下设备：无线电台（地台）；机车信号控制设备；机车信号发送设备；送受话装置。

推峰机车推峰时，需通过电台接收机车信号信息，同时，还需接收由轨道传来的联锁信号，以构成机车信号与地面进路的联锁关系。为此，驼峰机车上安装以下设备：无线电台（车台）；机车信号接收设备；联锁信号接收设备（包括机车感应器）；机车信号机；送受话装置。

推峰机车的车内信号，平时灭灯。在推峰解体或预推时，它应复示地面信号的灯光显示，但必须具备以下条件：推峰机车通过无线电台收到峰顶信号楼发送的“机车信号”信息；通过机车感应器收到由到达场发送的“联锁信号”信息。推峰机车只有同时收到上述两个“信息”，车内信号才能点灯，并复示地面信号的显示。

机车信号信息反映了驼峰信号机的显示情况，它是在到达场排列了推送或预推进路后，由峰顶信号楼的电台发送的。

联锁信号信息则反映了到达场建立推送进路的情况。即反映建立推送进路的股道和推峰方向。联锁信号是通过轨道电路发送的。为了保证推峰作业的机车能够收到联锁信号，所以，联锁信号只向已建立推送进路并有车辆停留的股道发送，而待命机车则收不到联锁信号。

2. 驼峰推峰机车无线遥控系统

该系统由过程控制计算机通过无线装置对推峰机车进行遥控，控制命令及表示信息由无线传输。自动控制推峰机车启动、停止和速度的变化，使调车机车以允许的最大速度进行推峰，达到提高解体效率的目的。

该系统用于推送机车调速，可独立使用，也可与溜放进路及速度控制系统构成完整的自动化系统。系统由地面设备及机车设备组成，框图如图 3-7 所示。

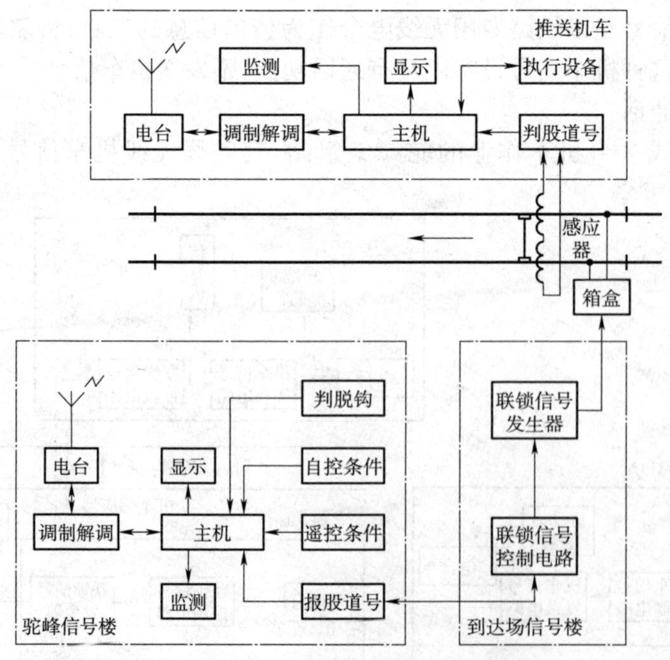

图 3-7　驼峰推峰机车无线遥控系统框图

驼峰推峰机车无线遥控系统由地面系统、车载系统和信息传输通道组成。地面控制系统包括无线电台和定向天线、过程控制计算机和有关接口设备、峰顶计轴器和地面联锁发送装置。车载系统包括股道接收应答器、车载计算机和控制接口设备、无线电台和车载天线、机车速度传感器、空气制动控制接口设备、司机显示器、电源,车载计算机是信息处理和调速的核心。信息传输通道广泛采用无线通道。

地面控制系统根据有关参数,自动计算出每钩车的最大允许推峰速度。当有多台推峰机车作业时,计算机通过无线电台,不仅要发送推峰速度信息,而且要发送遥控对象选择信息,选择作业机车。溜放开始以后,计算机不断根据设置在峰顶的计轴器进行计轴,并与解体作业计划表中的各钩车轴数核对,检查提钩作业,发现错误自动记录并报警。当前一钩车脱钩时,立即取出后一钩车的推峰速度数据,发送推峰速度指令。为了保证作业安全,车载系统只有在收到地面联锁发送装置发来的轨道、进路、信号开放等信息均满足条件时,才能接收地面无线电台发来的命令。

到达场信号楼内设联锁信号控制电路和发生设备,股道编号发送器设于到达场各停车股道入口处。联锁信号发生设备采用频率编码方式将股道代码信号由股道编号发送器送入轨道,它与原轨道电路叠加,用于机车与地面信号联锁。

遥控机车上的无线电台负责接收地面电台发送的驼峰机车选择和推峰速度等信息,接收感应器接收地面联锁发送装置通过地面股道送来的联锁信息。这两路信息经车载计算机确认联锁条件满足,遥控机车开机工作,并利用转速表或光电速度传感元件等测速设备,自动计算出机车实际推峰速度,并与给定的推峰速度进行比较,借以控制推峰机车的燃料供给和制动等级,使遥控机车按给定的速度推进。但是,钩车溜放过程是复杂的,遇有“追钩”、溜错股道,前行车离开车辆减速器速度偏低、夹停等情况,必然要影响计算机所计算的推峰速度。因此,遥控机车和管理主机将不断地将遥控机车和钩车溜放作业的实际情况,发送给地面控制系统,保证地面过程控制计算机立即将计算的推峰速度进行修正和做应急处理,发出减速、停轮、送禁溜车或继续溜放等命令,以保证作业安全,提高解体效率。

系统以车列实际车辆数、目标速度与实际运行速度的差值及车列运行加速度等作为控制参数,对机车推送速度进行控制,实现变速推送。预推作业时可用 10 km/h 或 5 km/h 进行定速推送,解体车列能在规定距离停车。主推作业时,机车按控制命令调整速度,速度调整范围±(3～15) km/h,每隔 1 km/h 为一个等级。车上设备具有自动启动、鸣笛、调速、制动停车、前进或后退、过流及动轮空转保护等功能。

三、驼峰溜放速度控制

解体车组一旦与车列脱钩,其速度就失去了机车的控制,必须依靠地面设备进行调速。最主要的调速设备是车辆减速器。

1. 间隔控制和目的控制

间隔控制是使相邻的后续钩车与前行钩车之间保持适当的空间间隔,使得在此间隔内的两钩车的分路道岔来得及转换,保证后续钩车越过分路道岔时不致与前行钩车发生侧面冲突,并使钩车的速度不会超过其前方调速设备的入口限制速度。

目的控制是使钩车在股道上走行时能到达预期的目的地。如果目的地停有车辆,则钩车速度应以安全挂钩速度与车辆连挂。

通常设置 3 个制动位:峰下减速器制动位(第Ⅰ制动位)、线束减速器制动位(第Ⅱ制动位)和编组线始端减速器制动位(第Ⅲ制动位)。其中前两组减速器主要用于调整车组之间的间隔,统称间隔制动位。编组线始端减速器主要用于目的制动,称目的制动位。为保证溜放车组间必要的间隔,使道岔按要求转换,不出现两车组占用一台车辆减速器的情况,不发生尾追、侧撞等不安全现象,保证车组能与停留车连挂,要设置驼峰溜放速度控制系统。

2. 溜放速度控制方式

根据调速设备的选用与布置,主要有以下三种速度控制方式:

(1)点式控制

除了在第Ⅰ、第Ⅱ、第Ⅲ制动位设置车辆减速器外,还设置第Ⅳ制动位车辆减速器以实现目的制动。点式控制的车辆减速器配置如图 3-8 所示。在固定地点采用目的控制方法对于走行距离较短的钩车来说是有效的,若钩车走行距离较长时,则控制准确度不高,因此点式控制很少采用。

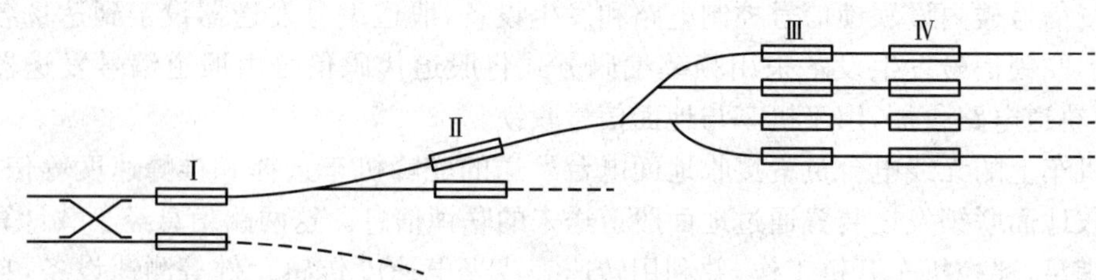

图 3-8 点式控制的车辆减速器配置

(2)连续式控制

连续式控制是利用减速顶实行速度控制的方式。根据驼峰纵断面及每一减速顶的制动能力,沿着溜放进路密集地布置减速顶群,以实现间隔制动和目的制动。减速顶的布置虽然是离散的,但其制动效能几乎是连续的,所以称作连续式控制。连续式控制的调速设备配置如图 3-9 所示。由于减速顶对钩车的制动能力具有车速愈高其制动力愈大的特点,只要与驼峰纵断面的设计配合得当,合理布置减速顶群,对减速顶不需专门控制技术就能取得良好的控制效果。但钩车越过减速顶的限制速度要求较低,否则钩车有越顶脱轨的危险。减速顶的限制速度妨碍了溜放速度的提高,从而限制了驼峰的解体能力。因此,连续控制方式多用在中、小能力驼峰上。

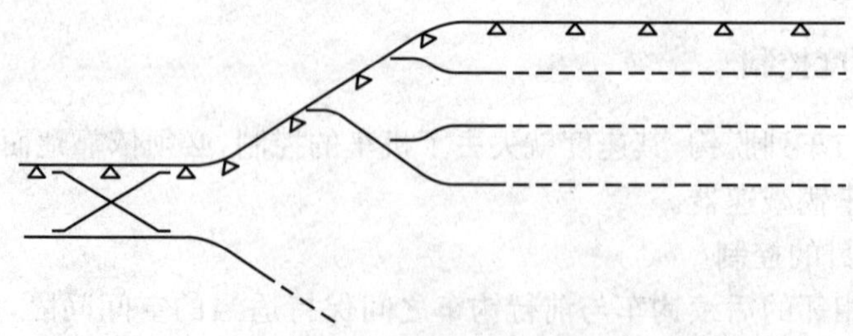

图 3-9 连续式控制的调速设备配置

(3)点连式控制

点连式控制是点式与连续式相结合的控制方式。除了在第Ⅰ、第Ⅱ、第Ⅲ制动位设置车辆减速器对钩车速度实施定点控制外，在第Ⅲ制动位车辆减速器有效距离以远的股道上设置减速顶群，以保证速度较高的钩车能与调留车辆安全连挂。点连式控制的调速设备配置如图 3-10 所示。点连式调速系统把点式解体能力高及连续式调速精度高的优点结合在一起，既允许钩车有较高的溜放速度，又有较好的控制效果，是采用最多的控制方式。

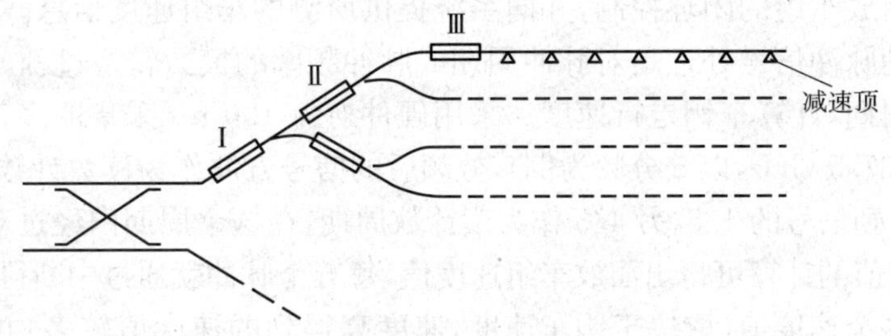

图 3-10 点连式控制的调速设备配置

3. 溜放速度控制原理

溜放速度控制系统由调速设备、测量设备和控制设备组成。目前，驼峰溜放速度控制系统已经纳入驼峰计算机过程控制系统。

对车辆减速器的控制有手动、半自动、自动控制三种方式，分别称为机械化、半自动化、自动化驼峰。

溜放车组的出口速度由计算机确定，就构成自动调速系统，它能大幅度地提高驼峰解体能力，提高车辆安全连挂率，减少调车事故，减轻劳动强度。自动化驼峰的技术经济效果非常显著。

自动调速系统常用半自动调速作为备用手段，即车组的出口速度由作业员确定。

间隔调速，要求调速设备能力大，并允许车组速度较高地通过峰下道岔区，使用减速器比较理想。对于目的调速，曾试验过多种制式，以减速器—减速顶点连式两种制式为优。这种系统是我国独创的目的调速优选方案，系统由编组线始端减速器区段、打靶区、小顶群区、减速顶连挂区、尾部停车区等组成，如图 3-11 所示。

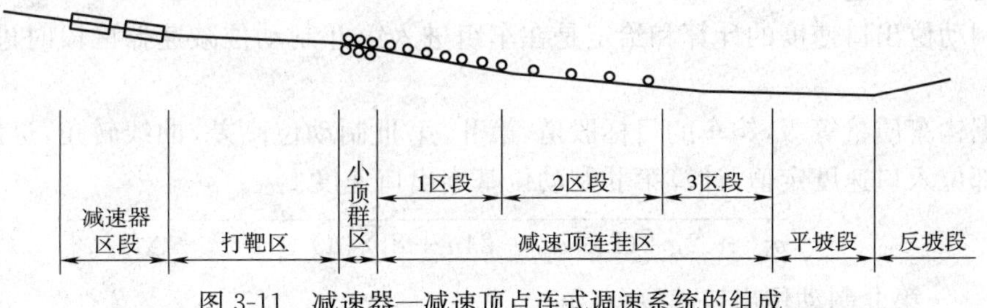

图 3-11 减速器—减速顶点连式调速系统的组成

编组线始端减速器按打靶原则进行自动或半自动控制。减速器区段有驼峰雷达控制机、测长、测重、车轮传感器、控制计算机等设备。打靶区是驼峰咽喉区和减速顶连挂区之间的缓冲区，便于尽快排空前半场和对大组车进行放头拦尾控制。打靶区一般长 120～200 m。

小顶群是一组密集布置的减速顶，对进入减速顶连挂区的车组进行速度微调，消除打靶控制的误差，使车组达到安全连挂速度。

减速顶连挂区依靠线路坡度使其继续溜行，依靠减速顶吸收易行车多余动能，使车速保持在减速顶临界速度 4 km/h 左右，防止超速连挂。其长度通常按一个列车长度扣除打靶区长设计，约为 450～600 m。

编组线尾部设平坡和反坡段，用以防止车组溜至尾部调车区，有利于尾部平面调车作业。

4. 雷达测速信息的处理

车辆减速器控制电路将雷达的多普勒脉冲信号进行整形、放大、计算等处理，完成实时连续速度测量和对溜放车组的闭环控制，并向系统提供所测的车组速度信息。

雷达的多普勒脉冲信号处理是对脉冲周期或脉冲频率的模数转换过程。计算机通过实时测量多普勒脉冲周期，计算车辆走行速度。采用硬件对每 100 ms 采集的多普勒信号进行分频（雷达工作频率为 37.5 GHz，以 5 分频为例），分频后的信号方波作为读数计数的中断信号，终端信号宽度为原多普勒信号的 1/5，另 4/5 作为读计数周期，在这个周期内经过对计数周期内采样频率值和采样计数值的计算可得出溜放车组速度值，每五个脉冲就通过中断得到一个速度值。

系统将得到多个速度值（取决于钩车速度，速度高得到的速度值较多）并将所测到的多个速度信息进行处理。从大到小排序；去掉最大和最小的速度值各 1 个或 2 个（取决于得到的数量），以剔除多脉冲及丢脉冲；对剩余的求算术平均值，得到平均速度；对平均速度进行卡尔曼滤波运算，得到数字滤波后的速度及加速度信息，便是可供控制模块使用的速度及加速度信息。这样的处理比直接对多普勒频率计数的精度要高。

5. 车辆减速器自动定速计算

车辆减速器一旦对钩车实施制动，就要使钩车的速度降到预期的计算速度时才停止制动（缓解）。

(1)间隔控制自动定速计算

间隔制动设第Ⅰ、第Ⅱ制动位。第Ⅰ制动位主要考虑：从峰顶脱钩到第Ⅱ制动位减速器入口前后车组走行时间基本相等或误差较小，保证车组溜放间隔、车组进入第Ⅱ制动位的速度不超过减速器最大允许值；第Ⅱ制动位减速器全制动时，车组能够停在减速器上或速度能够降到最低要求值。第Ⅱ制动位主要考虑：保证溜放车组由第Ⅱ制动位到第Ⅲ制动位的溜放间隔及保证进入第Ⅲ制动位减速器入口速度不超过最高允许值，并兼顾目的调速。间隔控制定速计算在上层管理机中进行。

第Ⅱ制动位出口速度的计算和给定是在车组进入第Ⅱ制动位减速器区段时进行，包括以下步骤：

①根据钩车质量等级，钩车的目标股道，第Ⅱ、第Ⅲ制动位高差，曲线转角，进路上道岔数以及第Ⅲ部位入口速度定值，计算第Ⅱ制动位基本出口速度 $v_{2出}$。

$$v_{2出}=\sqrt{v_{3入}^2+2g'[(L_{2\text{-}3}w_o+24n+8\sum a)\times10^{-3}-\Delta H_{2\text{-}3}]} \tag{3-1}$$

式中 $v_{2出}$——第Ⅱ制动位出口速度(m/s)；

$v_{3入}$——第Ⅲ制动位入口速度(m/s)，取 16～18 km/h；

$L_{2\text{-}3}$——第Ⅱ制动位出口至第Ⅲ制动位入口的距离(m)；

$\Delta H_{2\text{-}3}$——第Ⅱ制动位到第Ⅲ制动位高差(m)；

n——第Ⅱ制动位到第Ⅲ制动位间的道岔级数；

$\sum\alpha$——曲线转角和(含道岔转角)；

g'——车辆重力加速度(m/s²)；

w_0——车辆基本阻力(kg/t)。

②检查车组的目标股道上有无途停车、堵门车、满线车情况。若有，将第Ⅱ制动位出口速度直接设定为最低值。

③根据目标股道径路上前方钩车组出车辆减速器的距离、速度、去向（考虑两钩车的共同径路），计算和给定出口速度。

④若没有减速调整，检查后钩车组方向及距前钩车组的间隔。

第Ⅱ制动位间隔调整的原则是：优先考虑进入车辆减速器的车组与之前面车组的间隔调整，确定基本定速基础上减速量；再考虑进入车辆减速器的车组与之后车组的间隔调整，确定基本定速基础上加速量；前、后间隔均没有调整的必要，则考虑如何保障第Ⅲ制动位减速器规定入口速度，这也称为间隔控制位的目的调速因素。

(2)目的控制自动定速计算

目的制动出口速度的计算公式为

$$v_{出}=\sqrt{v_{挂}^2-2gL(w-i)\times10^{-3}} \tag{3-2}$$

式中　$v_{挂}$——安全连挂速度(m/s)；

L——钩车从出清车辆减速器到与前方钩车连挂的走行距离(m)；

w——钩车的走行阻力系数；

i——走行距离内的线路(股道)坡度；

g——钩车转动惯量影响的重力加速度。

L 和 w 是变量，需要在计算 $v_{出}$ 之前进行实测。然而在钩车未在股道上走行时是无法实测 w 的，只能根据钩车质量和在钩车未进入车辆减速器之前测得的阻力，通过统计规律进行换算而求得 w 值，即所谓前测后用。因此，出口速度的计算是比较复杂的。车辆减速器控制系统原理框图如图 3-12 所示。将测得的阻力值和长度值输入到计算机，得到速度计算值 $v_{计}$，将 $v_{计}$ 与雷达测到的钩车实际速度 $v_{实}$ 进行比较，当 $v_{实}-v_{计}=\Delta v>0$ 时，车辆减速器对钩车制动，直到 $\Delta v=0$ 时，车辆减速器缓解。

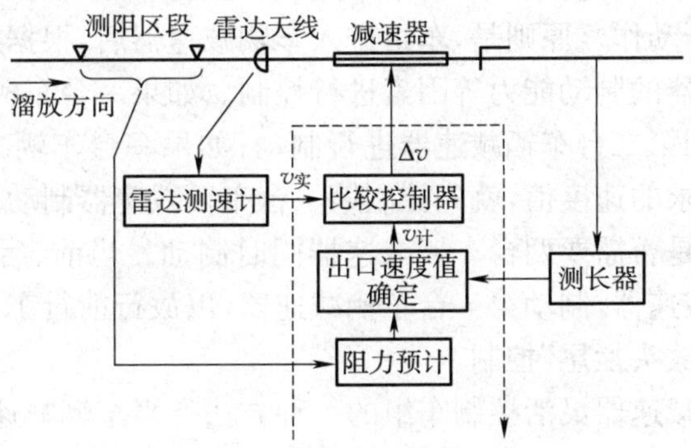

图 3-12　车辆减速器控制系统原理框图

6. 车辆减速器控制过程

(1)车辆减速器自动控制基本逻辑判断式

在车辆减速器自动控制中，基本逻辑判断式为

$$v_{实}>v_{计}+\Delta v_{延}-a_i t_i \rightarrow \text{计算机向减速器发制动命令} \tag{3-3}$$

$$v_{实}\leqslant v_{计}+\Delta v_{延}-a_i t_i \rightarrow \text{计算机向减速器发缓解命令} \tag{3-4}$$

式中 $v_{实}$——车组溜放的实际速度；

$v_{计}$——计算机依据出口速度数学模型计算的速度值；

$\Delta v_{延}=a\sum t$；

式中 a——车组减速度，

$\sum t$——车辆减速器缓解时间及控制电路延时时间，

a_i——减速器区段坡度使车组产生的加速度；

t_i——减速器缓解后到车组出清减速器之间的时间。

车辆减速器的制动和缓解是由 $v_{实}$ 与 $v_{计}$ 的比较结果决定的。但车辆减速器具有惯性，从它接到缓解命令到完全失去制动力需要一定时间。雷达测速器的输出有延时，控制电路也有延时。系统的总延时 $\sum t$ 在 0.5～1.0 s 范围内。由于系统存在延迟时间，如果在 $v_{实}=v_{计}-a_it_i$ 时下达缓解命令，到车辆减速器缓解时，车速已降至定速以下，从而产生调速误差。为了克服由于延时造成的控制误差，在逻辑判断式中增加一个延时补偿量 $\Delta v_{延}$。

(2)车辆减速器稳定补偿控制逻辑式

车辆减速器控制除了延时补偿外，由于雷达晃动，对长车组调速时，车辆减速器会出现频繁的重复制动现象，造成能源浪费，增加车辆减速器的机械磨损。为了避免不正常的重复制动，必须作稳定补偿的处理。在计算机发出缓解命令的同时，增加一个稳定补偿量 $\Delta v_{稳}$。逻辑判断式变为

$$v_{实}\geqslant v_{计}+\Delta v_{延}-a_it_i+\Delta v_{稳}\rightarrow 发制动命令 \tag{3-5}$$

再要制动，车速必须符合式(3-5)。系统发出第二次制动命令后，仍然用式(3-4)缓解判断式发出缓解命令。这样，就使雷达的快速晃动不会造成重复制动，但给出口速度带来了误差。因此，$\Delta v_{稳}$ 值的选定要视线路坡度、出口速度精度而定。

(3)两台车辆减速器串联使用的灵活控制

当两台减速器串联使用时，要考虑对两台车辆减速器实行灵活控制，即对两台车辆减速器既可同时动作，又可分开动作。原则是，车组进入车辆减速器后，根据入口速度、选择或计算的出口速度以及车辆减速器的制动能力等因素进行控制。如果一台车辆减速器的制动能力能使车组速度降下来，就不用第二台车辆减速器进行制动；如果一台车辆减速器的制动能力不足，不能使车组速度降到要求的速度值，就先控制第一台车辆减速器制动，等到车组进入第二台车辆减速器时再判断一次是否需要两台车辆减速器同时制动。当前、后两钩车在减速区段追钩时，能缓解第二台车辆减速器，制动第一台车辆减速器，以放行前行车，制动后行车。

(4)车辆减速器的"放头拦尾"控制

"放头拦尾"是车辆减速器灵活控制车组的一种方法。当车辆减速器制动能高明显大于车组需要降低的能高时，车组进入车辆减速器初期不进行制动，待车辆减速器制动能高稍大于车组实际需要降低的能高时，才开始制动，使车组在出清减速器区段时，达到期望的出口速度。

在保证与前车组有足够间隔的前提下，一般对长车组采取"放头拦尾"控制方式。即，长车组进入车辆减速器时，先不对其制动，通过一定数量车辆后才制动，直到 $v_{测}$ 等于出口速度时才缓解。这样，可减少车组占用车辆减速器和道岔区段的时间，避免后续车组追及冲撞，有利于提高解体效率。

"放头"长度(开始控制轴数)的确定，一般是根据公式，按不同参数事先计算好，然后在软

件处理上按逻辑判断的方法加以选取。这样，运算速度既快，又保证了足够的精度，还不会出错。

对于不同的制动位，“放头拦尾”的方法有所不同。如第Ⅰ、第Ⅱ制动位由于开始速度不高，自然要放头，一般采用放过该车组 1/2 时，再同时进行两台车辆减速器的制动，直到达到要求的速度值时缓解。

在车辆减速器前入口计轴器故障、第Ⅲ制动位减速器出口打靶距离不够、第Ⅲ制动位减速器入口速度太高、该钩车与前一钩车距离较近的情况下将自动中止“放头拦尾”。对制动效果不理想的特殊车辆，需要人工手动介入停止“放头拦尾”。

(5)测量钩车在车辆减速器上的位置

车辆减速器控制模块可以通过积分方法实时计算，掌握钩车在车辆减速器上的第一个轴和最后一个轴至车辆减速器入口开机点的距离。该距离参数可用于：在过程控制数学模型中使用；确定钩车是否出车辆减速器；确定重力式车辆减速器前、后台的动作时机；判别在车辆减速器上追钩。

(6)车辆减速器过程控制的数学模型

车辆减速器上控制车辆是一个闭环过程，在下层控制器中完成。车辆减速器控制器每 134 ms 按过程控制数学模型公式计算一次要求制动量 P_r，并据此选择和计算车辆减速器的逻辑输出值，达到自动控制的目的。

对于重力式车辆减速器，在计算机内设了两个比较门限值 P_1、P_2，用 P_r 与之比较，以选择车辆减速器输出控制值。

对于非重力式车辆减速器，前后台车辆减速器始终同时动作，在计算机内部设了 4 个比较门限值 P_1、P_2、P_3、P_4，用 P_r 与之比较，用以选择车辆减速器输出控制值。

在计算输出值基础上，再根据钩车的测重等级和空重混编情况加以限制，确定最后的输出等级。在特定情况下，允许输出等级比测重等级高一级。

钩车在车辆减速器上的控制除了数学运算外，还有较多的逻辑运算。

四、驼峰自动控制系统

驼峰自动控制系统是由溜放进路控制子系统、驼峰自动集中子系统、溜放速度控制子系统集合而成，通常采用上、下层集散式控制方式，即集中管理、分散控制。驼峰自动控制系统可以充分利用资源，做到信息共享，提高作业效率。

目前，驼峰自动控制系统主要有 TW-2 型、TBZKⅡ型，还有 TYWK 型驼峰信号计算机一体化控制系统和 FTK-3 型驼峰自动控制系统等。

第二节　TW-2 型驼峰自动控制系统

一、系统组成

1. 系统概况

TW-2 型驼峰自动控制系统是由 TWJ-2 溜放进路控制子系统、TWZ-1 驼峰自动集中子系统、TWK-1 溜放速度控制子系统和 TWGC-1 工频测长子系统集合而成。其控制模块(包括硬、软件)可根据现场需要自由配置和组合,适合大、中、小不同驼峰调车场。系统可集成的主要功能模块包括驼峰头部联锁和线束调车联锁,溜放进路自动控制,第Ⅰ、第Ⅱ制动位减速器自动控制,第Ⅲ制动位减速器自动控制,股道空闲长度测量,平面单钩溜放等模块,实现以自动、半自动、手动相结合的控制模式。

TW-2 型驼峰自动控制系统采用双机热备方式,故障自动切换。系统采用上、下层集散式控制方式,下层针对不同的控制范围和规模使用不同种类和数量的硬件模块,上层针对不同驼峰调车场采用不同的软件模块。系统各个功能模块在上层管理机实现数据资源共享,从而实现各个功能模块之间的有机结合。

在硬件设计上,系统自上而下分为 4 层:一层为工作站,二层为上位管理机,三层为下位控制器,四层为智能输入/输出扩展接口。工作站负责系统的人机界面,采用工业控制 PC 机。上位管理机采用工业控制 PC 机。下位控制器和输入/输出扩展模块为自行开发研制按功能和范围划分的一组带 CPU 的控制器阵列,负责系统信息的采集、控制指令的输出和包括实时性要求较高的闭环控制运算,是系统的最关键部分。

在软件设计上,系统各种功能分别在不同层实现。分工原则是:实时性要求高的控制在下位处理,信息相关联的综合处理在上位;下位侧重分别控制,上位侧重集中管理;下位负责信息的采集,信息的共享在上位。

TW-2 型驼峰自动控制系统的控制和采集对象分布在驼峰头部的各个地点,由多个人员进行操作和监督,并且和其他系统之间有数据交换。

2. 系统结构

TW-2 型驼峰自动控制系统结构由控制微机、雷达、测长、减速器、转辙机、信号机、轨道电路、操作工作站及报警打印机等环节组成,如图 3-13 所示。

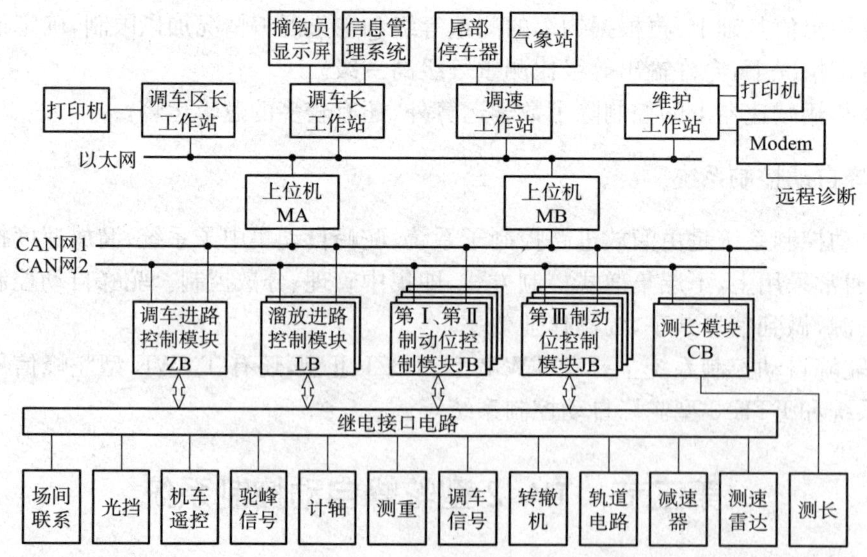

图 3-13　TW-2 型驼峰自动控制系统结构

室外采集和执行设备主要包括道岔转换设备、轨道电路、信号机、车辆减速器、测速雷达、轮轴探测器(踏板)、测长轨道电路、测重等。

在控制台室设有多台功能各异的终端(其设置数据与驼峰规模、需设定员有关,通常设1～4 台工作站)和手动应急控制盘。

控制台室内设有调速工作站、调车长工作站、调车区长工作站和手动盘,布置如图 3-14 所示。

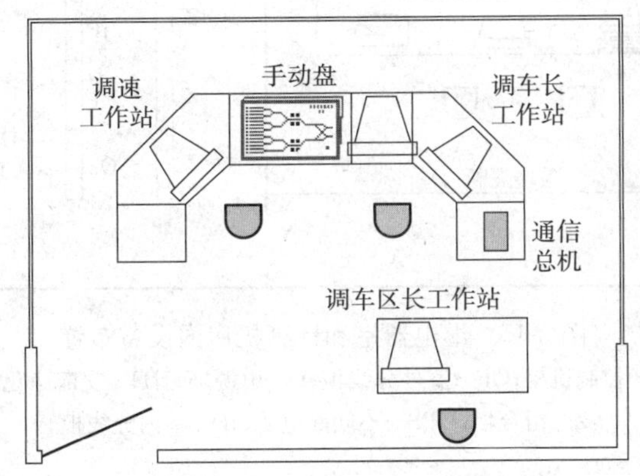

图 3-14　控制台室内设备布置

调车区长工作站供位于控制台室的区长使用,工作站以显示站场图形窗、溜放窗和测长窗为主,可纵观全场溜放作业过程,用以监督前台的溜放过程,可进行报警查询操作等。该工作站仅用于较大规模的站场,未配置区长工作站的站场其报警查询功能可以通过电务的维护工作站进行。

调车长工作站为核心操作站,供调车长或调车值班员使用。工作站以显示站场图形窗、溜放窗、封锁窗及调车计划窗为主,以表格形式处理调车作业计划,以图形方式显示全场设备状态,并用鼠标或轨迹球办理调车进路或设备单操等作业。根据站场规模配置单屏或双屏显示器。

调速工作站供作业员使用,以显示站场图形窗、溜放窗为主,以图形方式显示有关减速器的信息,可进行半自动定速操作等。对于中等规模以下的站场,该工作站按设计配置可能与调车长工作站合并,其操作功能在调车长工作站上完成。

手动盘用于紧急情况下的手动或维修试验用。手动盘是简化了的控制台,主要用于分路道岔的手动控制及峰上道岔的单独操纵。

室内设备包括上层监督机、维护工作站、TW-2 控制机柜控制板(减速器板 JB、测长板 CB、数字 IO 板 IOB)及母板等。控制板改成前后 2 块板,一块为主模块,另一块为后出线模块,电缆可以直接连接到后板的连接器上。主模块实现逻辑运算,板间通信功能。后出线模块实现接口功能(采用高强度电缆连接器)将系统总线、各种控制板的板间通信和电源布线等都集成到母板上,合理分配走线位置。所有板件都能够进行热插拔。

维护工作站的显示与控制台室内的其他工作站相同,通过该工作站可以完成统计报告、信息查询,监督全场溜放作业过程,进行双机切换等。该工作站特设有维护终端窗,可直接监控下层控制模块。

继电器室内设有组合柜、分线柜,以及电源屏,布置如图 3-15 右侧所示。如有电源室,则电源屏放在电源室内。计算机房设有控制机柜、维护工作站,布置如图 3-15 左侧所示。

机房
机械室
J J
上层机
监督
维护
工作站
打印机
玻璃隔断
Z
Z
Z
Z
Z
Z
Z
IF
OF
OF
D
D
D
D
D
D
JJH
UPS

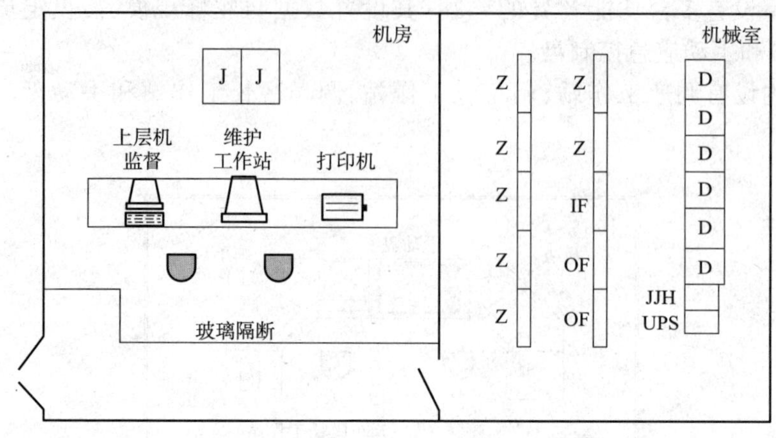

图 3-15　继电器室和计算机房内设备布置

J—TW 控制机柜；OF—室外分线柜；D—电源屏；JJH—交流净化电源；

Z—组合柜；UPS—不间断电源；IF—室内分线柜

3. 控制机柜

TW-2 型驼峰自动控制系统的控制机柜如图 3-16 所示。机柜尺寸有 600 mm×600 mm×1 800 mm，800 mm×600 mm×20 000 mm 两种类型。

每个机柜可放置 4～5 个机箱单元，所有机箱单元均为 19 英寸标准。每站根据规模和需要设 1～2 个机柜。每站配置的机箱单元种类和数量将根据站场的功能要求和规模在设计时组合。

常见的机箱单元有上层工业控制 PC 机机箱、下层溜放进路及联锁机箱、下层速度控制及测长机箱、测重机箱、接口电源机箱。

下层控制机箱通常设有的插件：微机减速器控制模块 KB-JA、微机测长控制模块 CB、微机进路控制模块 KB-L、智能输入输出模块 IOB、电源模块。

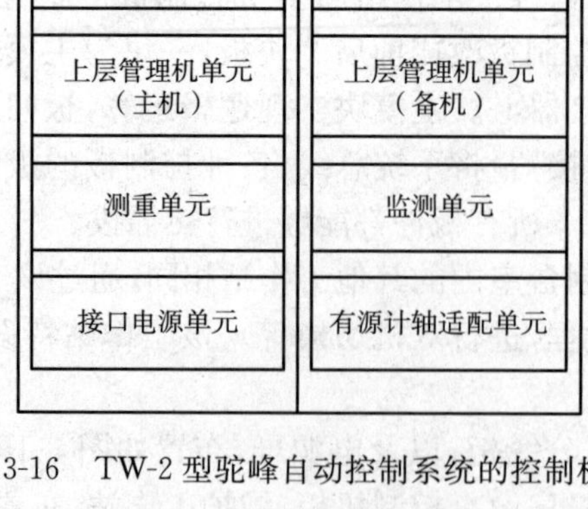

机柜1
机柜2
下层调速及测长
机箱单元
（1）
下层调速及测长
机箱单元
（2）
下层联锁及进路
机箱单元
（主机）
下层联锁及进路
机箱单元
（备机）
上层管理机单元
（主机）
上层管理机单元
（备机）
测重单元
监测单元
接口电源单元
有源计轴适配单元

图 3-16　TW-2 型驼峰自动控制系统的控制机柜

4. 手动应急控制台

手动应急控制台用于紧急情况下的手动或维修试验用。手动应急控制台盘面布置如图 3-17 所示。

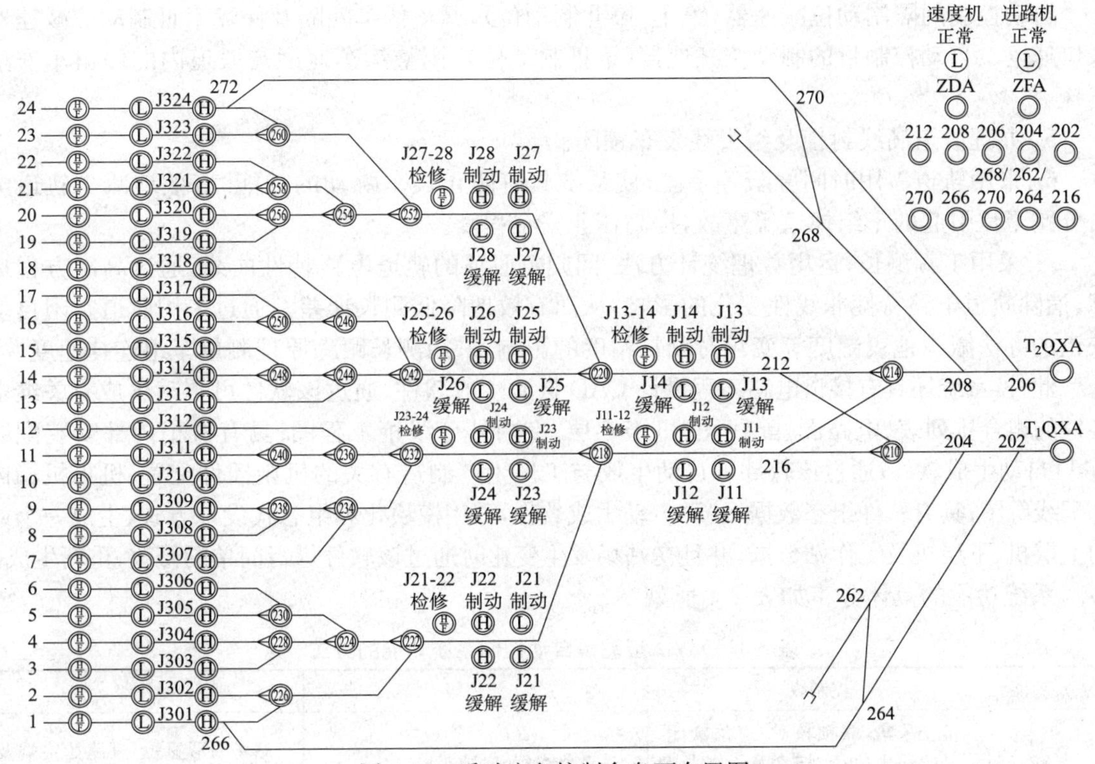

图 3-17　手动应急控制台盘面布置图

对于峰上道岔设一个道岔总定位按钮 ZDA 和一个道岔总反位按钮 ZFA，每组道岔设一个道岔按钮。

对于每组分路道岔设一个三位式道岔手柄。

对于每台车辆减速器设制动按钮、缓解按钮和检修按钮各一个，第Ⅰ、第Ⅱ制动位的每两台车辆减速器可合用一个检修按钮。

控制台上还设有进路机正常表示灯和速度机正常表示灯。

二、系统功能

1. 办理与到达场的场间联系

在溜放开始时，与到达场的场间联系自动办理，推送进路自动选路。

2. 办理峰上及峰下调车进路

系统可自动执行混合型的调车作业计划，除溜放钩外，可按计划逐钩自动执行上、下峰调车进路、禁溜线和迂回线取送车进路，无须操作员介入。

调车作业计划的自动接收或人工输入及计划的临时改变，按作业需要顺序调用计划；同时建立推送进路，自动或人工控制驼峰信号机。

在线束调车上、下峰进路上有死区段及车辆减速器的情况下，实现调车进路的自动锁闭和解锁。

3. 自动按计划执行

自动按计划执行溜放钩、上下峰钩、禁溜及迂回进路取送钩等作业。

4. 自动控制车辆减速器

自动控制间隔制动位减速器(第Ⅰ、第Ⅱ制动位),调整钩车间隔及保障第Ⅲ制动位减速器入口速度。自动控制目的制动位减速器(第Ⅲ制动位),调整钩车速度与股道内的停留车安全连挂。

5. 办理股道满线封锁及编发线发车锁闭。

6. 采用轨道占用时间屏蔽等手段,使系统具有防止轻车跳动的功能,有效地减少轨道电路分路不良引起的车组掉道等事故,提高作业安全程度。

7. 采用工频测长,运用数理统计方法,回归每股道的轨道电路特性曲线,通过高次方程运算,消除轨道电路特性非线性变化的影响,从而有效地降低测长误差。通过采用股道空闲自动校正的办法减少地表湿度等变化对测长精度的影响,采用测长跟踪原理测量车组连挂速度。

此外,系统还具有接口电路工程设计 CAD 自动生成软件,通过该软件可自动生成有关继电接口的组合排列表、电路图、配线图、机柜零层、室内外分线柜工程图;具有机柜内部安装配线 CAD 自动生成软件,通过该软件可自动生成与工厂生产制造有关的机箱插件配置、机柜机箱内部配线等图;具有软件组态数据 CAD 自动生成软件,采用模块化和组态式设计方式,生成一个站的上层机、下层机及工作站数据,并且在站场发生变化时通过该软件进行简单的修改,重新生成。

系统功能的具体分工如表 3-1 所列。

表 3-1　TW-2 型驼峰自动控制系统功能的分工

主要功能	控制级	管理级	操作级
联锁	信息采集,联锁核对,道岔锁闭、信号的输出执行,挤岔及设备故障逻辑运算	选路,完整的联锁逻辑运算	站场图形显示,进路始终端及其他办理操作接口
溜放进路控制	信息采集,钩车逻辑跟踪,道岔命令执行,追钩、钓鱼、分路不良、错道、道岔恢复、峰下分钩及设备故障等逻辑运算	调车作业计划的存储,钩车全程速度跟踪,途停、堵门、满线逻辑运算	调车作业计划输入、编辑、电子表格显示、溜放作业操作与电子表格滚动显示
测重及峰顶计轴	输入轴重,计算车辆平均质量,收集并统计每钩轴数,回牵减轴运算,测重及计轴的故障判断逻辑	计算钩平均质量,划分质量等级,判别空重混,将测重和计轴记录对应到钩并随溜放跟踪	质量等级信息在图形窗的显示
轨道封锁	分路道岔发令及锁闭的执行	封锁逻辑运算	相关封锁的操作与显示
间隔调速	信息采集,减速器闭环过程控制(半自动功能),途停、追钩、设备故障等逻辑运算	间隔控制第Ⅰ、第Ⅱ制动位出口速度数学模型计算(自动定速功能)及"放头拦尾"运算	定速、实速、减速器状态、计轴等
目的调速	信息采集、减速器闭环过程控制(半自动功能),途停、追钩、设备故障等还辑运算	目的控制第Ⅲ制动位出口速度数学模型计算(自动定速功能)及"放头拦尾"运算,打靶距离不够运输	定速、实速、减速器状态、计轴等信息在图形窗的显示等,人工定速的操作
测长	轨道电压输入及模数转换,走长计算,鉴停及停长计算,故障判别计算	动长计算	测长值在图形窗显示,测长窗信息电子表格显示
报警记录	产生各种信息源,信息基本分析	信息高级综合分析、整理、信息格式化	信息存入数据库,数据库检索人机界面处理

三、硬件结构

1. 控显设备

操作员工作站是人机界面的控显设备，通过以太网与上层主控机通信。操作员通过它实现各种控制操作和事务处理。系统可设多台操作员工作站。

通常将工作站主机箱装在控制台桌面下的密闭箱体内，故采用体积较小、档次较高的工业PC机。软件运行在中文 Windows NT Workstation 4.0（或以上）环境下，通过实时多任务调度，使操作员用键盘和鼠标进行各种 Windows 标准操作，实现控制调节、报警查询、控制效果分析、人工优化控制、有限制的访问数据库等功能。

2. 上层管理计算机

上层管理计算机（上位机）主要负责综合管理、数据管理以及系统控制中的高级处理。

上层管理计算机选用工业控制通用 PC 机，有较高的可靠性。

3. 通信网

系统使用以太网络，连接系统中的上层主、备机，维护工作站和操作员工作站间的通信，操作级与管理级间以及各级内之间采用 10/100 M 以太局域网络通信。使用的是 3COM 或与其兼容的以太网卡，使系统保持上层主、备机之间的数据一致性；上层控制机与维护工作站和操作员站之间高速可靠地传递数据和指令，同时系统能与局域网、广域网相联，支持远程访问，异网互联。

4. 下层控制计算机

系统的控制级，即下层控制器和输入输出扩展模块为专用微机系列，是按功能和范围划分的一组带 CPU 的控制器独立节点，负责系统信息的采集输入和直接发控制指令，包括实时性要求较高的闭环控制运算，是系统的最关键部分。系统使用的各种专用计算机插件插接在 19 英寸 6U 单位高度的可上架安装的欧式标准机箱上。有开关量插件、模拟量插件和智能 I/O 扩展插件三种。下层控制计算机由按功能和控制范围划分的插接件模块构成。

(1)下层计算机控制电路

386EX 嵌入式微处理器是一个全静态的 32 位处理机，其特点是功耗低、工作电压低，将许多经常使用的 DOS 类型的外围通道都集成到芯片内。它有 16 位数据线、26 位地址线和 32 位编程结构。

各开关量插件和模拟量插件采用 Intel 386EX 高性能 CPU，与 EPROM 及 SRAM 存储器、两路 CAN 总线接口、两路 RS-232、外围接口及专用接口电路组成控制电路。两种主机板除专用接口不同外，其余部分完全一样。

(2)开关量模块

开关量模块主要包括用作控制系统的联锁模块、溜放进路控制和减速器控制模块，有 TB 板（通信控制模块）、JB 板（减速器控制模块）、LB 板（进路控制模块）、ZB 板（联锁控制模块）。开关量模块电路结构框图如图 3-18 所示。

板上支持 1 片 EPROM、1 片 SRAM、双 8259 中断管理、32 位看门狗定时器、8 位板地址识别功能；提供 2 个 RS-232 串行接口、3 个可编程定时器、2 路 CAN BUS 接口、光电耦合开关量输入 64 位、针对永磁传感器的专用输入接口电路 4 路、专用雷达信号输入接口电路 2 路；I/O 和 MEM 访问的等待状态由软件编程选择，可选 0～31 个等待状态。

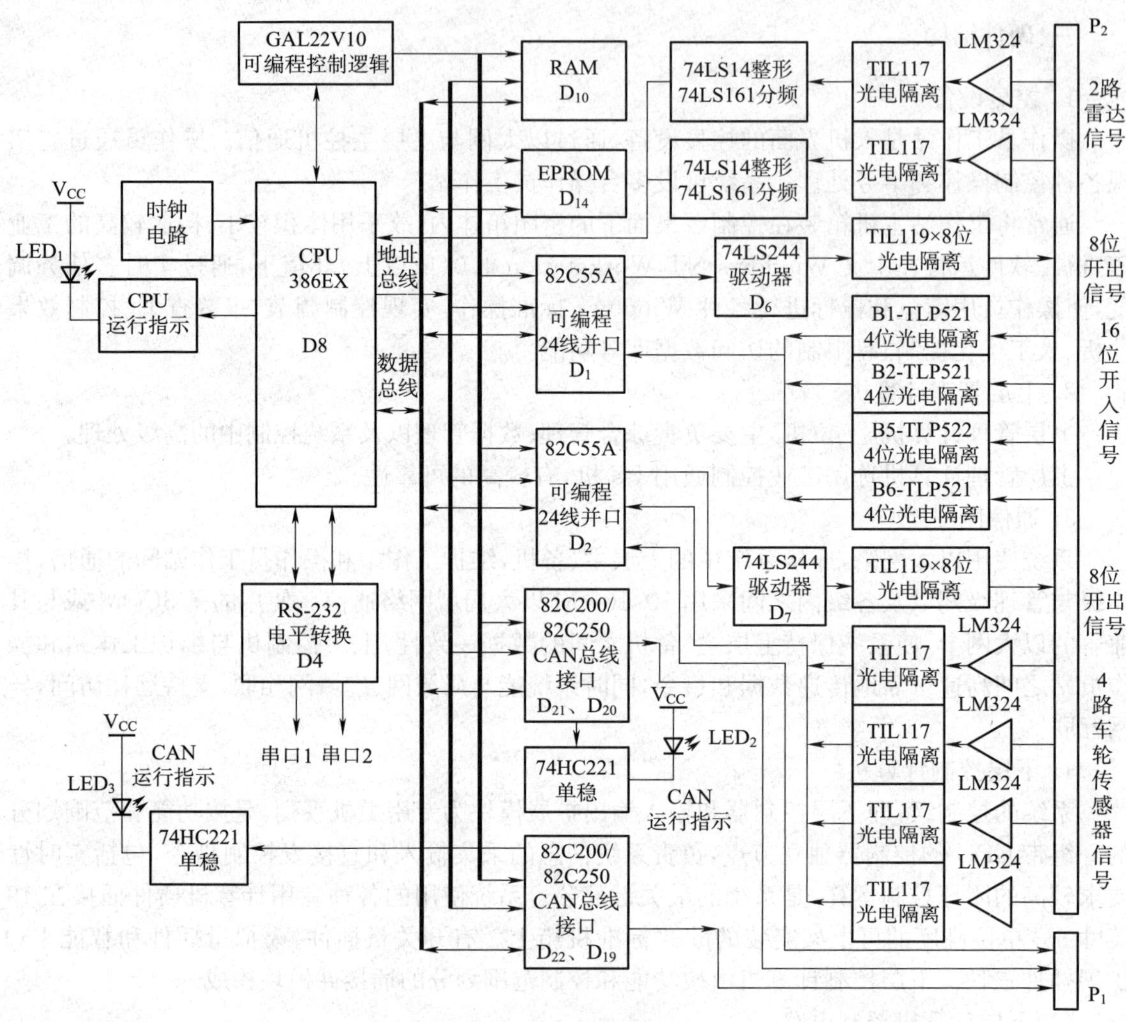

图 3-18　开关量模块电路结构框图

功能控制程序依据开关量模块的用途 TB 板(通信控制模块)、JB 板(减速器控制模块)、LB 板(进路控制模块)、ZB 板(联锁控制模块),在 EPROM 存储器(D_{14})上固化不同的控制程序,使微处理器完成各自的控制过程。可读写存储器完成与微处理器的数据存储和交换等工作任务。

2 路雷达信号输入:由现场雷达天线送回来的多普勒测速频率信号(自检信号),经雷达信号输入接口电路的放大、光电隔离、整形及分频处理后,送入计算机 CPU 进行频率信号转换为车速的数字信号的运算处理。

16 位开关量输入信号:经过光电耦合器的隔离,在 CPU 地址总线和控制总线的寻址控制下,通过并口芯片选通后送到数据总线上,由 CPU 进行处理。

16 位开关量输出信号:由微处理器发出的 16 位输出控制数据,送到数据总线上后,在 CPU 地址总线和控制总线的寻址控制下,通过并口芯片选通后输出,经驱动后,由光电隔离耦合器进行隔离输出,对设备进行控制。

4 路车轮传感器(踏板)信号输入:分别经运算放大器进行放大、整形、防干扰处理,由光电耦合器隔离后，在 CPU 地址总线和控制总线的寻址控制下，通过并口芯片选通后送到数据总线上，由 CPU 微进行处理。

由板上提供两路智能 CAN BUS 网络接口完成模块插件板与上层管理机的数据交换，以提高系统的工作效率和性能。CAN BUS 网络的工作情况由设置在面板上的运行指示灯显示，同时还在面板上显示 CPU 的工作状态指示。

内置的在线 UART 控制器通过电平转换电路，在面板上提供两个 RS-232 串行接口，便于对硬件进行测试。

开关量模块输出接口采用大功率光电耦合管，输入接口采用光电耦合器，输入、输出均采用光电耦合进行有接点与无接点电路的转换。在有接点电路侧，具有较强的抗干扰特性，支持带电插拔，便于设备的维修、更换。

(3)模拟量模块

模拟量计算机插件在系统中用作测长模块。测长模块 CB 板电路结构框图如图 3-19 所示。

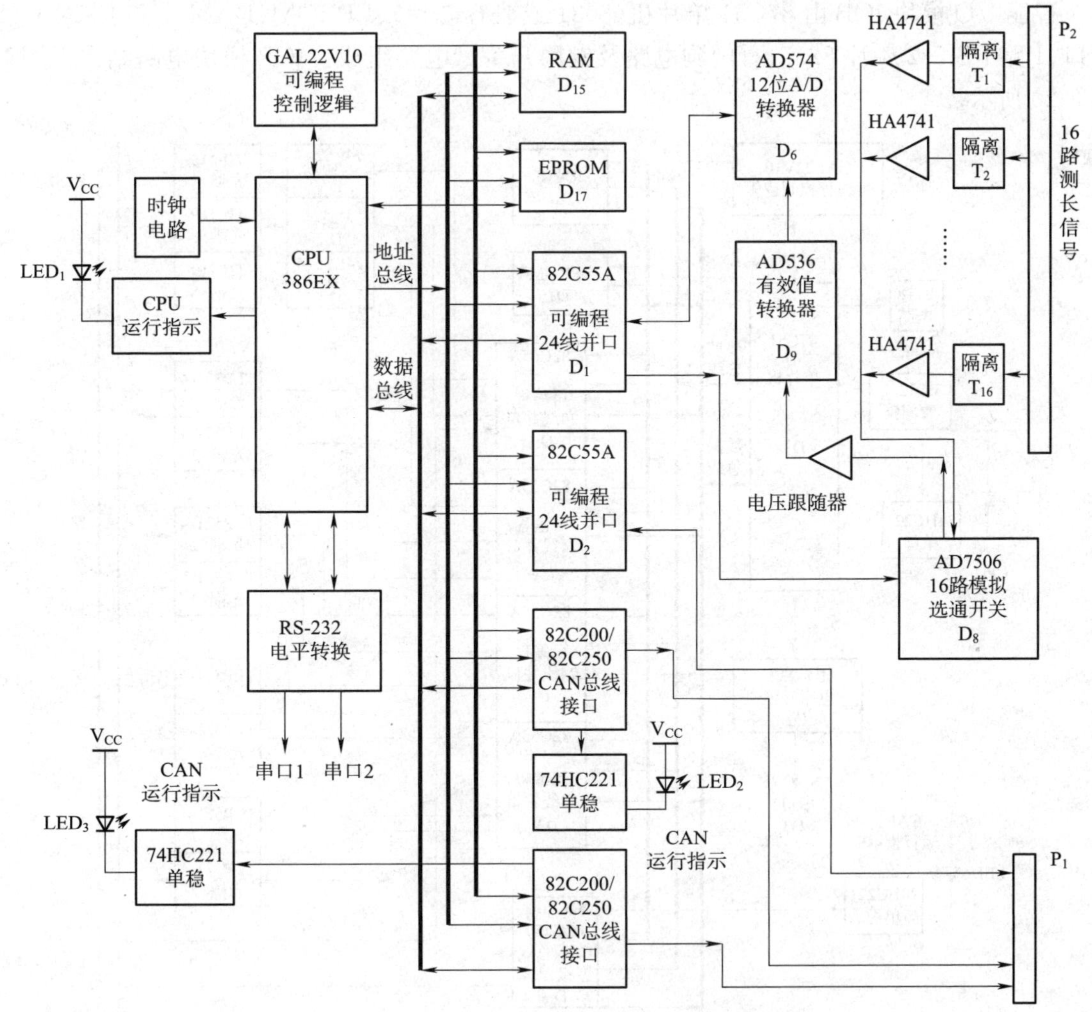

图 3-19　测长模块 CB 板电路结构框图

板上支持 1 片 EPROM、1 片 SRAM、双 8259 中断管理、32 位看门狗定时器、8 位板地址识别功能；提供 2 个 RS-232 串行接口、3 个可编程定时器、2 路 CAN BUS 接口、模拟量输入 16 个；I/O 和 MEM 访问的等待状态由软件编程选择，可选 0～31 个等待状态。模块面板上装有 1 个 CPU 运行指示灯、2 个 CAN BUS 指示灯和 1 个上电复位开关。

模拟量模块的电路形式和工作原理与开关量模块大致相同，区别在于输入接口电路增加对测长模拟量处理的模数转换电路。测长轨道电路送来的各股道长度电压模拟量信息进入由变压器隔离及运算放大器组成的交流放大电路，其变压器输入回路设有正负值过压保护电路，并对室外交流模拟信号的输入进行隔离。经模块放大处理的 16 路模拟量信号，送到 16 选 1 的模拟选通开关芯片，在 CPU 控制下按控制逻辑依次选通一路，经有效值转换保持电路，由具有将模拟信号转换输出成 12 位数字量信息功能的模/数转换电路，将测长的模拟量信号转换成计算机可处理的数字量信号。在模块 CPU 读转换数据指令控制下，测长信息的数字信号由并口输入，经数据总线送入 CPU 微处理器进行处理。

(4)IOB 模块插件

智能 I/O 模块 IOB 由 87C51 单片机(8031 或兼容芯片)、EPROM、RAM、1 路 CAN 总线接口、1 路 RS-232、4 片 8255、看门狗电路及专用开关量电路组成。IOB 模块电路结构框图如图 3-20 所示。

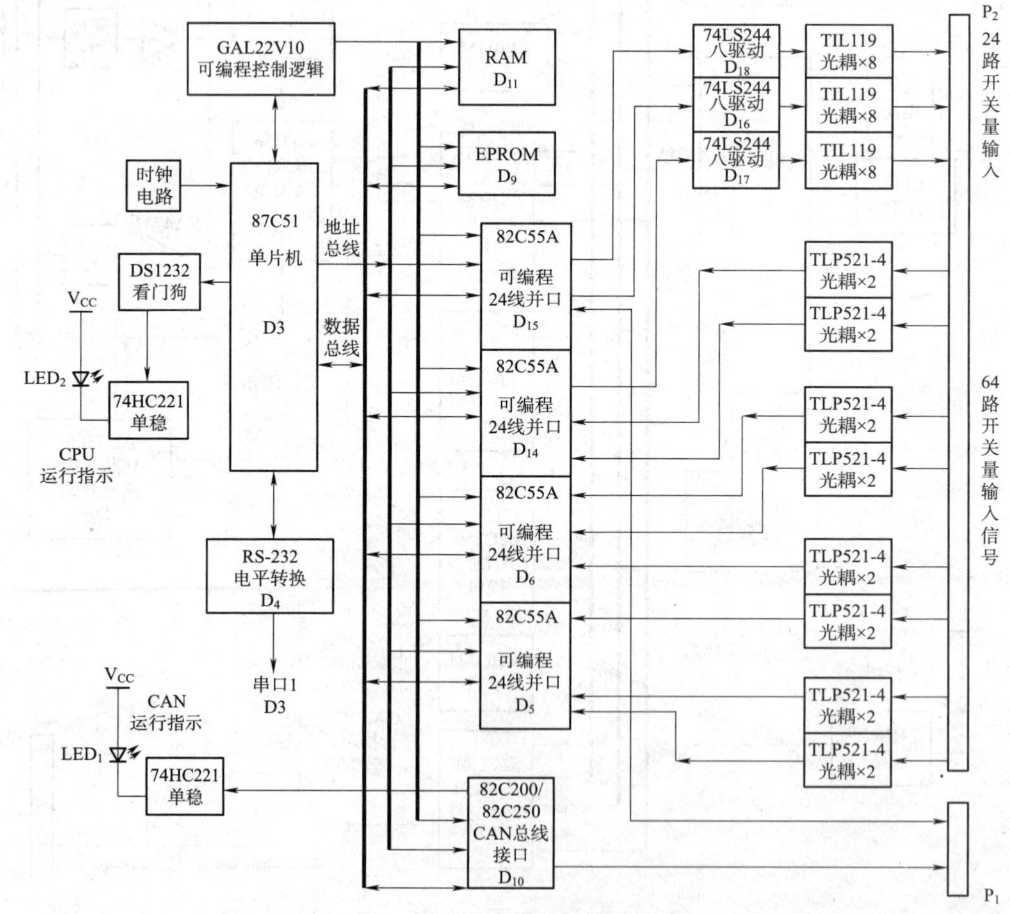

图 3-20 IOB 模块电路结构框图

板上提供 1 路 CAN BUS 接口、1 个 RS-232 串行接口、看门狗定时器、4 片 8255 及专用接口电路、光电耦合开关量输入 64 位、光电耦合开关量输出 24 位；支持 8 位地址识别功能；与现场信号之间加有光电隔离电路。

IOB 模块插件上的微处理器采用 1 片单片机和 32 KB 的 SRAM 负责对数据进行处理，处理控制程序固化在 EPROM 中。

64 路开关量输入信号：经 4 位光电耦合器隔离输入，在 CPU 地址总线和控制总线的寻址控制下，通过并口芯片选通后送到数据总线上，由微处理器进行处理。

24 路开关量输出信号：由微处理器发出的输出控制数据，送到数据总线上后，在 IOB 模块插件上的微处理器采用 1 片单片机和 SRAM 负责对数据进行处理，处理控制程序固化在 EPROM 中。

片选信号由 8 位地址识别线支持。内置的在线 UART 控制器通过电平转换电路，在面板上提供 1 个 RS-232 串行接口，便于对硬件进行测试。设置 1 路智能的 CAN BUS 网络负责与主机板通信，提供 1 个 CPU 运行指示灯显示单片机的工作状态、1 个 CAN BUS 运行指示灯显示 CAN 网络的工作状态和 1 个上电复位按钮。

(5)POWER 模块

POWER 电源模块提供了集成电路芯片所需的＋5 V(17.5 A)、＋15 V(0.5 A)、－15 V(0.5 A)三种电源，以保证系统的正常工作。

四、信息采集接口电路

1. 测长信息采集接口电路

测长信息采集接口电路如图 3-21 所示。

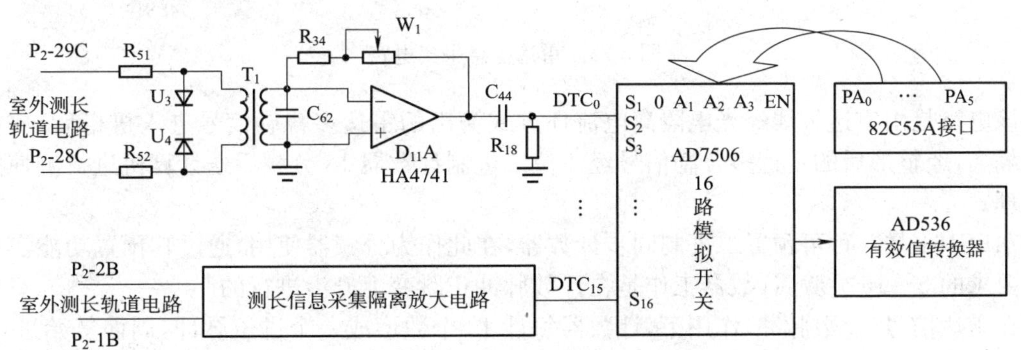

图 3-21　测长信息采集接口电路

由测长轨道电路送入的股道长度信息进入室内机柜测长模块后，经变压器隔离，运算放大器组成的交流放大电路交流放大。经隔离放大得到测长的模拟量信号，经 16 选 1 的模拟开关选通后送至有效值转换电路，将交流模拟量进行有效值转换。再将转换后的直流有效值进行 A/D 转换，输出 12 位数字量信息送入计算机处理。

测量有效值的目的就是要提高测量精度。在工频测长电路中，由于轨道电路参数复杂，其等效的电感电容使其工作工频 50 Hz 电源波形畸变失真，有效值检波可以直接测量非正弦电压或失真的正弦电压的有效值，而不会像峰值或平均值检波测量那样带来很大的波形误差。

经16选1输出的一路交流模拟信号，通过运算放大器构成的电压跟随器，然后进行有效值转换，是运用转换器将信号进行瞬时取样，然后转换成真有效值。

AD536内部有绝对值电路平方、除法器、镜像电流源和缓冲放大器等电路，能够将直流、交流信号快速转换成有效值输出的直流信号，直接计算出复杂波形的有效值。

经过AD536有效值转换器测量有效值后送入AD574进行A/D转换，是常用的中速中精度的逐次逼近型ADC，是反馈型的。在测长电路中AD574的工作设置为单一模式。

2. 雷达信号采集接口电路

在减速器控制模块(JB)上设有两路雷达接口电路，分别处理两个股道的雷达多普勒脉冲信号。该电路将多普勒脉冲信号进行整形、放大、分频等处理后发出中断，向系统提供所测的车速信息。雷达信息采集电路如图3-22所示。

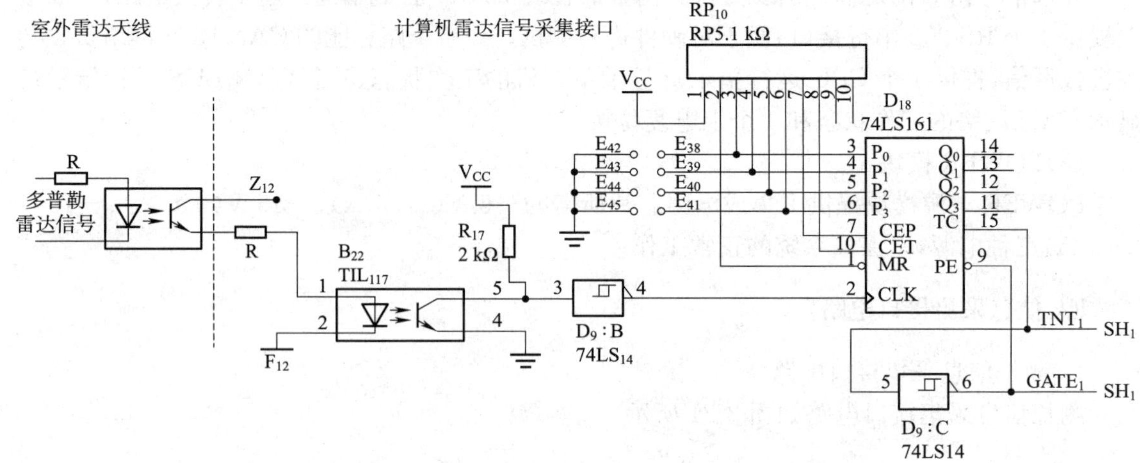

图3-22　雷达信息采集电路

该电路是由雷达天线经光电隔离电流环方式输出的雷达多普勒信号进入机柜后，再次经光电隔离，经整形后的雷达多普勒信号经4位二进制计数器13分频后送计算机进行测速的计算处理。

74LS161是一种可预置二进制同步计数器，在此作为分频器使用，通过其预置功能实现系统所要求的5～16分频，计数器工作是在计数脉冲正跳变上升沿进行的。

在雷达信号(计数脉冲)作用下，计数器每计13个数形成一个进位脉冲，周而复始进行13计数周期的分频工作。

3. 测重信号接口电路

测重信号接口电路主要包括测重机对室外测重压磁传感器的400 Hz激磁电源输出电路、轨道条件输入电路、测重模拟量信号输入采集电路和测重数字量对计算机系统的传送电路，如图3-23所示。

测重机内400 Hz中频电压经隔离变压器输出，对测重传感器的初级进行激磁。测重传感器输出的车重信号模拟量直接进入测重模拟量信号输入采集电路，经测重机对模拟重量信号进行一系列处理后将模拟量信号转换为车重的数字量信号，该数字量光电隔离后送入计算机测重数字量信号采集接口，又经接口输入端的光电隔离后送入计算机系统。

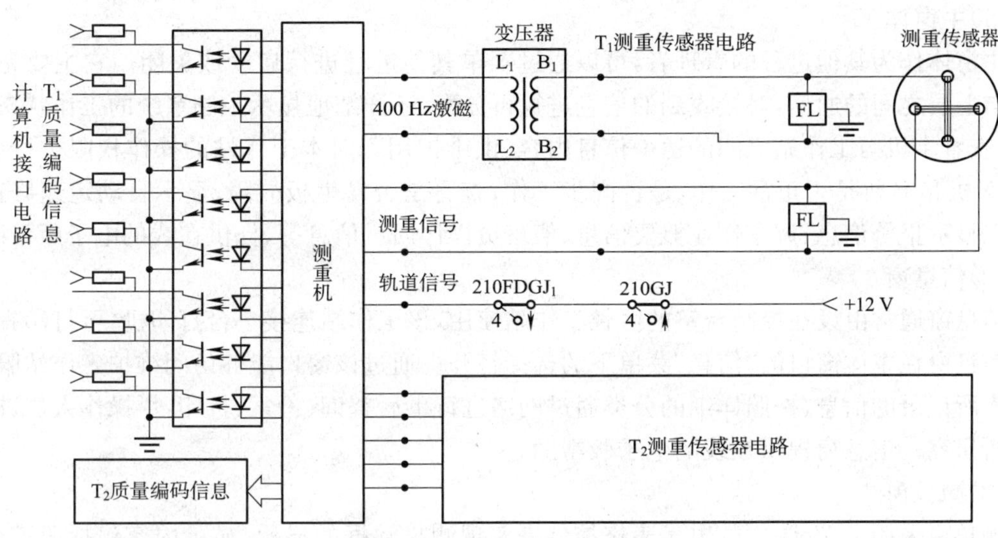

图 3-23 测重信号接口电路

4. 踏板接口电路

踏板接口电路如图 3-24 所示。通过连接电缆将踏板信息传输到室内机柜，对其进行隔离和整形处理后供系统使用。

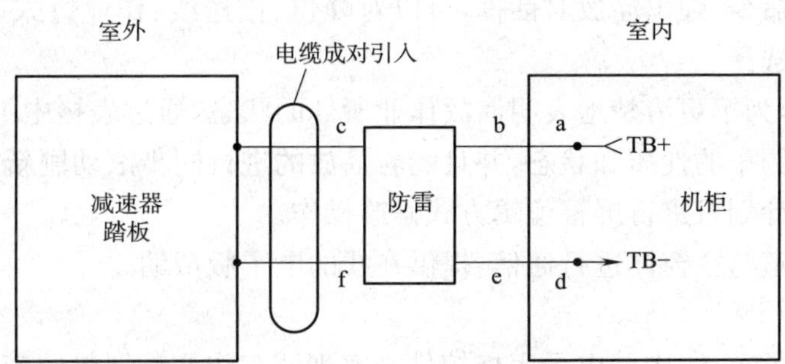

图 3-24 减速器踏板电路

五、系统软件及其应用

系统软件处理的原则是按功能分别在不同层进行处理。上层机重点在信息相关联的综合处理，侧重于集中管理及信息共享；下层机重点在信息的采集、实时性要求高的控制信息处理，侧重于控制。系统应用软件根据系统分工，分别安装在操作工作站、上层管理机和各个下层控制器中。

1. 操作工作站编程与应用

操作工作站软件编程采用 C＋＋5.0 语言，在中文 Windows NT4.0 Workstation 环境下，采用多进程多任务的处理技术，各进程之间采用管道通信技术，与上层机之间采用以太网实现相互的信息交换，运用 Vcf1 中的电子表格控件完成调车计划处理，在维护工作站中采用数据库 DAO 控件进行数据管理。

(1)主窗体

主窗体作为其他进程的管理者,可以通过菜单其他进程进行启动或关闭。它主要完成工作站与上层之间的通信,对接收到的信息进行再分配,还详细地显示控制系统的工作状态。具体为:查看主机与工作站之间的通信信息内容(供维护用);对本工作站的操作权限进行设置;监视 A 机和 B 机是否正常工作,是否同步工作;查看是否发生板故障;显示自动定速修正量。还可以显示报警信息、调车作业概要信息、值班员操作回示信息等,提供在线的电子版帮助。

(2)信息窗

信息窗通常由设在控制台室的区长工作站使用,该工作站连接一台打印机,可打印查询文件。信息窗在主体窗口的"信息"菜单下的选择打开。通过该窗口能够访问维护工作站服务端数据库所记录的信息,按照详细的分类通过网络进行事后查询、检索、打印,供操作人员进行事后分析研究。信息窗提供在线的电子版帮助。

(3)测长窗

测长窗采用了 Vcf1 中的电子表格控件来实现测长数据的显示,显示内容包括股道名称、全长、测长和可停车数。它通过通道与主窗体进行通信,提供在线的电子版帮助。

(4)溜放窗

溜放窗采用了 Vcf1 中的电子表格控件来实现与溜放有关的操作及显示。对于双推双溜和双推单溜的驼峰编组场,可以同时打开两个溜放窗口。

选择溜放开始命令,弹出溜放对话框,可以对峰位、推送线、作业方式(全场、半场、允许推送、允许预推)进行选择。

在溜放过程中,为了更清楚地表明溜放作业所处的状态,通过表格中不同的字体颜色和填充颜色表达计划中钩车的性质和状态,并且随着溜放的进行同步滚动刷新显示。

对溜放窗中的计划可进行屏幕编辑方式修改操作。

溜放窗通过管道与主窗体进行通信,提供在线的电子版帮助。

(5)调车单窗

调车单窗采用了 Vcf1 中的电子表格控件来实现调车作业计划单的产生、显示、保存、取消和修改。

调车单窗包括两部分:车次列表窗和钩车编辑窗。

在调车作业计划单中,为了清楚地表明每一钩车计划特点,采用不同颜色的字体进行显示。

对调车作业计划可以在调车单窗中进行"所见即所得"的屏幕修改,包括剪切、复制、粘贴、删除钩、插入钩、股道替代、恢复删除钩等操作。

选择语音核对命令后,将目前选中车次的钩车内容用语音读出来,供值班员进行调车单内容的核对。

调车窗通过管道与主窗体进行通信,提供在线的电子版帮助。

(6)图形窗

图形窗是以模拟站场的形式,用象形的图案和颜色变化,配上必要的数字符号,向操作员以直观和醒目的方式传达各种信息。

图形窗不仅用于显示，还可供操作，其操作通常以信号机、区段、道岔、减速器等设备为对象，每一个设备均对应着一个操作区域。

图形窗可以进行人性化定义不同的背景色、字体等，设计有全局“变焦”和局部比例放大功能。

图形窗通过管道与主窗体进行通信，提供在线的电子版帮助。

(7)推峰窗

推峰窗实时显示机车给定推峰速度和实际测量速度。

推峰窗通过管道与主窗体进行通信，提供在线的电子版帮助。

(8)维护窗

维护窗仅运行于维护工作站，主要完成对于作业过程中出现的报警、事件、操作、诊断、测量数值、状态变化等信息按照数据库格式进行记录，并能按照详细的分类，对数据库以各种图形和表格形式提取，进行事后查询、检索、打印和回放，供信号人员进行事后分析研究。

(9)其他进程

工作站在启动 Windows NT 时，将 Windows NT 的 SHELL 由原先的资源管理器改为主窗体，防止操作人员误进入 Windows NT 其他的应用程序而影响正常溜放，破坏系统文件。但有用的其他辅助应用软件可以在工作站的上述进程的管理控制下被调用，对用户开放。例如，通过维护窗调用标准的超级终端进程，调用离线的测长系数辅助计算软件，调用站场数据导入软件，甚至于可以提供编程人员现场开发环境，而不影响工作站正在执行的实时任务。

2. 上层管理机编程与应用

上层管理机软件是整个 TW-2 型驼峰自动控制系统的核心之一，用 C 语言和汇编语言混合编程，运行在 AMX386 32 位实时多任务操作系统下，通过 AMX386 提供的定时器和有优先级调度的任务功能来对系统中各功能模块依据其功能的轻重缓急赋予不同的优先级，再加上 1 ms 中断调用以及其他一些突发中断事件的处理，更加有效地分配 CPU 资源，使系统中的各个功能模块协调地并发进行。它负责上层以太网数据通信、上下层之间的 CAN BUS 数据通信、系统设备特征表和系统设备状态，它还负责许多静态任务和动态任务的调度，诸如车辆减速器的开环控制、股道测长值的计算、进路的选排、联锁关系、溜放作业、图形显示等。

(1)基本任务

①初始化任务

该任务主要完成识别主备机、初始化硬件、安装中断服务程序和系统数据初始化。它在完成任务之后返回，在以后的时间里不再被执行。

②超级定时器任务

更新系统的 1 ms 计数器。

③定时器任务

定时器作为核心任务每 10 ms 执行一次。它总共管理通信任务、十多个动态任务和若干静态任务。通信任务每次都执行；静态任务借助系统的 1 ms 计数器，确定任务不同的执行周期，并根据任务优先级执行；动态任务等待消息并按照不同的延时需求而驱动。系统各个功能模块协调地并发进行。

④以太网通信任务

运行在实时操作系统下，将各种静态任务组织好的信息从任务的先进先出邮箱中取出，通过 NETBIOS 发送到网卡。

⑤致命错误处理

当出现除零、溢出、边界错误时是致命的，系统如果继续运行，将导致不可预知的结果，故必须执行致命错误退出过程。

⑥访盘错误处理

当程序向有写保护的磁盘中写入文件时，或试图打开一个不存在的文件时，或硬盘发生错误时，都会产生一个严重错误，这时如不加处理系统就会停止运行，所以对单种错误必须加以处理。

⑦用户错误处理

提供非屏蔽中断，记录各个寄存器当时的数值，并提供一些命令，能使用户对内存、链表和数据帧进行操作，为调试程序提供了方便。

(2)主要静态任务

①接收控制器报文的解析与处理

管理机软件负责接收通过 CAN 通信来自下层控制器的经过“包装”和格式化的 100 多种类型的报文，并对报文按类型进行分析处理，报文中的信息将更新上层相关的数据库，并通过数据库的消息启动相关的处理，部分应急事件将在分析报文的同时直接进行处理，进行相关的逻辑运算或数值运算。

②发送控制器报文

任何程序需要向下层送信息时，将按照规定的类型组织报文，链接在等待发送的队列中，由该任务负责对这些报文进行“包装”，并将信息包每次一包放置在 CAN 卡的双口 RAM 中，并激活 CAN 卡发送信息。CAN 卡得到消息后，取出并拆分为“小包”送至下层。

③工作站命令接收与处理

管理机软件负责接收报文，并对报文进行分类和分析处理，进行相关的逻辑运算或数值运算。例如排调车进路命令，始端及终端设备号在一个报文送达，在处理该报文时启动调车选路模块，并产生送往下层的下达道岔转换命令的报文。

④发送工作站信息包

任何程序需要向下层送信息时，将按照规定的类型组织报文，链接在等待发送的队列中，由该任务负责对这些报文进行“包装”，并送至以太网通信邮箱中。根据软件数据库设计分为“设备状态文件”“钩计划文件”“报警文本文件”等不同类型和不同长度的送工作站报文。

(3)主要动态任务

①联锁巡测

管理机软件负责峰上调车进路、峰下调车进路、推送进路等联锁选路处理，信号开放过程中面向数据的联锁条件的检查，路径的选择，进路锁闭检查与信号开放处理，向下层机发道岔动作信息，以及信号关闭和解锁。

②溜放处理

上层机对于溜放是根据下层的跟踪需要，随着溜放的节奏逐一把即将溜放钩的钩计划组织报文，送往下层；如果是调车钩（上下峰、送禁溜或迂回），将反复检查联锁条件，条件构成后启动调车选路，进入联锁程式；当前钩的计划变化将引起该任务重发钩计划报文。调车作业计划处理任务在上层持有的存储调车作业计划与下层的计划执行之间建立起了有机的联系。

③途停、堵门、侧冲检查

面向钩车逻辑跟踪及速度跟踪数据库，巡检分析和运算钩车途停、堵门、侧冲的可能性，如果运算结果为真，报警并启动相应的处理。

④推峰速度计算及驼峰溜放信号自动处理

面向溜放中的调车计划和溜放状态数据库，动态计算正在溜放钩合理的给定推峰速度和对应的驼峰溜放信号。信号的显示要求经过联锁巡测模块联锁条件检查后送至下层控制级执行。

⑤股道封锁处理模块

根据调车长工作站下达的股道封锁或解锁命令，以及相邻股道的封锁状态，通过逻辑算法决定需要转换、锁闭和解锁的道岔，并通过创建针对分路道岔的处理报文，指挥下层控制器执行封锁。

⑥第Ⅰ、第Ⅱ、第Ⅲ制动位间隔计算处理

按第Ⅰ、第Ⅱ、第Ⅲ制动位所不同的间隔计算数学模型，计算当钩车进入减速器时，与前方或后方钩车持有合理间隔情况下的给定出口速度及开始控制轴数信息，并产生送往控制级的自动定速报文。

⑦第Ⅲ制动位自动定速计算处理

按第Ⅲ制动位目的控制数学模型，根据数据库中反映的来自下层采集的各种参数，计算钩车打靶给定出口速度及开始控制轴数信息，并产生送往控制级的自动定速报文。

⑧系统自检及双机运行管理

随时检查本系统工作运行是否正常，检查范围包括来自下层机的检测信息；随时检查另一系统是否工作正常或向另一系统通过以太网络发本系统检查状态信息；负责检查双机运行是否同步；根据两个系统的检查结果，以及双机同步信息，确定是否需要自动倒机。若需要，向下层机发倒机指令，让所有执行转向在线机输出，并让所有工作站切向接收在线机的信息；确认并有条件执行人工发来的倒机操作指令。

3. 下层控制器编程及网络通信软件编程

(1)下层控制器编程

为了适合于实时控制的需要，系统软件全部采用 8086/8088 汇编语言编程。系统软件具有先进的微型实时多任务操作系统管理，可支持实时任务、动奔任务、静态任务三类任务，每类任务均可排优先级。

内存 RAM 划分为无数个小块，并用双向动态链和圆形缓冲区管理，统一申请、分配、退还，大大节省了内存，简化了应用程序中数据结构的各种操作。

采用浮点运算，由于应用程序中要进行大量精确的数学模型运算，系统软件的浮点运算支持浮点加、减、乘、除、比较、正负转换及与整数间互转等运算。

分布式系统间通信采用了软件模块化程度较高的 CAN 通信管理，系统软件 CAN 通信管理程序独立于应用程序，各控制器均通用；具有支持软件开发安装调试的 DEBUGER 监控程序。

(2)网络通信软件编程

下层控制网络分为下层通信网和现场控制网两层，采用的都是控制器局部网(CAN)，使上下层之间、下层各个模板之间的数据联系采用了网络通信，提高了系统的通信能力和系统配置的灵活性。下层控制网还用在了连接系统中的下层控制器与 I/O 扩展之间，使控制命令能实时地响应。

六、控制电路

控制电路采用组合式继电电路。控制电路包括：

1. 组合选用

驼峰信号组合包括信号组合、轨道电路组合、道岔组合、减速器自动控制组合、场间联系组合、发车锁闭组合、条件电源组合等。

(1)信号组合

信号组合分为驼峰信号组合、调车信号组合。

每架驼峰信号机需 1 个驼峰信号组合 TX。

1 个调车信号组合 DX 可供 4 架调车信号机用，另提供 1 个信号复示条件。

1 个调车信号零散组合 DXL 可供 3 架调车信号机用，另提供 3 个信号复示条件。

1 个信号机隔离变压器组合 BXG 可供 8 架信号机用。1 束调车线路表示器用 1 个隔离变压器。

(2)轨道电路组合

1 个轨道电路无岔区段组合 WG 中有 10 个轨道继电器，可供 10 个无岔轨道电路区段用。

(3)道岔组合

道岔组合分为电气集中道岔组合和自动集中道岔组合，每种组合又有电动和风动两种。

每组峰上道岔需 1 个电气集中道岔组合 TFC 或 TDC。

每组分路道岔需 1 个自动集中道岔组合 ZFC 或 ZDC。

电动道岔所需道岔表示变压器在道岔表示电源组合 DBB 中。1 个 DBB 中有 9 个道岔表示变压器。

(4)减速器自动控制组合

每台车辆减速器，无论第Ⅰ、第Ⅱ、第Ⅲ制动位，都需要 1 个减速器自动控制组合 JK。

(5)场间联系组合

场间联系组合 TWL 用于驼峰调车场与到达场或到发场的联系，每个驼峰调车场需要 1 个 TWL。

(6)发车锁闭组合

发车锁闭组合用于编发线，每个发车锁闭组合 FS 可供 5 条编发线用。

(7)条件电源组合

1 个驼峰条件电源组合 TDZ 供全部驼峰调车场。

各组合所包含的继电器及其型号如表 3-2 所列。

表 3-2　驼峰信号组合继电器类型表

组合类型	0	1	2	3	4	5	6	7	8	9	10
TX	RD_1～RD_4	USJ	LSJ	LJ	BSJ	HBJ	BJ	SNJ	DLJ	DJ	
	0.5 A	JWXC-1700	JWXC-1700	JWXC-1700	JWXC-1700	JWXC-1700	JWXC-1700	JWXC-1700	JWXC-1700	JZXC-H18	
TWL	RD_1～RD_4	TZCJ(1)	DZCJ(1)	TGJ(1)	TGJ(2)	LKJ	TFJ	TZCJ(2)	DZCJ(2)	XQJ	QXAJ
	0.5 A	JPXC-1000	JWXC-1700	JWXC-1700	JWXC-1700	JWXC-1700	JWXC-1700	JPXC-1000	JWXC-1700	JWXC-1700	JWXC-1700
TDZ		AGZJ	BGZJ	BJJ_1	BJJ_2	DJJ	ZFDJ	RBJ	FYBJ	GDJ	DSBJ
		JPXC-1000	JPXC-1000	JWXC-1700	JWXC-1700	JWXC-1700	JYXC-660	JWXC-1700	JWXC-H340	JWXC-1700	JPXC-1000
DX	RD_1～RD_4	RD_5～RD_8	1XJ	1DJ	2XJ	2DJ	3XJ	3DJ	4XJ	4DJ	XJF
	0.5 A	0.5 A	JPXC-1000	JZXC-H18	JPXC-1000	JZXC-H18	JPXC-1000	JZXC-H18	JPXC-1000	JZXC-H18	JWXC-1700
DXL	RD_1～RD_4	RD_5～RD_8	1XJ	1DJ	2XJ	2DJ	3XJ	3DJ	4XJ	5XJ	XJF
	0.5 A	0.5 A	JPXC-1000	JZXC-H18	JPXC-1000	JZXC-H18	JPXC-1000	JZXC-H18	JWXC-1700	JWXC-1700	JWXC-1700
BXG		1B	2B	3B	4B	5B	6B	7B	8B		
		BXG_1-35	BXG_1-35	BXG_1-35	BXG_1-35	BXG_1-35	BXG_1-35	BXG_1-35	BXG_1-35		
WCG	RD_1、RD_2	1GJ	2GJ	3GJ	4GJ	5GJ	6GJ	7GJ	8GJ	9GJ	DJ
	0.5 A	JWXC-2.3	JWXC-2.3	JWXC-2.3	JWXC-2.3	JWXC-2.3	JWXC-2.3	JWXC-2.3	JWXC-2.3	JWXC-2.3	JZXC-H18
TDC	RD_1～RD_2 RD_3	1DQJ	2DQJ	DBJ	FBJ	DJ	FJ	1DGJ	1SJ	2DGJ	2SJ
	3 A 0.5 A	JWJXC-H125/ 0.44	JYJXC-160/ 260	JPXC-1000	JPXC-1000	JWXC-1700	JWXC-1700	JWXC-2.3	JPXC-1000	JWXC-2.3	JPXC-1000
DBB	RD_1～RD_4	RD_5～RD_9	1BB	2BB	3BB	4BB	5BB	6BB	7BB	8BB	9BB
	0.5 A	0.5 A	BD_1-7	BD_1-7	BD_1-7	BD_1-7	BD_1-7	BD_1-7	BD_1-7	BD_1-7	BD_1-7
ZFC	RD_1、RD_2 RD_3、RD_4	DCJ	DBJ	FBJ	DJ	FJ	DGJ	DGJ_1	$FDGJ_1$	SZJ	SJ
	2 A 1 A	JYXC-660	JWXC-1700	JWXC-1700	JWXC-1700	JWXC-1700	JWXC-2.3	JWXC-2.3	JWXC-H340	JWXC-1700	JPXC-1000

续上表

组合类型	0	1	2	3	4	5	6	7	8	9	10
ZDC	RD_1～RD_3 RD_4	1DQJ	2DQJ	DBJ	FBJ	DJ	FJ	DGJ	DG_1J	FDG_1J	SZJ
	0.5 A 1 A	JWJXC-H80/0.06	JYJXC-160/260	JPXC-1000	JPXC-1000	JWXC-1700	JWXC-1700	JWXC-2.3	JWXC-2.3	JWXC-H340	JWXC-1700
JK	RD_1 RD_2 R_1、R_2	ZBJ_1	ZBJ_2	HBJ_1	HBJ_2	ZJ_1	ZJ_2	HJ_1	HJ_2	SCJ	JGJ
	1 A 1.5 A 5 kΩ 1/2 W	JWXC-1700	JWXC-1700	JWXC-1700	JWXC-1700	JWXC-1700	JWXC-1700	JWXC-1700	JWXC-1700	JWXC-1700	JWXC-2.3
FS	RD_1、RD_2	1YLJ	2YLJ	3YLJ	4YLJ	5YLJ	1FXJ	2FXJ	3FXJ	4FXJ	5FXJ
	2 A	JWXC-1700	JWXC-1700	JWXC-1700	JWXC-1700	JWXC-1700	JWXC-H600	JWXC-H600	JWXC-H600	JWXC-H600	JWXC-H600

2. 信号机点灯电路

信号机点灯电路图分为驼峰信号机点灯电路图、驼峰辅助信号机及复示信号机点灯电路、调车信号机点灯电路图和调车线路表示器电路图等。信号机点灯电路包括驱动电路、采集电路和点灯电路。

(1)驼峰信号机点灯电路

驼峰信号机点灯电路，每架驼峰信号机一张图，如图 3-25 所示。

计算机系统驱动绿灯继电器 LJ、白灯继电器 BJ、绿闪继电器 LSJ、黄闪继电器 USJ、白闪继电器 BSJ、后退继电器 HTJ 及闪光继电器 SNJ、电铃继电器 DLJ，并通过前接点回读。计算机系统采集灯丝继电器 DJ 前接点。

通过 LJ、BJ、LSJ、USJ、BSJ、HTJ 及 SNJ 的接点分别构成红灯、绿灯、白灯、绿闪、黄闪、白闪、红闪显示。由 DLJ 前接点构成电铃电路。

驼峰控制台上的取消信号按钮接点和按钮柱上的取消信号按钮接点沟通取消信号按钮继电器 QXAJ 电路。计算机系统采集 QXAJ 前接点。

限界检查器接点沟通限界检查继电器 XQJ 电路。计算机系统采集 XQJ 前接点。

(2)驼峰辅助信号机及复示信号机点灯电路

驼峰辅助信号机及复示信号机点灯电路如图 3-26 所示。通过 LJ、BJ、LSJ、USJ、BSJ 及 SNJ 的接点分别构成红灯、绿灯、白灯、绿闪、黄闪、白闪、红闪显示。

(3)调车信号机点灯电路

调车信号机点灯电路如图 3-27 所示。计算机系统驱动信号继电器 DXJ，由 DXJ 前接点沟通白灯电路。计算机系统采集灯丝继电器 DJ 前接点。

(4)调车线路表示器电路

调车线路表示器电路如图 3-28 所示。线束调车信号机 DXJ 吸起后，通过道岔表示继电器 DBJ 或 FBJ 前接点沟通开通线路的调车线路表示器电路。计算机系统采集灯丝继电器 DJ 前接点。

(5)信号机点灯隔离变压器电路

信号机点灯隔离变压器电路如图 3-29 所示。每架信号机需一台隔离变压器，以避免信号机点灯回路之间的互相影响。

3. 道岔控制电路

道岔控制电路分为电气集中道岔控制电路和自动集中道岔控制电路，每种控制电路又分电动、电空两种。道岔控制电路包括驱动电路、采集电路。

(1)电气集中电动道岔控制电路

电气集中电动道岔控制电路如图 3-30 所示。

道岔控制有手动和自动两种控制方式。手动控制是道岔处于解锁状态，按下道岔总定位按钮 ZDA(或 ZFA)和道岔定位按钮 ZA(或 FA)，使道岔启动继电器 1DQJ 吸起。自动控制是由系统驱动道岔定位控制继电器 DJ、道岔反位控制继电器 FJ 及锁闭继电器 SJ，使道岔启动继电器 1DQJ 吸起。

计算机系统采集道岔定位表示继电器 DBJ 前接点、道岔反位表示继电器 FBJ 前接点及轨道继电器 DGJ 前后接点，回读 SJ 前接点。

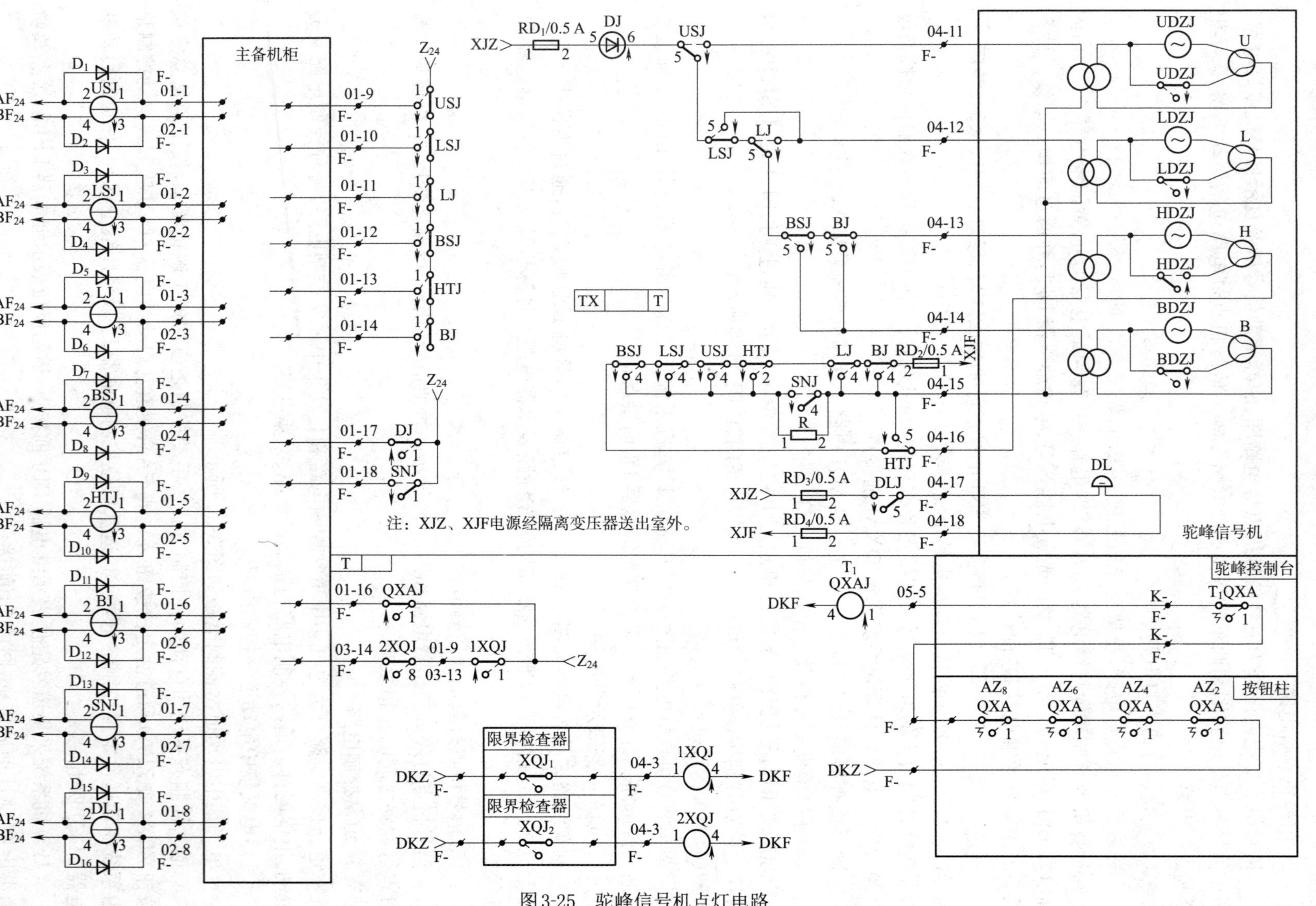

图 3-25　驼峰信号机点灯电路

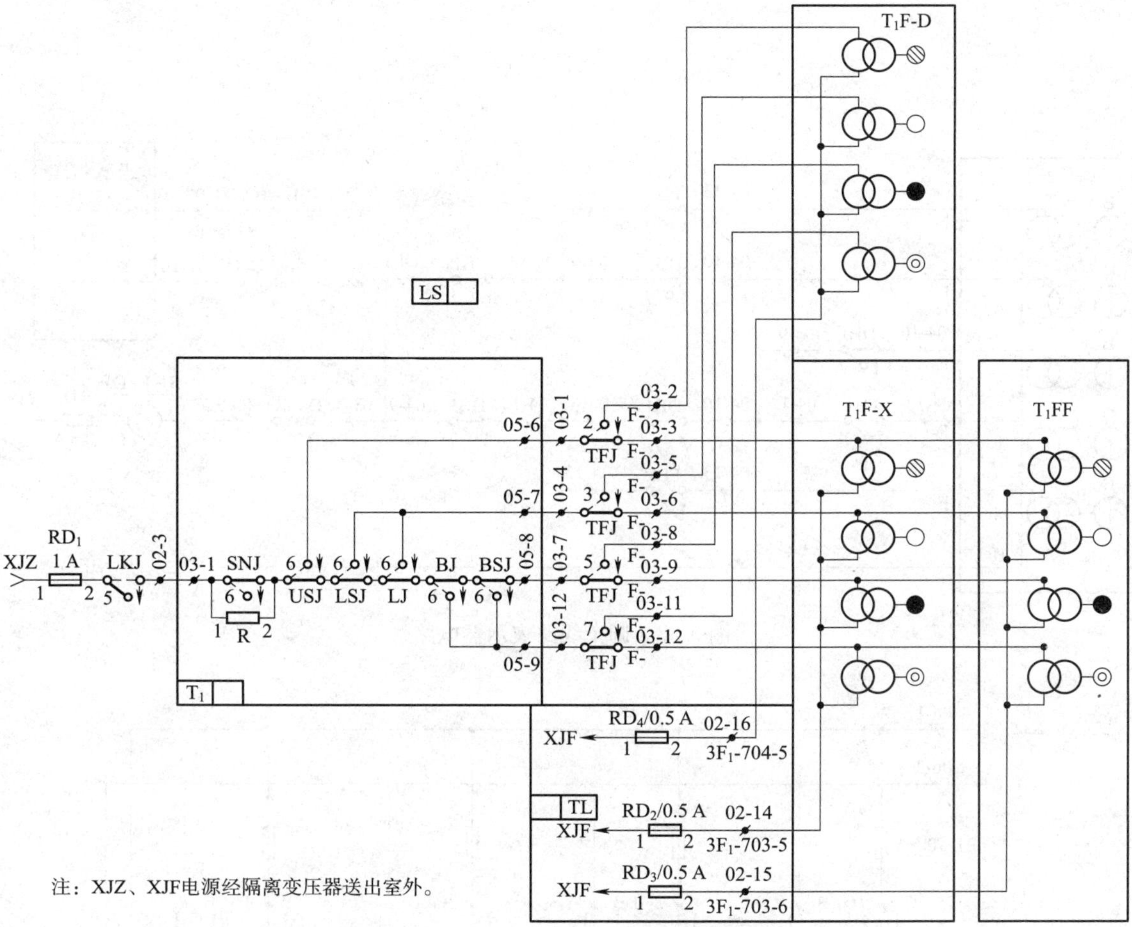

注：XJZ、XJF电源经隔离变压器送出室外。

图 3-26　驼峰辅助信号机及复示信号机点灯电路

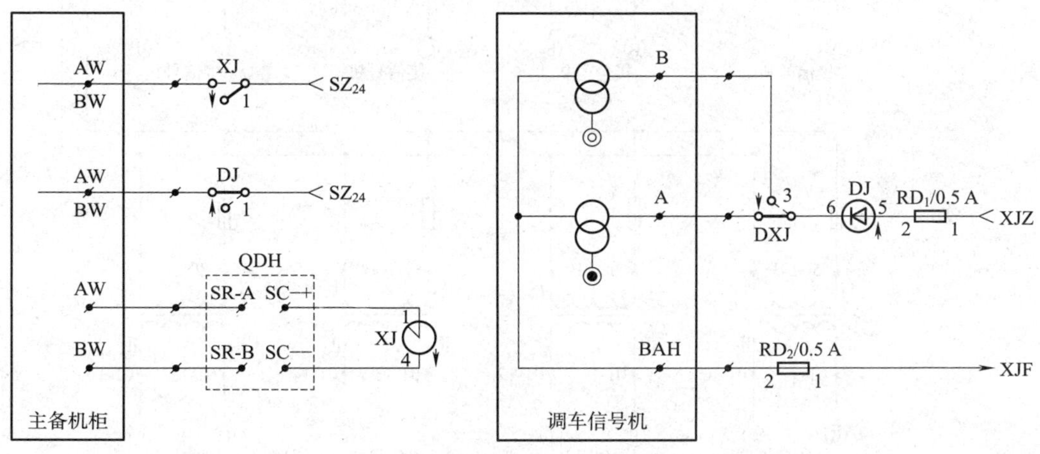

图 3-27　调车信号机点灯电路

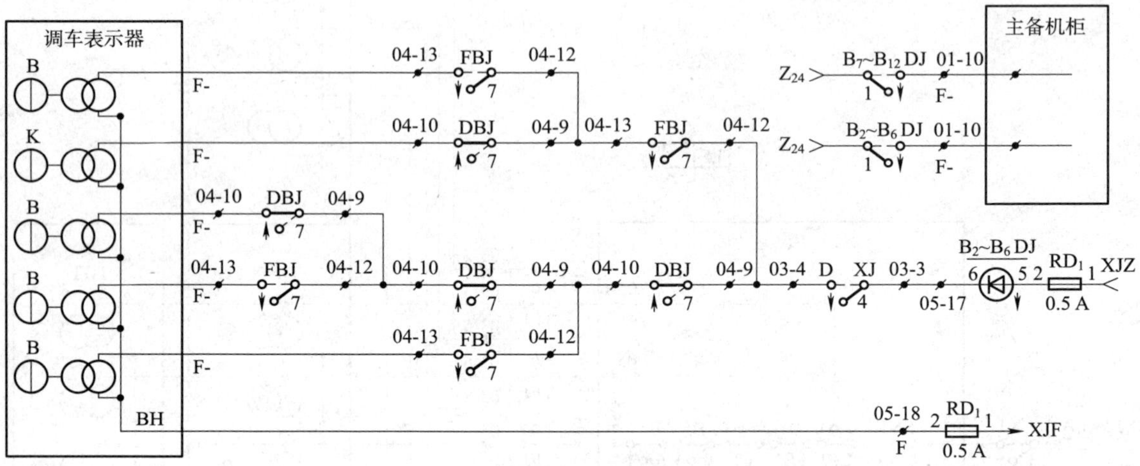

图 3-28　调车线路表示器电路

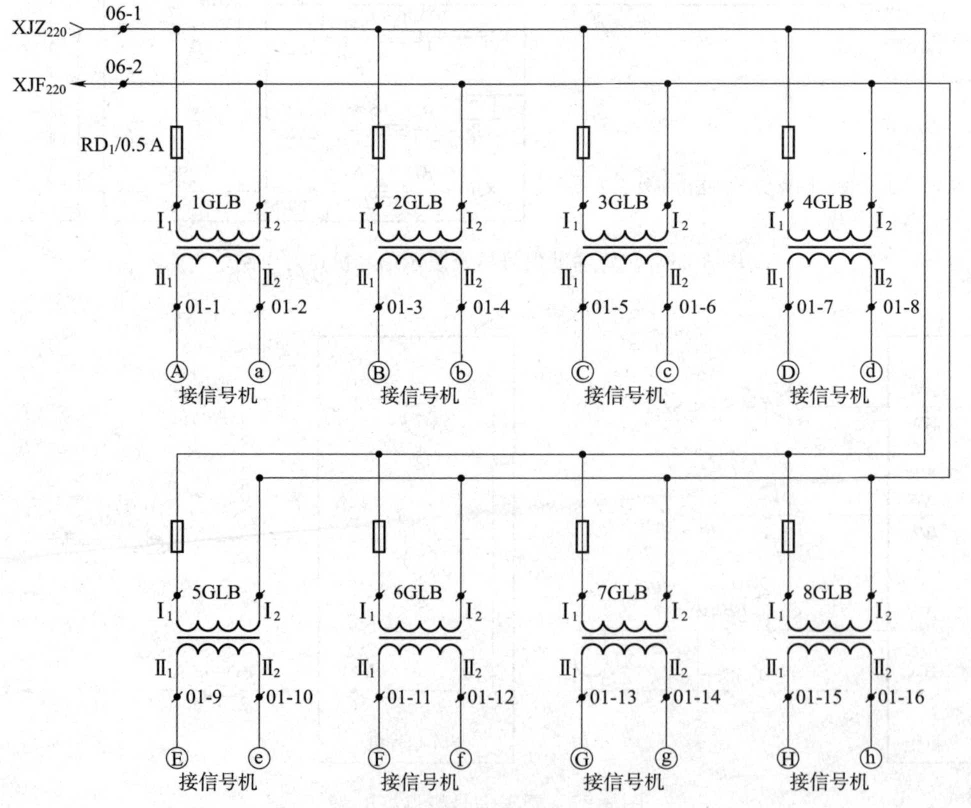

图 3-29　信号机点灯隔离变压器电路

驼峰楼控制台
测试盘
注：单动道岔照图03-5~03-6封线。
单动
ZD6-D
双动道岔继电器电路与单动道岔电路相同，拆除03-5~03-6的连线
第一动
Y1.3
第二动
M1.3

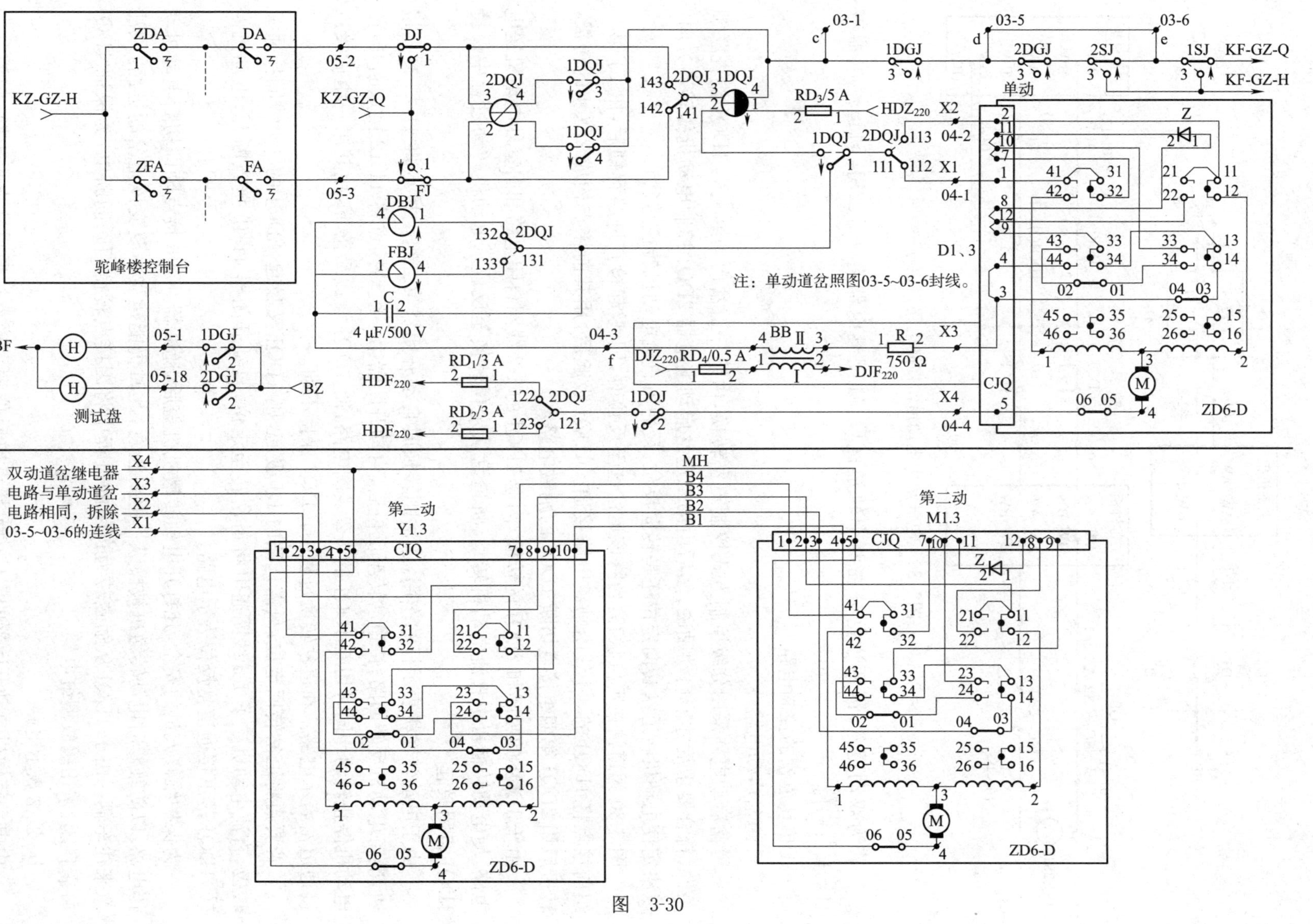

图 3-30

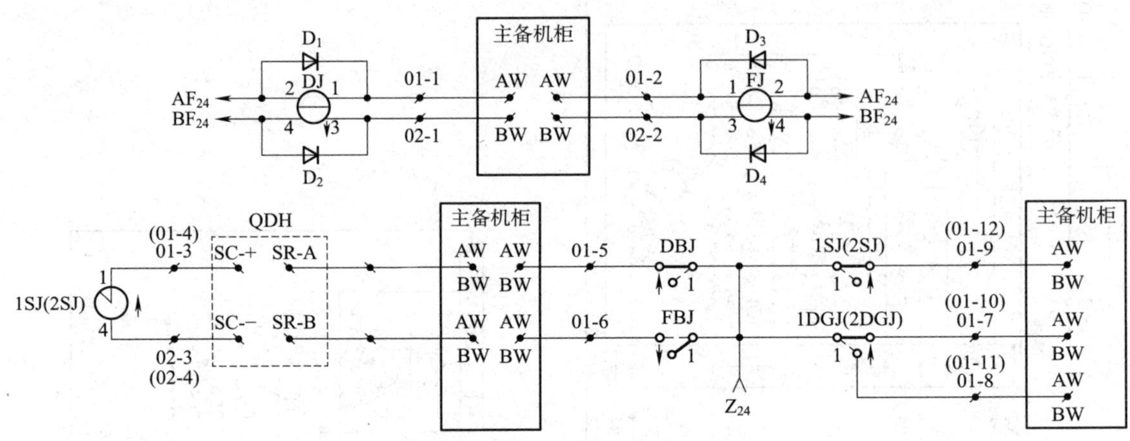

图 3-30　电气集中电动道岔控制电路

若为双动道岔，因两道岔分在两个轨道区段，锁闭继电器有 1SJ、2SJ，轨道继电器有 1DGJ、2DGJ。

①单动道岔的控制电路

a. 道岔启动电路

道岔启动电路采用分级控制方式控制道岔转换，由第一道岔启动继电器 1DQJ 检查联锁条件，符合要求后才能启动励磁；然后由第二道岔启动继电器 2DQJ 控制电动机的转动方向，以决定使电动机将道岔转向定位还是转向反位；最后由直流电动机转换道岔。

图 3-30 为道岔在定位状态，当将该道岔选至反位时，FJ 吸起检查进路解锁后，由 FJ 第一组前接点将 1DQJ 的 3-4 线圈励磁电路接通。1DQJ 吸起后，用其前接点构成 2DQJ 的转极，转极后用 2DQJ 第四组接点切断 1DQJ 的励磁电路。

由于 1DQJ 的吸起和 2DQJ 的转极，沟通 1DQJ 的 1-2 线圈自闭电路和向室外电动机送电电路，使电动转辙机中直流电动机转动，将道岔从定位转换至反位。电动机转动过程中保持 1DQJ 自闭吸起。

由于电动转辙机表示杆的作用，道岔刚转换时自动开闭器第二组动接点将 41-42 接点接通，准备电动机反转回路；待道岔转至反位后，自动开闭器第一组动接点将 11-12 接点断开，使电动机停止转动。同时切断 1DQJ 的 1-2 线圈电路，使 1DQJ 缓放后落下，用其第一组后接点接通道岔表示电路。在道岔转换过程中，2DQJ 保持不动。

若要再将道岔转回定位，只需选路时 DJ 吸起，则 1DQJ 又吸起，2DQJ 的 3-4 线圈接通又转极，直流电动机定子 1-3 线圈通电将道岔转至定位，自动开闭器 41-42 接点断开，电动机停转，1DQJ 落下接通道岔反位表示电路。

为保护维修人员的安全，凡打开电动转辙机机盖后，遮断器 05-06 接点随即切断电动机动作电路，以防维修时电动转辙机被操纵。但要注意，此时仍能建立不改变该道岔的进路，须注意来往车辆。由于 1DQJ 从励磁转为自闭的过程中将因接点转换而瞬间断电，为保证 1DQJ 可靠自闭，采用缓放型继电器。

b. 道岔表示电路

由电动转辙机自动开闭器的定位表示接点或反位表示接点接通道岔表示电路，将道岔的位置反映到信号楼内，用自动开闭器的定位接点接通道岔定位表示继电器 DBJ，用反位表示接点接通道岔反位表示继电器 FBJ。

道岔表示电路的 DBJ 和 FBJ 采用偏极继电器(JPXC-1000 型)，采用道岔表示变压器 BB 供电，经插接器 CJQ 与电动转辙机的自动开闭器接点联结起来，并将整流二极管附在 CJQ 上。道岔转到定位或反位后，1DQJ 失磁落下，用其后接点接通道岔表示电路。

道岔在定位时 DBJ 吸起。DBJ 由道岔变压器二次侧供给的 220 V 交源电源，通过电动转辙机自动开闭器的定位接通接点，经整流二极管将交流电进行半波整流，其电流的方向正好与 DBJ 的励磁方向一致。在交流电的另半周，由于有电容器 C 的放电电流，所以能保持 DBJ 的稳定吸起。

当道岔转到反位后，自动开闭器反位表示接点 21-22、23-24 及 43-44 接通，2DQJ 处于反极性状态，整流二极管反接于表示电路中，改变了半波整流电流的方向使 FBJ 吸起，表示道岔处于反位。

②双动道岔的控制电路

由于双动道岔的位置必须一致，它们的动作也应一致，因此双动道岔可以共用一套控制电路。双动道岔控制电路室外部分的特点在于，两个道岔顺序动作，当第一动道岔转完后才接通第二动道岔电路。由定位转向反位时双动道岔的动作情况是，当 DZ_{220} 电源送向 X2 线，使第一动转辙机转到反位后，第一动的自动开闭器 11-12 接点断开，切断第一动电动机电路；接通 21-22 接点，经两动之间的外线 B2，将 DZ_{220} 电源经第二动 11-12 接点送至第二动的电动机端子 2。另一极性电源 DF_{220} 经 X4 及两动之间的外线 MH 送至第二动电动机端子 4，构成第二动电动机电路，将其转换至反位。转到位后第二动的自动开闭器将 11-12 接点断开并接通 21-22 接点，这样第二动的电动机被切断而停转，并最后切断启动电路使 1DQJ 失磁。1DQJ 落下将两个转辙机的自动开闭器接入道岔表示电路中去，检查两个道岔都在反位后，由第二动的整流二极管将交流电整流成直流电，使 FBJ 吸起。

(2)电气集中电空道岔控制电路

电气集中电空道岔控制电路如图 3-31 所示。其与电气集中电动道岔控制电路基本相同，只是单独操纵用道岔按钮 DA 和道岔总定位按钮 ZDA 或道岔总反位按钮 ZFA，没有 SZJ。它的 DCJ 的联锁条件检查同电气集中电动道岔控制电路。

(3)自动集中电动道岔控制电路

自动集中电动道岔控制电路如图 3-32 所示，基本上与电气集中电动道岔控制电路相同。区别只是没有双动道岔，采集双区段轨道电路的轨道继电器 DGJ、DGJ_1 的前接点。由于快速电动转辙机的工作电流较大，1DQJ 采用 JWJXC-H80/0.06 型。

(4)自动集中电空道岔控制电路

自动集中电空道岔控制电路如图 3-33 所示。

道岔控制有两种控制方式，一种是扳动手柄的手动控制，一种是由控制系统自动控制。

①手动控制

如道岔处于解锁状态，将道岔手柄由定位扳到反位，使道岔操纵继电器 DCJ 的 2-1 线圈通正极性电流，则 DCJ 转极至反位。将道岔手柄由反定扳到定位，使道岔操纵继电器 DCJ 的 3-4 线圈通反极性电流，则 DCJ 转极至定位。DCJ 转极后，接通道岔启动电路，使道岔转换。

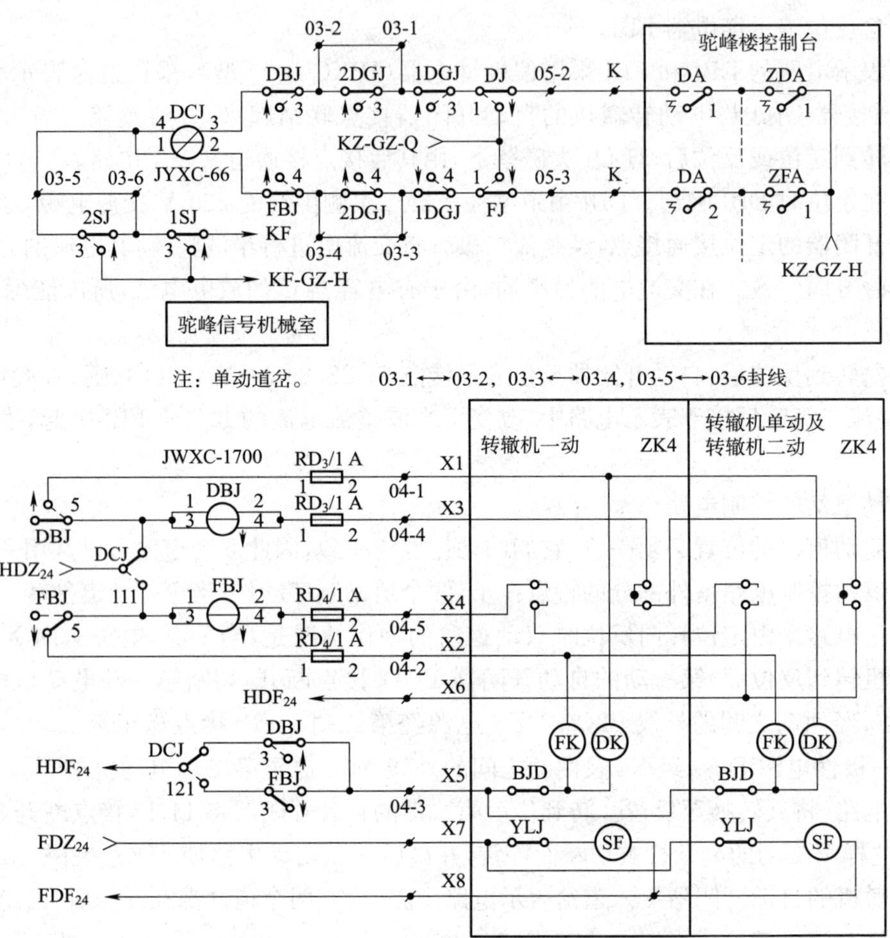

图 3-31　电气集中电空道岔控制电路

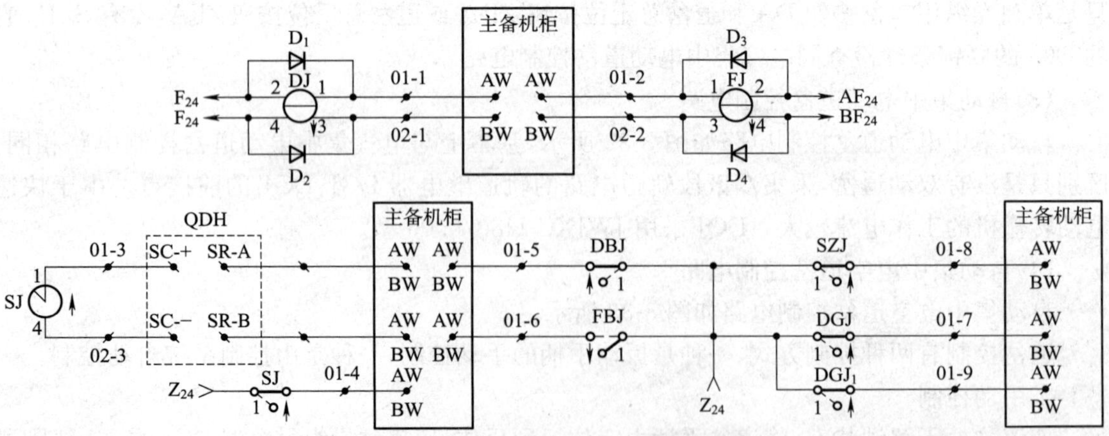

图 3-32　自动集中电动道岔控制电路

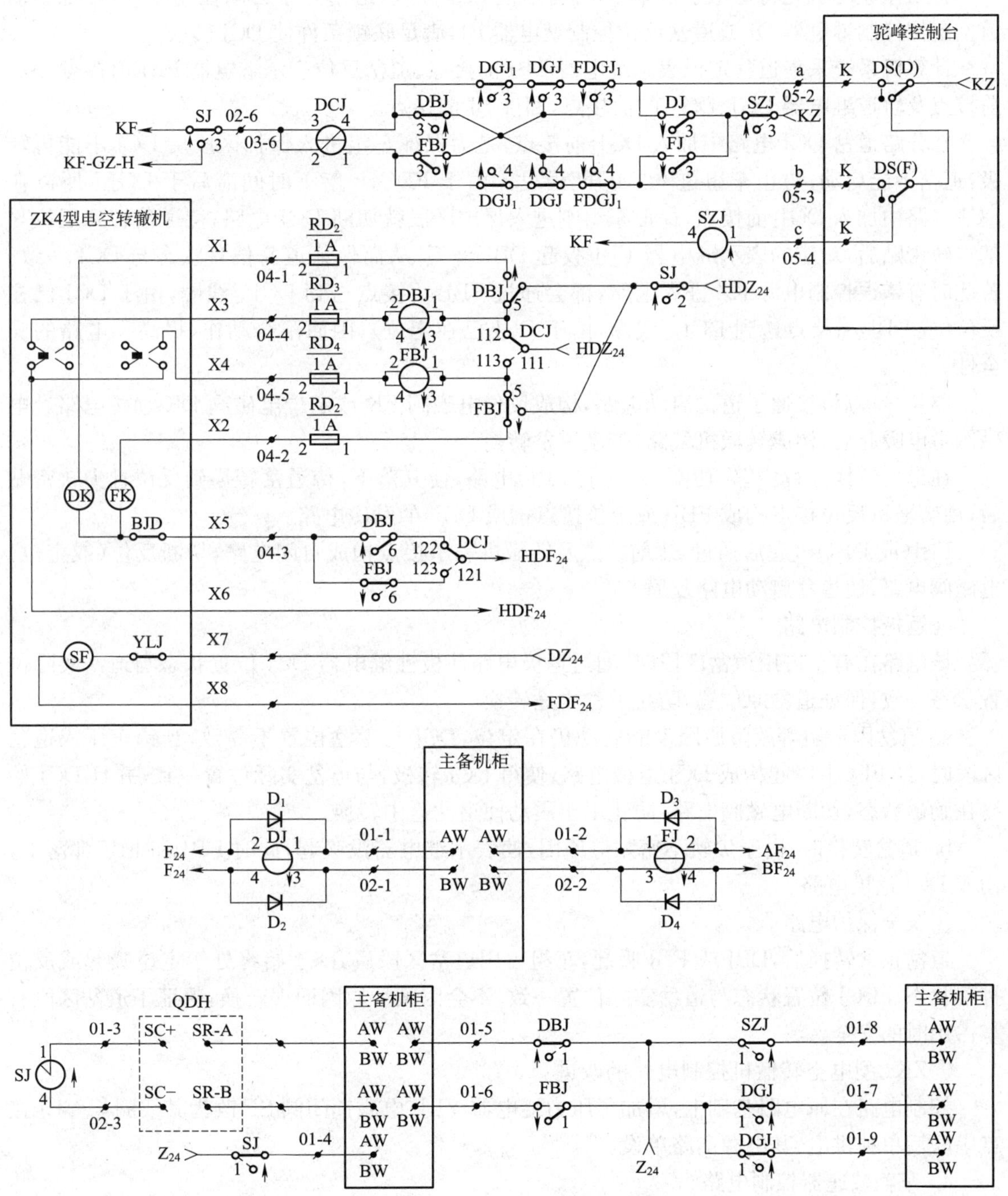

图 3-33　自动集中电空道岔控制电路

②自动控制

自动作业时首先将道岔手柄置于中间位，使 SZJ 吸起，道岔处于自动控制方式，系统驱动道岔定位控制继电器 DJ 或道岔反位控制继电器 FJ，满足联锁条件使 DCJ 转极。

计算机系统采集道岔定位表示继电器 DBJ 前接点、道岔反位表示继电器 FBJ 前接点、SZJ 前接点及轨道继电器 DGJ、DGJ_1的前接点，回读 SJ 前接点。

在分路道岔 DCJ 电路中加入 DGJ_1前接点，是为保证车组进入保护区段后 DCJ 不能再转极，道岔不能启动，防止车组进入“四开”道岔。由于 FDGJF 落下时间滞后于 DGJ_1，所以在 DCJ 电路中加入 DGJ_1前接点，保证车组刚进入保护区段就切断 DCJ 电路，待道岔转到反位与基本轨密贴后，对应的表示继电器 FBJ 吸起 DBJ 落下，从而保证道岔位置状态与 DCJ 一致。若此时有错误控制电源 KZ 进入电路，都会通过 $FBJ_{32\text{-}31}$接点送到 $DCJ_{1\text{-}2}$线圈，由于 DCJ 已在反位（或 $DBJ_{32\text{-}31}$接点送到 $DCJ_{2\text{-}1}$线圈，由于 DCJ 已在定位），因而不会动作，提高了电路的安全性。

DCJ 转极后，接通了道岔启动电路，构成反位电磁阀 FK 或定位电磁阀 DK 励磁电路。电磁阀得电吸起后，构成转辙机气路，带动道岔转换。

在道岔转换过程中，先切断 DBJ（或 FBJ）电路，使其落下，待道岔转换到反位且尖轨密贴后，由转辙机反位接点构成 FBJ（或定位接点构成 DBJ）的励磁电路。

FBJ（或 DBJ）吸起后通过 SJ 前接点及转辙机表示接点构成自闭电路，切断反位（或定位）电磁阀电路，使道岔启动电路复原。

③返极控制电路

该电路在有车占用道岔区段时，通过返极电路使极性继电器 DCJ 位置状态与道岔实际位置状态一致，保证道岔原位置，防止道岔中途转换。

a. 道岔因卡阻等故障原因没能启动仍在定位，DCJ 与道岔位置不一致，当钩车压入道岔区段时，经 $FDGJ_1$吸起构成 DCJ 返极电路，使得 DCJ 转极，与道岔实际位置一致，并且 DCJ 始终在励磁状态，切断电磁阀电路，防止由于震动使道岔途中转换。

b. 道岔转换时，由于尖轨不密贴等原因，使表示继电器没吸起，此时 DBJ 和 FBJ 都落下，构成 DCJ 返极电路。

④安全保护电路

道岔正常转换后，DBJ 或 FBJ 吸起，车组占用道岔区段后，DCJ 始终处于定位吸起或反位打落状态。DCJ 位置状态与道岔实际位置一致，不会因某种原因而误转换，保证了道岔区段有车占用时的安全。

⑤ZK4 型电空转辙机控制电路的改进

控制电路在原电路基础上，增加了压力继电器 YLJ；电磁锁闭阀 SF 改为其线圈与 YLJ 接点串联后单独供电，其电源回路单设。

4. 车辆减速器控制电路

车辆减速器控制电路有第Ⅰ、第Ⅱ制动位车辆减速器控制电路和第Ⅲ部位车辆减速器控制电路两种。

(1)第Ⅰ、第Ⅱ制动位车辆减速器控制电路

第Ⅰ、第Ⅱ制动位车辆减速器控制电路如图 3-34 所示。

第Ⅰ、第Ⅱ制动位制动控制方式是以自动控制为主，半自动控制为辅，手动控制仅为备用

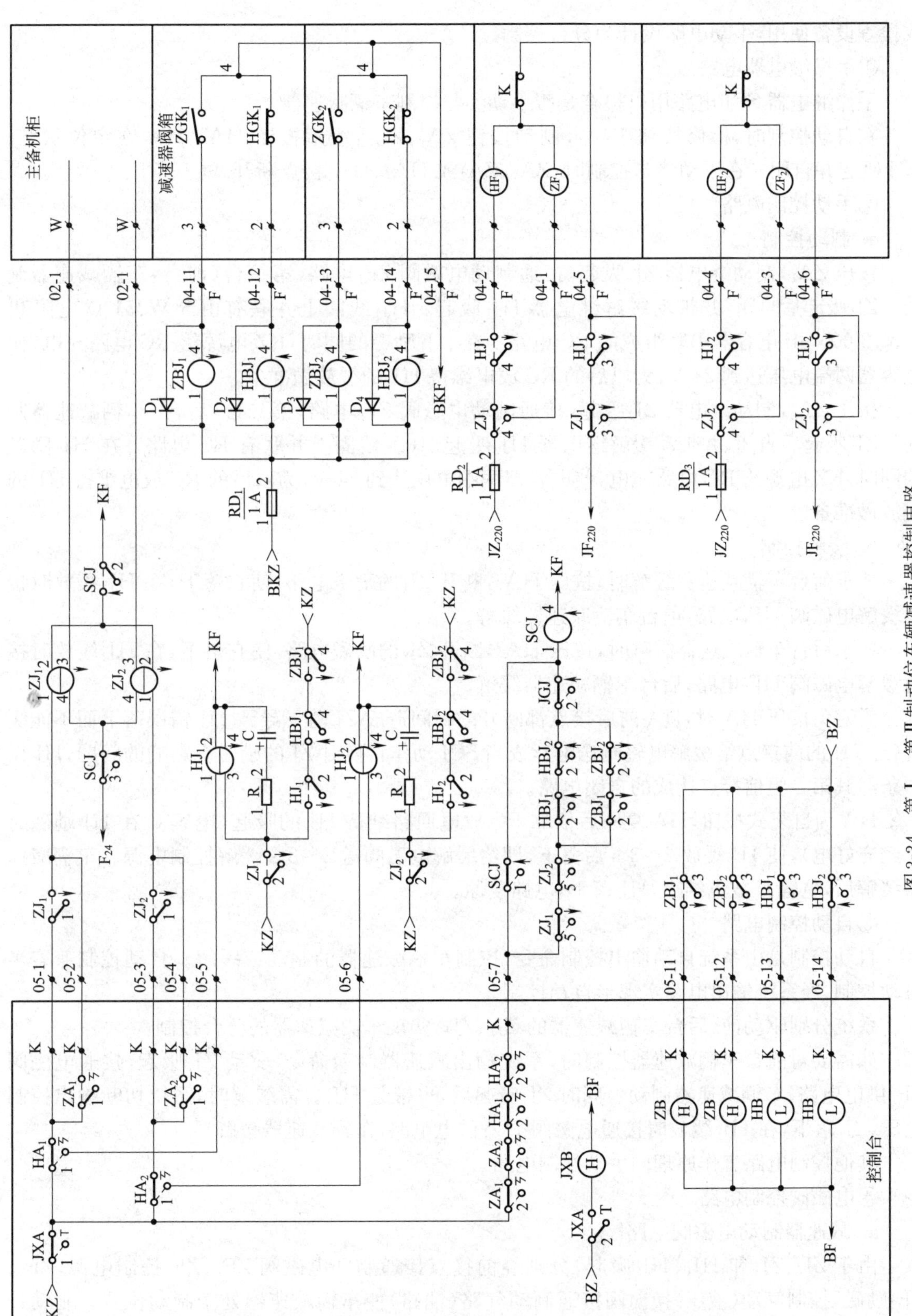

图 3-34　第Ⅰ、第Ⅱ制动位车辆减速器控制电路

或检查设备使用，手动电路设计为分台控制。

①手操继电器电路

手操继电器SCJ电路用以检查是否手动参与控制车辆减速器。

在自动控制时，检修按钮JXA_1，制动按钮ZA_1、ZA_2，缓解按钮HA_1、HA_2在定位状态，SCJ吸起并自闭。在手动参与控制时，ZA_1、ZA_2或HA_1、HA_2接点断开，SCJ落下。

②手动控制电路

a. 制动控制

按压ZA_1，制动继电器ZJ_1吸起，接通制动电磁阀ZF_1电路，第一台（前台）车辆减速器制动。ZJ_1吸起后自闭，并带动缓解继电器HJ_1吸起。HJ_1线圈上并联有由5 W、51 Ω电阻和5 W、2 000 μF电容器串联组成的RC电路。在HJ_1励磁的同时，KZ电源给RC电路充电，使电容器两端电压达到24 V，为以后的RC放电维持HJ_1的缓放做准备。

按压ZA_2，制动继电器ZJ_2吸起，接通制动电磁阀ZF_2电路，第二台（后台）车辆减速器制动。ZJ_2吸起后自闭，并带动缓解继电器HJ_2吸起。HJ_2线圈上并联有RC电路。在HJ_2励磁的同时，KZ电源给RC电路充电，使电容器两端电压达到24 V，为以后的RC放电维持HJ_2的缓放做准备。

b. 缓解控制

要求前台车辆减速器缓解时，按压HA_1，断开ZJ_1的励磁电路，使它落下，在HJ_1缓放时接通缓解电磁阀HF_1电路，前台车辆减速器缓解。

要求后台车辆减速器缓解时，按压HA_2，断开ZJ_2的励磁电路，使它落下，在HJ_2缓放时接通缓解电磁阀HF_2电路，后台车辆减速器缓解。

为避免按压HA时，HA前后接点都断开的瞬间造成ZJ落下导致HJ错误落下而不能缓解（经HJ的前接点给缓解电磁阀送电），或当SCJ动作转换对ZJ的励磁有影响的问题，HJ设一条经其第二组前接点构成的自闭电路。

HA为自复式按钮，HA复原后依靠RC放电回路维持HJ的吸起（电容C在HJ励磁时已经充好电），使HJ缓放2～3 s后落下，即给缓解电磁阀送2～3 s缓解控制电源。车辆减速器缓解后，电容C放电结束，HJ落下，电路复原。

③自动控制电路

自动控制是由系统自动输出控制命令，控制车辆减速器的制动或缓解。自动控制兼容半自动控制，经系统输出电路实现半自动控制。

系统分别驱动前、后台车辆减速器的ZJ_1、ZJ_2，实现车辆减速器的分台控制。

如需要对前台车辆减速器控制时，系统输出减速器制动命令，驱动ZJ_1吸起，接通电磁阀ZF_1供电电路，车辆减速器制动。同时ZJ_1吸起后，也带起HJ_1。需缓解时，系统切断输出控制电压，ZJ_1落下，在HJ_1缓放时接通电磁阀HF_1供电电路，车辆减速器缓解。

其他控制电路工作原理同手动控制电路。

④电磁阀控制电路

a. 减速器制动电磁阀电路

由于ZJ_1、ZJ_2和HJ_1、HJ_2吸起，分别经前接点接通制动电磁阀ZF_1、ZF_2控制电源，ZF_1、ZF_2励磁，控制气动（液压）换向阀接通制动气路（油路）使车辆减速器处于制动位置。制动过程中电磁阀ZF_1、ZF_2一直处于励磁状态，当制动表示接点ZGK_1、ZGK_2分别接通制动表示继

电器 ZBJ_1、ZBJ_2电路时，确认车辆减速器已达到制动位置。

经 ZBJ_1、ZBJ_2前接点分别点亮控制台上制动表示灯 ZBD_1、ZBD_2。

b. 减速器缓解电磁阀电路

缓解时，继电器 ZJ_1、ZJ_2落下，分别切断 ZF_1、ZF_2的励磁电路，经其后接点和 HJ_1、HJ_2的前接点，接通缓解电磁阀 HF_1、HF_2控制电源，HF_1、HF_2励磁，控制气动（液压）换向阀接通缓解气路（油路）使车辆减速器缓解。车辆减速器缓解到位后，表示接点 HGK_1、HGK_2闭合，缓解表示继电器 HBJ_1、HBJ_2吸起，确认车辆减速器达到缓解位置。HBJ_1、HBJ_2前接点分别接通控制台缓解表示灯 HBD_1、HBD_2。

HJ 经 2～3 s 后落下，使缓解电磁阀 HF 断电，因此缓解电磁阀 HF 只在缓解过程中短时励磁，缓解动作完成即自行切断励磁通路。通过 ZJ 的后接点控制缓解电磁阀 HF 励磁，使车辆减速器快速缓解，缩短了车辆减速器缓解电路的动作时间，提高了车辆减速器缓解的可靠性。

车辆减速器表示装置采用磁敏元件（如干式舌簧管等有接点元件），为减少接点拉弧烧坏，在 ZBJ、HBJ 线圈两端反向并联续流二极管以保护接点，提高可靠性。

⑤检修按钮电路

在正常情况下，检修按钮 JXA 处于接通位置，需要检修时经驼峰值班员同意后，由信号值班人员按压非自复式检修按钮 JXA，断开 ZJ_1、ZJ_2和 HJ_1、HJ_2及 SCJ 电路，依靠 JXA 的按下接通接点点亮控制台上的检修表示灯 JXB。这时信号楼控制台不论手动、半自动或自动化控制均不能动作车辆减速器，可以安全地检修车辆减速器。

⑥防止追钩电路

各制动位车辆减速器多采用两台串联形式，由于前后溜放车组间隔较小，在车辆减速器区段易产生追钩。为此车辆减速器控制电路应具有防追钩控制功能。在自动化驼峰中，该功能是由系统软件判断实现的。

（2）第Ⅲ制动位车辆减速器控制电路

第Ⅲ制动位车辆减速器控制电路如图 3-35 所示。

第Ⅲ制动位目的制动控制方式是以自动控制为主，半自动控制为辅，手动控制仅为备用或检查设备使用，所以手动电路设计不分台控制，根据需要也可分台手动控制。

①手操继电器电路

手操继电器 SCJ 电路用以检查是否手动参与控制车辆减速器。

在自动控制时，检修按钮 JXA_1、制动按钮 ZA、缓解按钮 HA 在定位状态，SCJ 吸起并自闭。在手动参与控制时，ZA 或 HA 接点断开，SCJ 落下。

②手动控制电路

a. 制动控制

按压 ZA，制动继电器 ZJ_1、ZJ_2吸起。ZJ_1、ZJ_2吸起后，接通制动电磁阀 ZF_1、ZF_2电路，车辆减速器制动。

ZJ_1、ZJ_2吸起后自闭，并带动缓解继电器 HJ_1、HJ_2吸起。HJ_1、HJ_2线圈上并联有 RC 电路。在 HJ_1、HJ_2励磁的同时，KZ 电源给 RC 电路充电，使电容器两端电压达到 24 V，为以后的 RC 放电维持 HJ 的延时落下做准备。

b. 缓解控制

要求车辆减速器缓解时，按压 HA，断开 ZJ_1、ZJ_2的励磁电路，使它们落下，接通缓解电磁

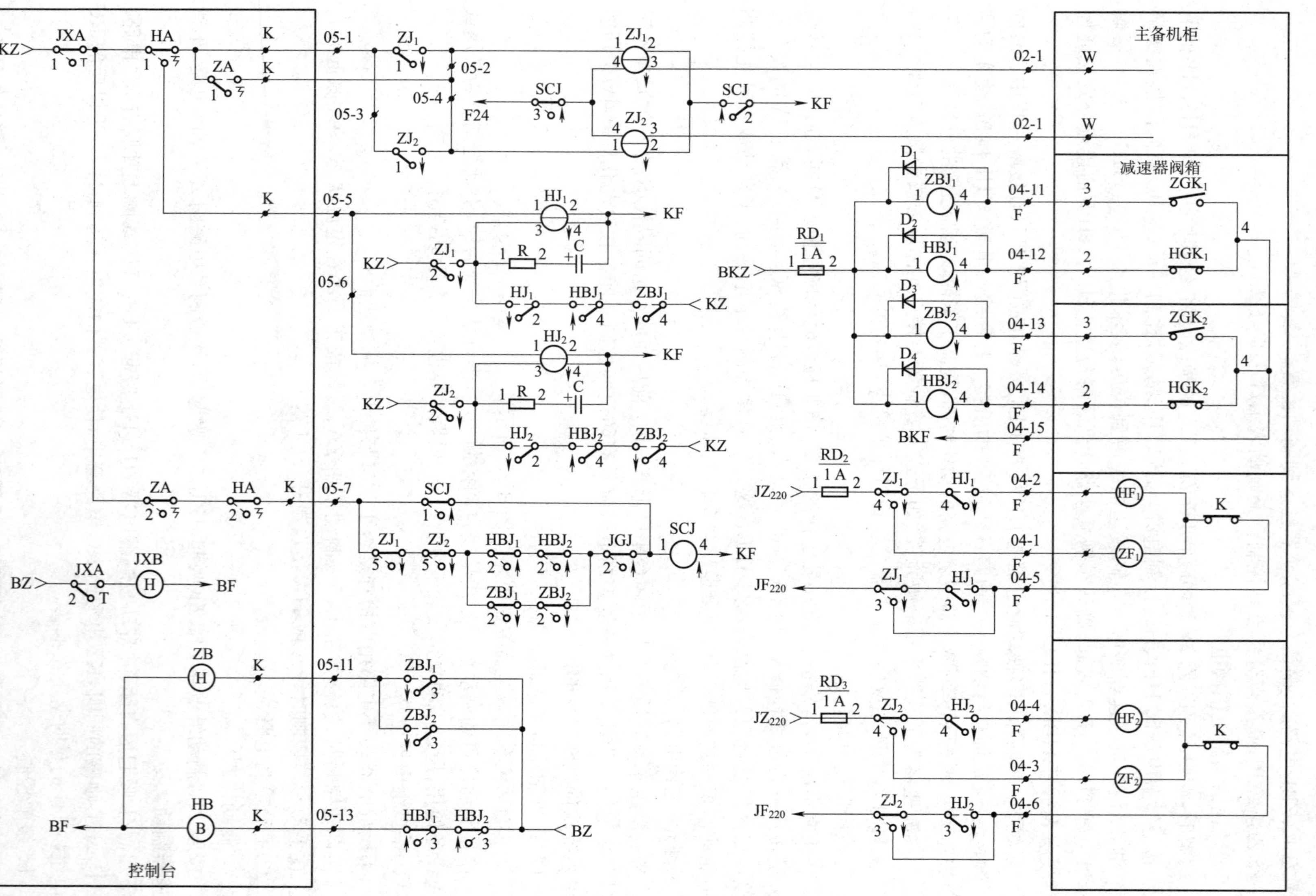

图 3-35　第Ⅲ制动位车辆减速器控制电路

阀电路，车辆减速器缓解。

为避免按压 HA 时，HA 前、后接点都断开的瞬间造成 ZJ 落下导致 HJ 错误落下而不能缓解（经 HJ 的前接点给缓解电磁阀送电），或当 SCJ 动作转换对 ZJ 的励磁有影响的问题，HJ 设一条经其第二组前接点构成的自闭电路。

自动控制电路、电磁阀控制电路、检修按钮电路、防止追钩电路同第Ⅰ、第Ⅱ制动位电路。

5. 场间联系电路图

场间联系电路包括与到达场（到发场）间联系、编发线联系。场间联系电路采用继电器接口的方式，也可以采用计算机通信的方式。

(1)与到达场间联系电路

对于纵列式编组站，驼峰调车场与到达场相衔接，其场间联系电路如图 3-36 所示，每条推送线一张图。到达场与驼峰调车场相衔接的咽喉由到达场控制，驼峰头部则由驼峰调车场控制。在到达场与驼峰头部之间，要划出一段无岔区段，在该无岔区段的两端，各设一架调车信号机。驼峰调车场与到达场的联系一是推送进路的建立，二是调车进路的照查。

①推送进路的建立和解锁

推送进路包括两部分：一部分在到达场控制区，该区的道岔由到达场控制；另一部分在峰头区，该区的道岔由驼峰信号楼控制。驼峰信号机在峰顶，它又是指示车列推送速度用的，所以必须由驼峰信号楼控制。而驼峰辅助信号机虽然在到达场，但它要复示主体信号机的显示，所以也必须受驼峰信号楼控制。驼峰辅助信号机对到达场的推送进路来说，它必须起防护作用，即道岔位置不对或进路上有车时，都不准许其开放，从这个意义上来说，它又必须受到达场控制，因此是双重控制对象。

在驼峰推送作业过程中，有时显示前进信号，有时又显示后退信号。如果在前进时，车列已出清到达场的某些道岔区段而允许这些道岔区段分段解锁，则在后退时就危险了，不能保证行车安全。为此，推送进路不能分段解锁，必须在溜放作业完了后，才准许其一次解锁。溜放作业是否完毕，要由驼峰信号楼证明，即推送进路的解锁，也必须受驼峰信号楼控制。

主要技术条件有：

a. 到达场排列推送进路时，必须得到驼峰调车场的同意，即在驼峰信号楼按下允许推送按钮或预先推送按钮后，才准许到达场排通推送进路。

b. 在排通推送进路并使之锁闭后，驼峰辅助信号机才能复示驼峰信号机的显示，而驼峰信号机要根据溜放作业的需要，由驼峰信号楼改变它的显示。预先推送时，在到达场排通推送进路并使之锁闭后，驼峰辅助信号机显示一个黄色灯光，此时，驼峰信号机显示一个红色灯光。预先推送的黄灯，要在车列推送至距驼峰信号机不少于 90 m 处，自动地改点红灯。

c. 推送进路排通并锁闭之后，在驼峰信号机显示前进信号时，推送进路上的同方向调车信号机均应自动地点亮月白灯；显示后退信号时，上述的调车信号机应立即关闭，而与后退方向同方向的调车信号机（分界处防护到达场的调车信号机除外），均应自动地点亮月白灯。

d. 在推送进路锁闭且驼峰辅助信号机开放后，即推送作业开始以后，到达场即失去了对驼峰辅助信号机及其所防护的推送进路的控制权。必要时，只能破铅封，按下切断推送信号按钮，使驼峰辅助信号机关闭，但不能用取消进路或人工解锁的办法使推送进路解锁。

e. 在推送进路锁闭并驼峰复示信号机开放之后，在车列尚未占用推送进路以前，驼峰信号楼可取消进路，使驼峰复示信号机关闭，经 30 s 后使推送进路解锁。

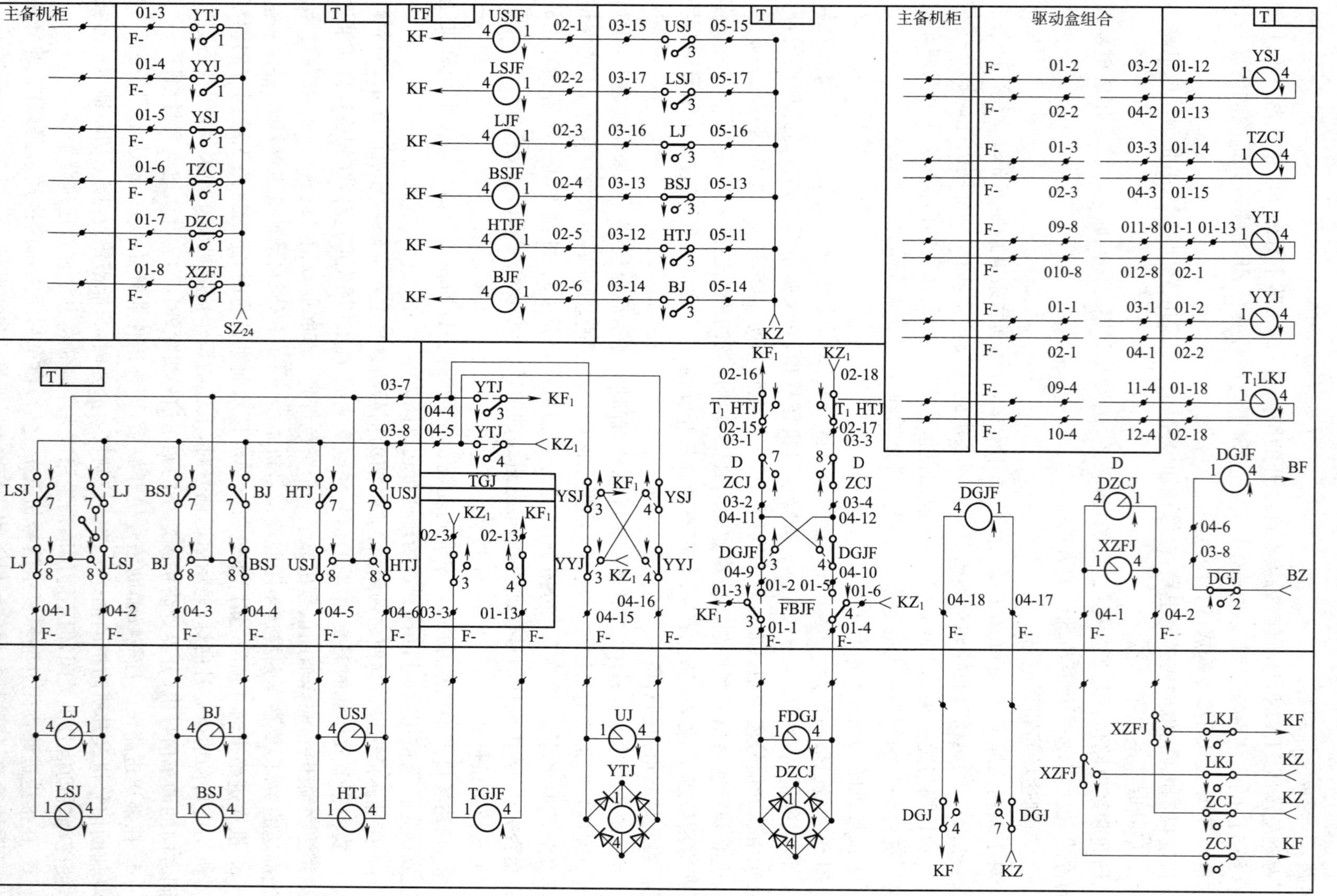

图 3-36　纵列式编组站场间联系电路

f. 当车列已占用推送进路时，驼峰信号楼也只能关闭驼峰信号机及驼峰辅助信号机，不能解锁推送进路。推送进路的解锁必须保证：车列已全部出清到达场，车列压入分界处的无岔区段和该无岔区段的下一个道岔区段，说明已溜放完毕，才准许推送进路一次自动解锁。

g. 推送进路与到达场入口咽喉区向该股道的接车进路和调车进路，应作为敌对进路处理（因为车列可能由推送进路后退），即排列推送进路时，不能再排列向该股道的接车进路和调车进路；在排列向该股道的接车进路或调车进路时，不准许再排列该股道的推送进路。

②调车进路的照查

两场间的无岔区段，其轨道继电器放在驼峰信号楼，其两端的调车信号机，防护到达场用的划归到达场控制，防护峰头区用的划归驼峰调车场控制。为了保证安全，禁止两场同时向该无岔区段调车；在该无岔区段有车时，不得再开放通往该无岔区段的调车信号机。

③在驼峰信号楼里需要增设的继电器

a. 允许推送继电器 YTJ。对应每条推送线设一个，作为允许推送按钮的记录。按下允许推送按钮时，只要符合联锁条件，YTJ 就吸起。溜放作业完毕时自动取消记录，取消允许推送时可手动取消记录。

b. 允许预先推送继电器 YYJ。对应每条推送线设一个，作为允许预先推送按钮的记录。按下允许预先推送按钮时，只要符合联锁条件，YYJ 就吸起。推送到规定地点时，自动取消记录，取消允许预先推送时可手动取消记录。

c. 预先推送锁闭继电器 YSJ。对应每条推送线设一个，用以区别驼峰信号楼值班员是关闭预先推送信号，还是取消预先推送进路。是前者，只能关闭信号，不能使进路解锁；是后者，能关闭信号，又能使进路解锁（延时 30 s）。

d. 溜空继电器 LKJ。用以证明溜放作业完毕，在峰头区的推送进路上已经无车。

e. 驼峰照查继电器 TZCJ。用以证明驼峰没有向两场间的无岔区段建立调车进路。

注：YTJ、YYJ、YSJ、LKJ、TZCJ 均由系统驱动。

f. 调车照查继电器 DZCJ。对应每条推送线设一个，作为到达场 DZCJ 的复示继电器，完成两楼间的照查关系。

g. 信号总辅助继电器 XZFJ。对应每条推送线设一个，受到达场 XZFJ、LKJ 的控制。

h. 轨道继电器 DGJ。是到达场道岔区段轨道继电器 DGJ 的复示继电器。

④在到达场需要增设的继电器

a. 为了使驼峰辅助信号机能复示驼峰信号机的显示，在到达场对应每条推送线要增设八个继电器：LSJ、LJ、BSJ、BJ、USJ、UJ、HTJ、YTJ。前七个是控制信号灯光用的，允许推送继电器 YTJ 用来反映驼峰信号楼是否按下允许推送按钮或预先推送按钮。这八个继电器要用两楼间的联系线路控制，其中 LSJ、LJ、BSJ、BJ、USJ、HTJ、YTJ 分别是驼峰信号楼 LSJ、LJ、BSJ、BJ、USJ、HTJ、YTJ 的复示继电器，UJ 则受驼峰信号楼 YTJ、YYJ、YSJ 的控制。

b. 推送进路的自动解锁必须取得车列压入分界处无岔区段及其下一个道岔区段的证明条件（另外还要证明车列已出清推送进路），为此在到达场对应每条推送线，要增设 TGJF、FDGJ 两个轨道继电器。前者是两场间的无岔区段 TGJ 的复示继电器，后者是下一个道岔区段的轨道反复示继电器。

c. 为了反映驼峰是否向分界处的无岔区段里调车，对应每条推送线增设一个调车照查继电器 DZCJ，它受到驼峰调车场 ZCJ、HTJ、DGJF 的控制。

d. 溜空继电器 LKJ。用以证明溜放作业完毕，在到达场的推送进路上已经无车。

e. 信号总辅助继电器 XZFJ。用以反映是否排列了推送进路，只要防护推送进路的驼峰辅助信号机一开放，就使 XZFJ 吸起来，一直到推送进路解锁为止。

(2)与到发场间联系电路

对于横列式编组站，驼峰调车场与到发场相衔接，其场间联系电路如图 3-37 所示，每条联络线一张图。

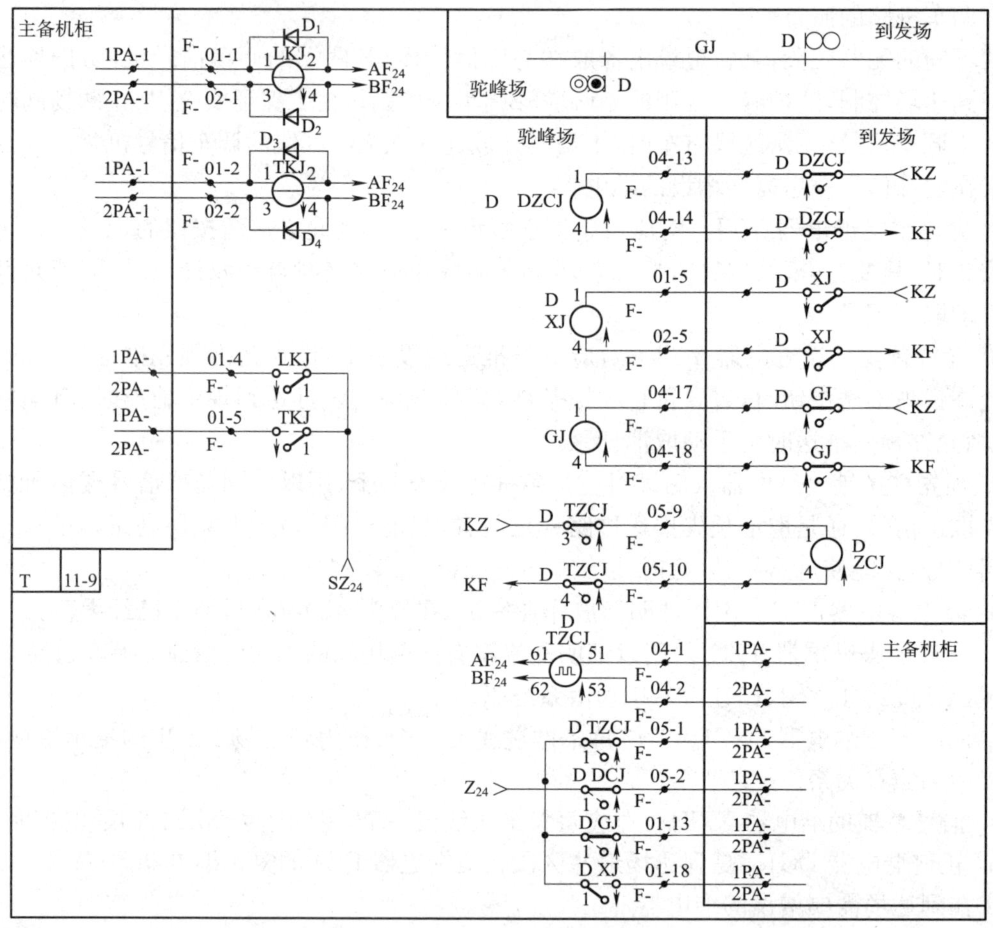

图 3-37　横列式编组站场间联系电路

驼峰调车场与到发场不允许同时向相衔接的轨道区段调车。在驼峰调车场，系统驱动驼峰照查继电器 TZCJ，并回采；设调车照查继电器 DZCJ、信号继电器 XJ、轨道继电器 GJ，分别检查到发场的调车照查继电器 DZCJ、信号继电器 XJ、轨道继电器 GJ 的状态，系统采集 DZCJ、XJ、GJ 的前接点。在到发场设调车照查继电器 DZCJ，检查驼峰调车场 TZCJ 的状态。当到发场向相衔接的轨道区段办理调车进路时，DZCJ 落下，XJ 吸起、GJ 落下，驼峰调车场就不能向相衔接的轨道区段调车。当驼峰调车场向相衔接的轨道区段办理调车进路时，TZCJ 落下，到发场就不能向相衔接的轨道区段调车。

(3)编发线联系电路

编发线联系电路如图 3-38 所示。编组线兼作发车线时，当列车由编发线发车时，应停止向该线进行溜放作业，并将有关道岔锁在通向其他线路的位置，直至出发列车驶离股道后才能解锁该道岔，恢复向该线的溜放作业。

在驼峰尾部集中楼，编发线上每股道增设同意发车继电器 TFJ 及列车信号反复示继电器 LXFJ。在驼峰信号楼，每股道增设辅助信号继电器 FXJ。

当驼峰进行溜放作业时，驼峰信号楼的该股道的允许溜放继电器 YLJ 落下，驼峰尾部集中楼的 TFJ 亦落下，编发线出站信号机的 LXJ 不能吸起。当编组作业完成后，驼峰信号楼值班员将通向该股道的道岔锁在通向其他股道的位置，该股道的 YLJ 吸起，使驼峰尾部集中楼的 TFJ 吸起，即构成该股道出站信号机的 LXJ 的吸起条件，驼峰尾部集中楼值班员办理发车进路，LXJ 即可吸起。

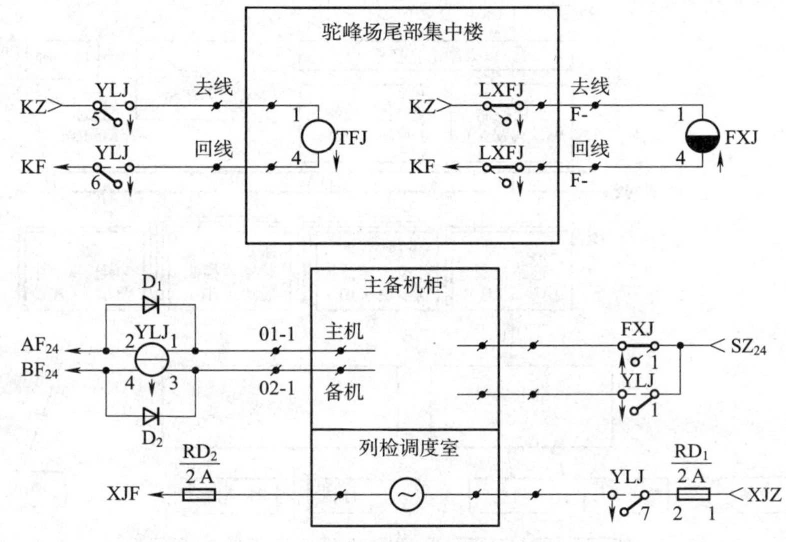

图 3-38　编发线联系电路

LXJ 吸起后，LXFJ 落下，并将驼峰信号楼的 FXJ 电路断开，使之落下，对驼峰头部通向该股道的道岔继续施行锁闭，直到出发列车驶离股道后，LXJ 落下，再度使 LXFJ 吸起后，才能使 FXJ 吸起，驼峰信号楼值班员才能对该道岔解除锁闭，进行溜放作业。

七、CIPS 环境下 TW-2 型系统的升级

TW-2 型系统，应满足和适应 CIPS 的整体要求，在 CIPS 信息管理子系统的直接管理和控制下实现驼峰进路、溜放速度自动控制。

1. CIPS 环境下驼峰自动化系统的技术要求

（1）管理模式的要求

CIPS 对过程控制子系统的管理，从控制效能上可以划分为以下三种管理模式：自动模式、半自动模式和手动模式，模式转换由 CIPS 过程控制子系统自己决定。在操作方式上设置两级操作人员：站调楼内的控制中心设车站值班员，驼峰信号楼内设驼峰值班员，操作人员在不同的操作模式下拥有不同操作权。

（2）控制功能的要求

不同的管理模式具有不同的控制方式。在自动运行模式下，自动化系统完全受控于 CIPS

信息管理子系统，在实现溜放进路、溜放速度自动控制的基础上，进一步实现推送进路、调车进路(包括峰上调车进路和推峰机车上、下峰进路)的自动控制，同时对现场实况进行实时反馈。

2. CIPS 环境下 TW-2 型系统结构

CIPS 环境下 TW-2 型系统保留原有的三层结构，即人机界面层、上层控制层、实时控制层，通过千兆局域网与 CIPS 连接，中间用防火墙隔离。具体结构如图 3-39 所示。

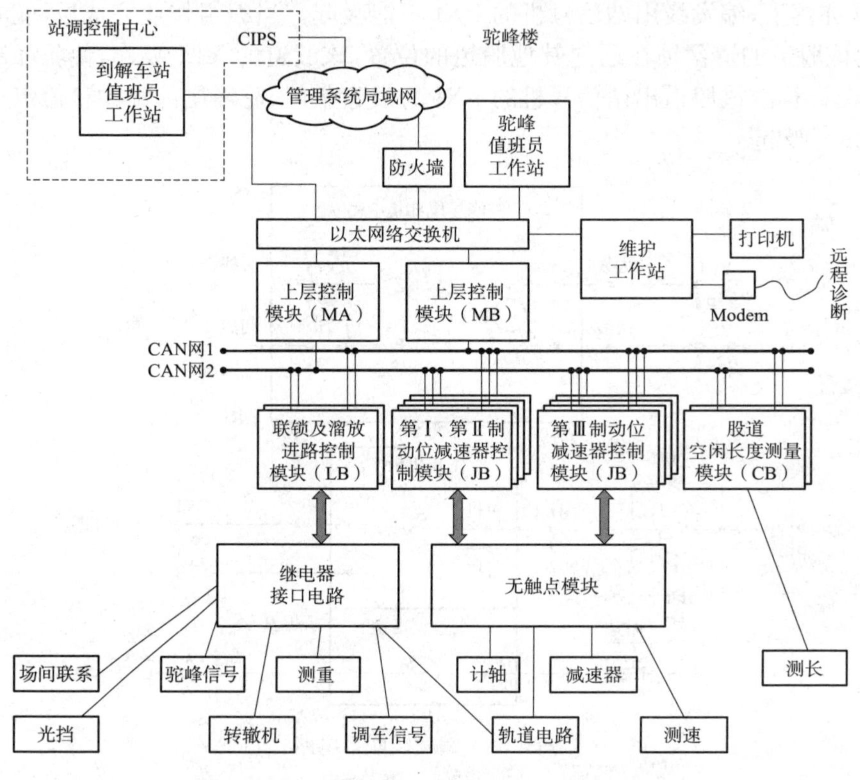

图 3-39　CIPS 环境下的 TW-2 型系统结构

第三节　TBZK 系列驼峰自动化控制系统

本节介绍 TBZKⅡ型驼峰自动化控制系统和 TBZKⅢ型驼峰自动化控制系统。

一、TBZKⅡ型驼峰自动化控制系统

TBZKⅡ型驼峰自动化控制系统采用分散控制、集中管理的模式，将驼峰作业按功能划分为驼峰推峰机车控制、驼峰进路控制和驼峰溜放速度控制三部分。各部分由独立的计算机完成，并由计算机局域网构成统一的分布式计算机控制系统。

1. 系统组成

TBZKⅡ型驼峰自动控制系统由放置在机房内的驼峰进路控制计算机、驼峰溜放速度控制计算机、驼峰推峰机车控制计算机、数据服务器、电务维护操作计算机和放置在操作员室的驼峰进路作业计算机、溜放速度作业计算机、驼峰调车区长作业计算机等组成。各计算机通过双网卡与双交换机相连，组成了双套冗余的网络通信。系统构成如图 3-40 所示。

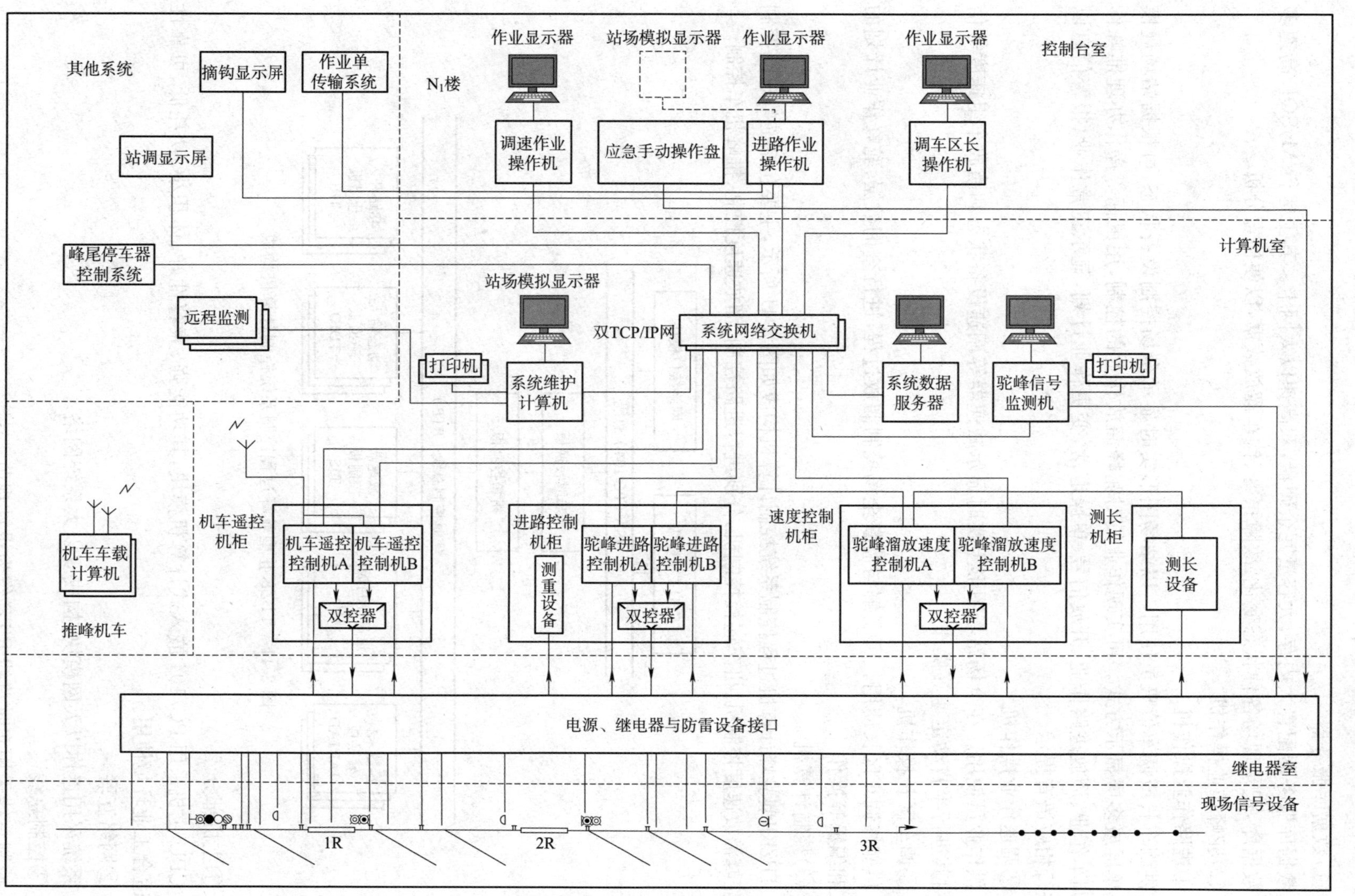

图3-40　TBZK Ⅱ型驼峰自动化控制系统构成

(1)数据库服务器

数据库服务器配置大内存、大容量冗余硬盘,双高速以太网卡。其上运行 MySQL 高速多用户数据库,记录现场各种状态变化、故障报警、钩车溜放数据,以便检索分析。

(2)驼峰作业操作机

①进路作业操作机

供调车长或调车值班员使用。以站场图形实时显示全场控制设备状态,可根据站场规模选择单屏或多屏显示方式。可实现作业员对驼峰溜放作业的控制,用鼠标等操作办理推峰作业、调车作业、溜放进路作业、开放信号、单操道岔、变更作业计划,显示正常作业、报警信息以及进行相应语音提示。

②调速作业操作机

供作业员使用。在全场站场图形上实时显示减速器等调速设备状态和溜放车组速度等信息,对其进行半自动定速等操作。

③调车区长操作机

供驼峰调车区长使用。可了解与监督全场控制溜放过程,进行查询数据、驼峰作业计划的输入和编辑等操作。

(3)控制计算机

TBZKⅡ型驼峰计算机过程控制系统控制计算机构成如图 3-41 所示,主要包括驼峰进路控制机、驼峰溜放速度控制机、机车遥控控制机,分别进行进路控制、溜放速度控制、推峰机车控制。

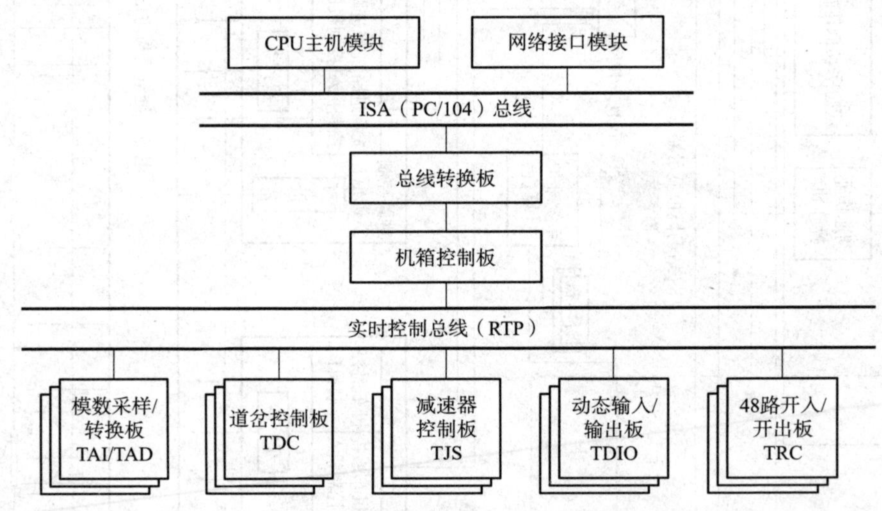

图 3-41　TBZKⅡ型驼峰过程控制系统控制计算机构成

①主机部分

CPU 主机采用 PC/104 嵌入式计算机模块,其功能强、兼容性好、体积小、功耗低、可靠性高,适合工业环境使用。

②网络互联

系统采用迷你以太网模块,构成双以太系统网络。

③控制总线

控制总线采用实时总线 RTP 作为设计规范。

④控制模板

根据驼峰控制系统的需要，针对不同的现场控制对象设计了专用接口板。

a. 道岔控制板(TDC)

TDC 具有 28 路开关量输入，4 路正弦波信号整形中断输入，8 路开关量输出，集中了四组道岔控制的接口电路。

b. 减速器控制板(TJS)

TJS 具有 12 路开关量输入，4 路正弦波信号整形中断输入，12 路开关量输出，2 路 8 位计数输入，集中了两组减速器控制的接口电路。

c. 输入/输出板(TRC)

TRC 具有 24 路开关量输入和 24 路开关量输出，可作为一般用途的数据采集和控制。

d. 动态输入/输出板(TDIO)

TDIO 具有动态 32 路输入和 12 路输出，是进路控制专用的动态输入/输出接口板，用于计算机联锁及调车进路故障—安全的输入/输出。

e. 模数转换板(TAD)

TAD 将采样板传递来的模拟信号(在总线底板的模拟总线上)转换成数字信号并送到 CPU，用于转换电压模拟信号为数字信号。

f. 模拟量输入采样板(TAI)

TAI 将现场多路模拟量信号经隔离和多路转换，送到总线底板的模拟总线上。

⑤双机切换控制器

双机切换控制器可将双套控制计算机置于热备和冷备两种工作方式下。

当双机切换控制器设定为热备工作状态时，A 机、B 机正常运行，各自向双机切换控制器输出工作正常脉冲。这时可通过 A、B 机主用键来人工指定工作主机，双机切换控制器将本机主用还是备用及其工作状态反馈给控制计算机，并点亮主、备机正常工作灯。当主机发生故障停止输出工作脉冲时，双机切换控制器对应的监测电路就无脉冲输入，主、备逻辑电路立即控制切换，使切换继电器动作，备机接续主机进行工作。

当双机切换控制器设定为冷备工作状态时，指定为工作主机的计算机输出控制现场设备，备机的输出被切断，不能动作现场设备。这时可对备机进行维修和开发。

⑥控制机柜

TBZKⅡ型驼峰自动化控制系统的推峰机车控制、进路控制、溜放速度控制的控制计算机及 I/O 接口单元分别置于独立的机柜内，即遥控机柜、进路机柜、速度机柜。各机柜中设有两套完全相同的机箱、控制计算机及 I/O 接口单元，构成双机热备系统。

与系统配套的测长设备置于一个独立的机柜内，即测长机柜。

与系统配套的测重设备设于一个标准 19 英寸的机箱内，置于进路机柜内。

另外，系统还配套信号集中监测设备，可实现各种开关量和模拟量的测试、记录。

(4)电务维护机

电务维护机供信号维修人员使用。可通过全场站场图形了解各种设备状态，进行数据查询、打印等操作。

2. 系统软件

①操作系统

系统控制计算机采用实时 Linux 操作系统。Linux 的功能包括真正的多任务、虚拟内存、共享库、需求装载、共享的写时复制程序执行、优秀的内存管理以及 TCP/IP 网络支持。

系统作业操作计算机采用 Windows 操作系统，具有高层次的安全性、稳定性和系统性能。

②数据库

数据库使用完全网络化跨平台关系型数据库 MySQL 系统，建立客户/服务器体系结构的分布式数据管理系统，具有功能强、使用简便、管理方便、运行速度快、安全可靠等优点，利于系统控制技术的进一步完善与提高；可以灵活地按多种序列进行历史数据的查找并按要求输出灵活的格式；可通过远程访问记录的数据。

3. 系统特点

系统可根据站场规模或作业及用户要求，由驼峰推峰机车控制、进路控制和溜放速度控制、进路与可控顶调速一体化控制、尾部停车器自动控制组合成各种具有不同功能的控制系统，适用于大、中、小型驼峰。

系统采用分散控制、集中管理的模式，具有以下特点：

①较完善的系统结构。系统结构可以划分为两层，第一层是推峰机车、驼峰进路、溜放速度控制计算机，第二层是进路作业机、速度作业机、数据服务器和电务维修机，层间采用以太网通信。

②双机热备方式。系统是一个完整的双机热备系统，系统中所有控制单元均采用双套热备方式。热备工作方式和冷备工作方式可以人为设定。在冷备工作方式下，可以对备机进行离线检修、测试，不会影响控制系统的正常工作。

③双网冗余。系统中的所有计算机均采用双以太网冗余技术，双网同时工作。任一网络发生故障均不会影响系统的正常工作。双网冗余技术的采用保证了系统通信的可靠性。

④实时多任务操作系统。系统中各控制计算机均采用实时 Linux 操作系统，提高了系统的可靠性、实时性。

⑤精细跟踪技术。系统以峰下每一组分路道岔、减速器、雷达、踏板为计算点，依据站场横、纵坐标精确地测定和跟踪车组的位置、间隔及其变化趋势，为计算各调速位溜放速度、预测侧撞、判定途停提供准确依据。

⑥数据库技术。系统采用了 MySQL 数据库技术，可以完成海量数据的存储、检索，快捷方便。

⑦远程访问。系统支持远程访问，通过电话拨号网络可以在异地远程访问系统，检索、查询数据；也可以回放再现溜放过程。远程访问可在控制系统的任意工作时段进行，没有任何限制。

⑧无通信阻塞。由于系统具有合理的结构，采用了较高级的操作系统、单一的网络结构和双网冗余技术以及高水平的网络管理技术，所以普通的双绞线即可实现良好的通信环境，不会发生通信阻塞现象。

⑨可满足多楼操作。系统既可满足一个作业楼操作的集中操作方式，也可满足多个作业楼操作的分散操作方式的需求。

4. 控制电路

(1)组合选用

驼峰信号组合包括信号组合、轨道电路组合、道岔组合、减速器组合、场间联系组合、发车锁闭组合、电源组合等。

①信号组合

信号组合分为驼峰信号组合、调车信号组合、调车线路表示器组合和信号机隔离组合。

驼峰信号组合有驼峰信号组合 TX 和驼峰信号零散组合 TL，每架驼峰信号机需 1 个 TX 组合和 1 个 TL 组合。

调车信号组合 DX，1 个 DX 组合可供 3 架调车信号机用。

调车线路表示器组合 DBQ，1 个 DBQ 组合可供 4 架调车线路表示器用。

信号机隔离变压器组合 BXG，1 个 BXG 组合可供 10 架信号机用，1 束调车线路表示器用一个隔离变压器。

②轨道电路组合

轨道电路组合 WG，1 个 WG 组合中有 10 个轨道继电器。

③道岔组合

道岔组合分为电气集中道岔组合和自动集中道岔组合，每种组合又有电动和风动两种。

每组峰上道岔需 1 个电气集中道岔组合 TFC 或 TDC。

每组分路道岔需 1 个自动集中道岔组合 ZFC 或 1 个 ZDC。1 个自动集中道岔零散组合 ZFCL 每个驱动单元 DQD 可以供 4 组分路道岔用。1 个自动集中道岔零散组合 ZDCL 组合则可以供 3 组分路道岔用。

④减速器控制电路组合

减速器控制电路组合分为第Ⅰ、第Ⅱ制动位减速器组合和第Ⅲ制动位减速器组合，每种组合又有空动和液压两种。对于第Ⅰ、第Ⅱ制动位，每台减速器需 1 个第Ⅰ、第Ⅱ制动位减速器组合 JK12 或 YY12。对于第Ⅲ制动位，每台减速器需 1 个第Ⅲ制动位减速器组合 JK3 或 YY3。

⑤场间联系组合

场间联系组合用于驼峰调车场与到达场或到发场的联系。对于纵列式编组站，每条推送线设 1 个场间联系组合 CL_1。对于横列式编组站，每条联络线设 1 个场间联系组合 CL_2。

⑥发车锁闭组合

发车锁闭组合用于编发线，每个发车锁闭组合 FS 可供 4 条编发线用。

⑦驼峰条件电源组合

1 个驼峰条件电源组合供全部驼峰调车场用。

各组合所包含的继电器及其型号如表 3-3 所列。

(2)信号机点灯电路

信号机点灯电路分为驼峰信号机点灯电路、调车信号机点灯电路和调车线路表示器电路。电路原理与 TW-2 型相同。

①驼峰信号机点灯电路

驼峰信号机点灯电路包括驼峰信号机驱动电路、采集电路和点灯电路，每架驼峰信号机一张图，如图 3-42 所示。

②驼峰辅助信号机及复示信号机点灯电路

驼峰辅助信号机及复示信号机点灯电路如图 3-26 所示。

③调车信号机点灯电路

调车信号机点灯电路包括驱动电路、采集电路和点灯电路，如图 3-43 所示。

表 3-3　驼峰信号组合继电器类型表

组合类型	0	1	2	3	4	5	6	7	8	9	10
TX	RD_1、RD_2	USJ	LSJ	LJ	BSJ	BJ	HTJ	DJ	SNJ	YKJ	DQD
	0.5 A	JWXC-1700	JWXC-1700	JWXC-1700	JPXC-1000	JPXC-1000	JPXC-1000	JZXC-H18	JWXC-1700	JPXC-1000	DTB-4F
TL	RD_1～RD_4		QXAJ	DLJ	XJJ						
	0.5 A		JWXC-1700	JWXC-1700	JWXC-1700						
DX	RD_1～RD_4	RD_5 RD_6		1DXJ	1DJ	2DXJ	2DJ	3DXJ	3DJ		DQD
	0.5 A	0.5 A		JPXC-1000	JZXC-H18	JPXC-1000	JZXC-H18	JPXC-1000	JZXC-H18		DTB-4F
DBQ	RD_1～RD_4	RD_5 RD_6	RD_7 RD_8	1DJ	2DJ	3DJ	4DJ				
	0.5 A	0.5 A	0.5 A	JZXC-H18	JZXC-H18	JZXC-H18	JZXC-H18				
BXG		1B	2B	3B	4B	5B	6B	7B	8B	9B	10B
		BXG_1-35	BXG_1-35	BXG_1-35	BXG_1-35	BXG_1-35	BXG_1-35	BXG_1-35	BXG_1-35	BXG_1-35	BXG_1-35
WG2.3		1GJ	2GJ	3GJ	4GJ	5GJ	6GJ	7GJ	8GJ	9GJ	10GJ
		JWXC-2.3	JWXC-2.3	JWXC-2.3	JWXC-2.3	JWXC-2.3	JWXC-2.3	JWXC-2.3	JWXC-2.3	JWXC-2.3	JWXC-2.3
TFC	RD_1～RD_4	DCJ	DBJ	FBJ	1DGJ	JDJ	JFJ	2DGJ	DGJF		DQD
	1A	JYXC-660	JWXC-1700	JWXC-1700	JWXC-2.3	JPXC-1000	JPXC-1000	JWXC-2.3	JWXC-1700		DTB-4F
TDC	RD_1～RD_2 RD_4	1DQJ	2DQJ	DBJ	FBJ	JDJ	JFJ	1DGJ	2DGJ	SJ	DQD
	3 A 0.5 A	JWJXC- H125/0.44	JYJXC- 160/260	JPXC-1000	JPXC-1000	JPXC-1000	JPXC-1000	JWXC-2.3	JWXC-2.3	JPXC-1000	DTB-4F
ZFC	RD_1～RD_4	DCJ	DBJ	FBJ	DGJ	DG_1J	FDG_1J	JDJ	JFJ	SZJ	SJ
	1 A	JYXC-660	JWXC-1700	JWXC-1700	JWXC-2.3	JWXC-2.3	JWXC-H340	JWXC-1700	JWXC-1700	JWXC-1700	JPXC-1000
ZDC	RD_1～RD_2 RD_3 RD_4	1DQJ	2DQJ		DBJ	FBJ	SJ	DGJ	DG_1J	FDG_1J	DQD
	10 A 15 A 0.5 A	JWJXC- H125/0.44	JYJXC- 160/260		JPXC-1000	JPXC-1000	JPXC-1000	JWXC-2.3	JWXC-2.3	JWXC-H340	DTB-4F

续上表

组合类型	0	1	2	3	4	5	6	7	8	9	10
ZDCL		JDJ	JFJ	SZJ	JDJ	JFJ	SZJ	JDJ	JFJ	SZJ	
		JWXC-1700	JWXC-1700	JWXC-1700	JWXC-1700	JWXC-1700	JWXC-1700	JWXC-1700	JWXC-1700	JWXC-1700	
JK12	RD_1、RD_2 RD_3、RD_4	ZBJ_1	ZBJ_2	HBJ_1	HBJ_2	ZJ_1	ZJ_2	HJ_1	HJ_2	ZKJ	GJ
	0.5 A 1 A	JWXC-1700	JWXC-1700	JWXC-1700	JWXC-1700	JWXC-1700	JWXC-1700	JWXC-1700	JWXC-1700	JWXC-1700	JWXC-2.3
JK3	RD_1、RD_2 RD_3	ZBJ_1	ZBJ_2	HBJ_1	HBJ_2	ZJ_1	ZJ_2	HJ_1	HJ_2	ZKJ	GJ
	1 A	JWXC-1700	JWXC-1700	JWXC-1700	JWXC-1700	JWXC-1700	JWXC-1700	JWXC-1700	JWXC-1700	JWXC-1700	JWXC-2.3
CL2	RD_1	1ZCJ	2ZCJ	LXJ	JGJ	DTJ					DQD
	0.5 A	JPXC-1000	JPXC-1000	JWXC-1700	JWXC-1700	JPXC-1000					DTB-4F
FS	RD_1	1YLJ	1FXJ	2YLJ	2FXJ	3YLJ	3FXJ	4YLJ	4FXJ		DQD
	0.5 A	JPXC-1000	JWXC-H600	JPXC-1000	JWXC-H600	JPXC-1000	JWXC-H600	JPXC-1000	JWXC-H600		DTB-4F
DY	RD_1、RD_2	GZJ	GDJ	ZFDJ	YBJ	RBJ	DSBJ	JZCJ	S1ZCJ	S2ZCJ	DQD
	0.5 A	JPXC-1000	JWXC-1700	JYXC-660	JWXC-1700	JSBXC-850	JWXC-1700	JWXC-1700	JWXC-1700	JWXC-1700	DTB-4F

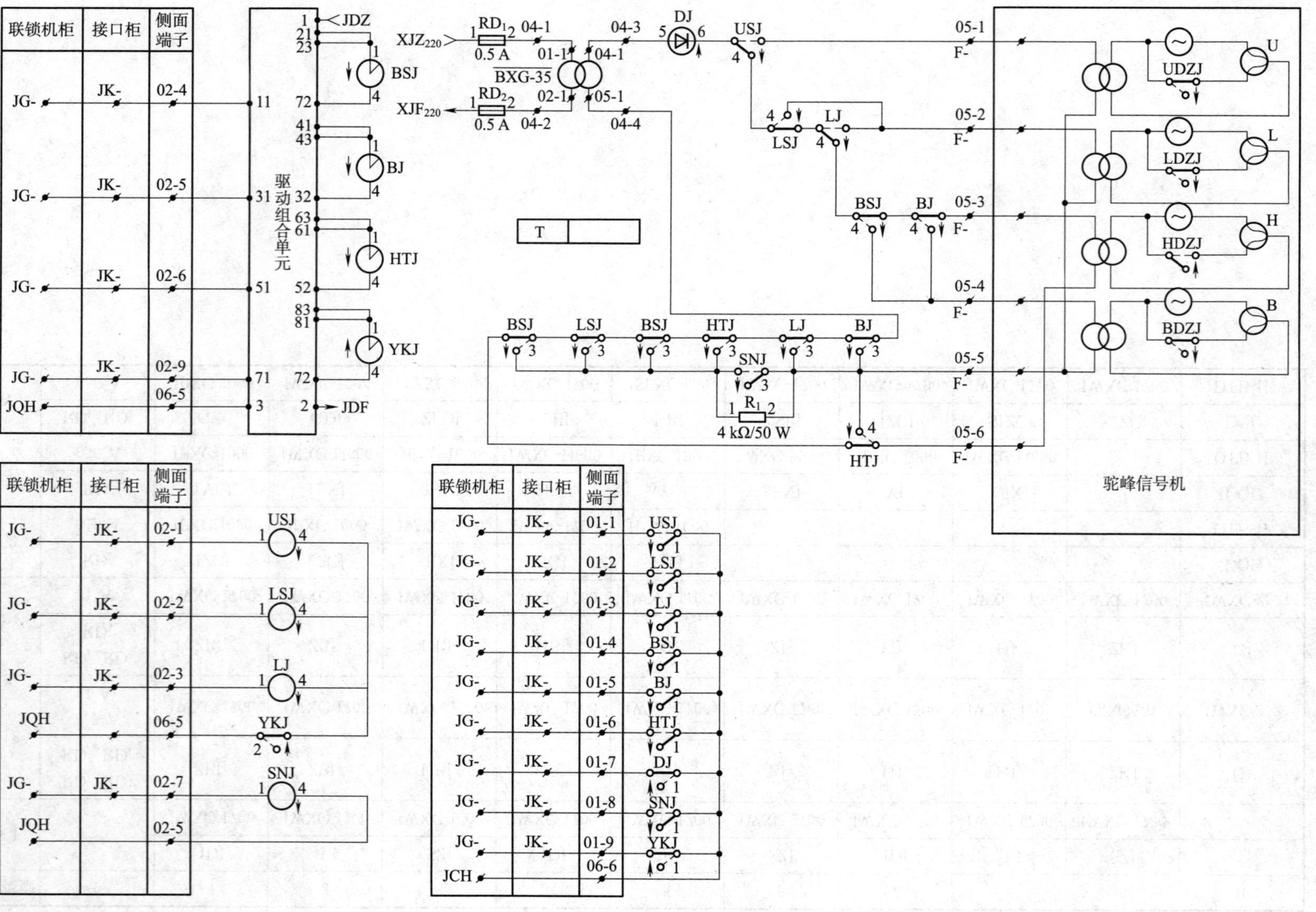

图 3-42　驼峰信号机点灯电路

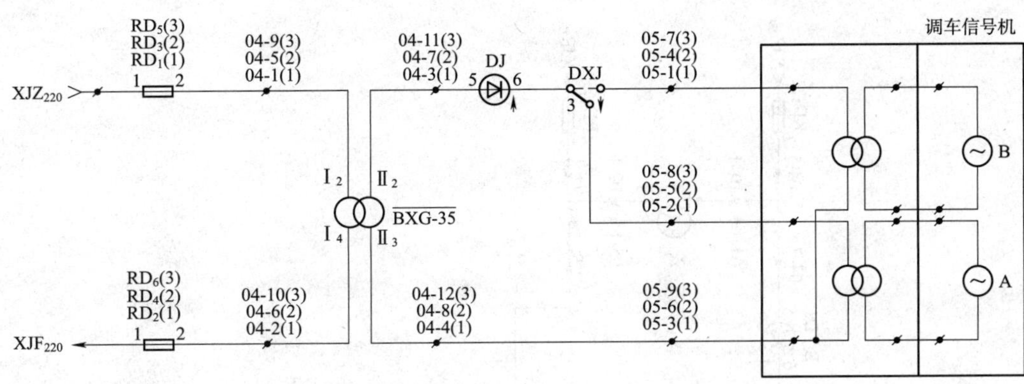

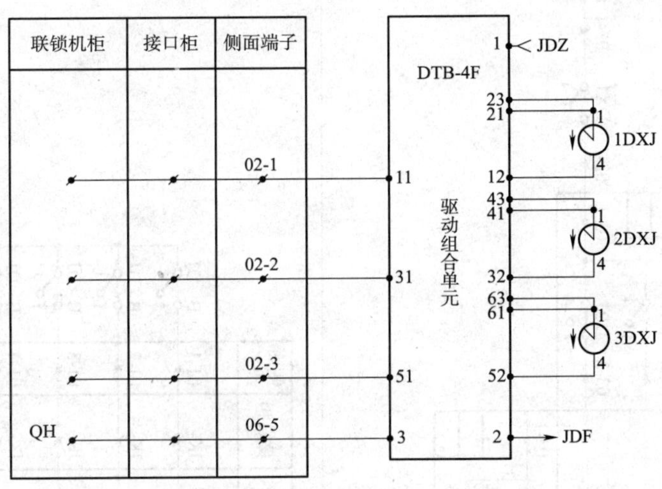

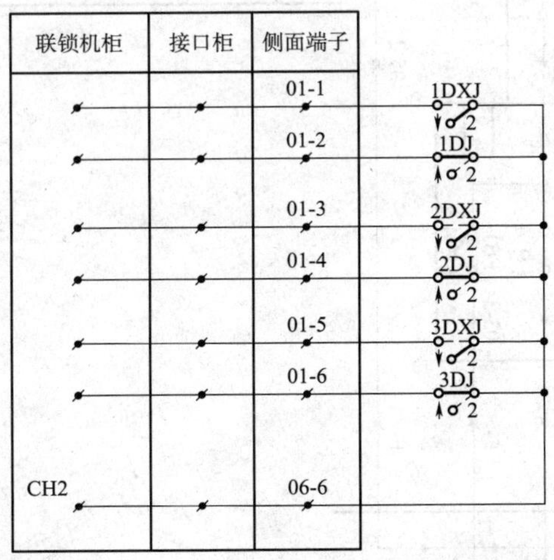

图 3-43　调车信号机点灯电路

④调车线路表示器电路

调车线路表示器电路如图 3-44 所示（只画出一个线束，各线束调车线路表示器的个数视具体情况而定）。

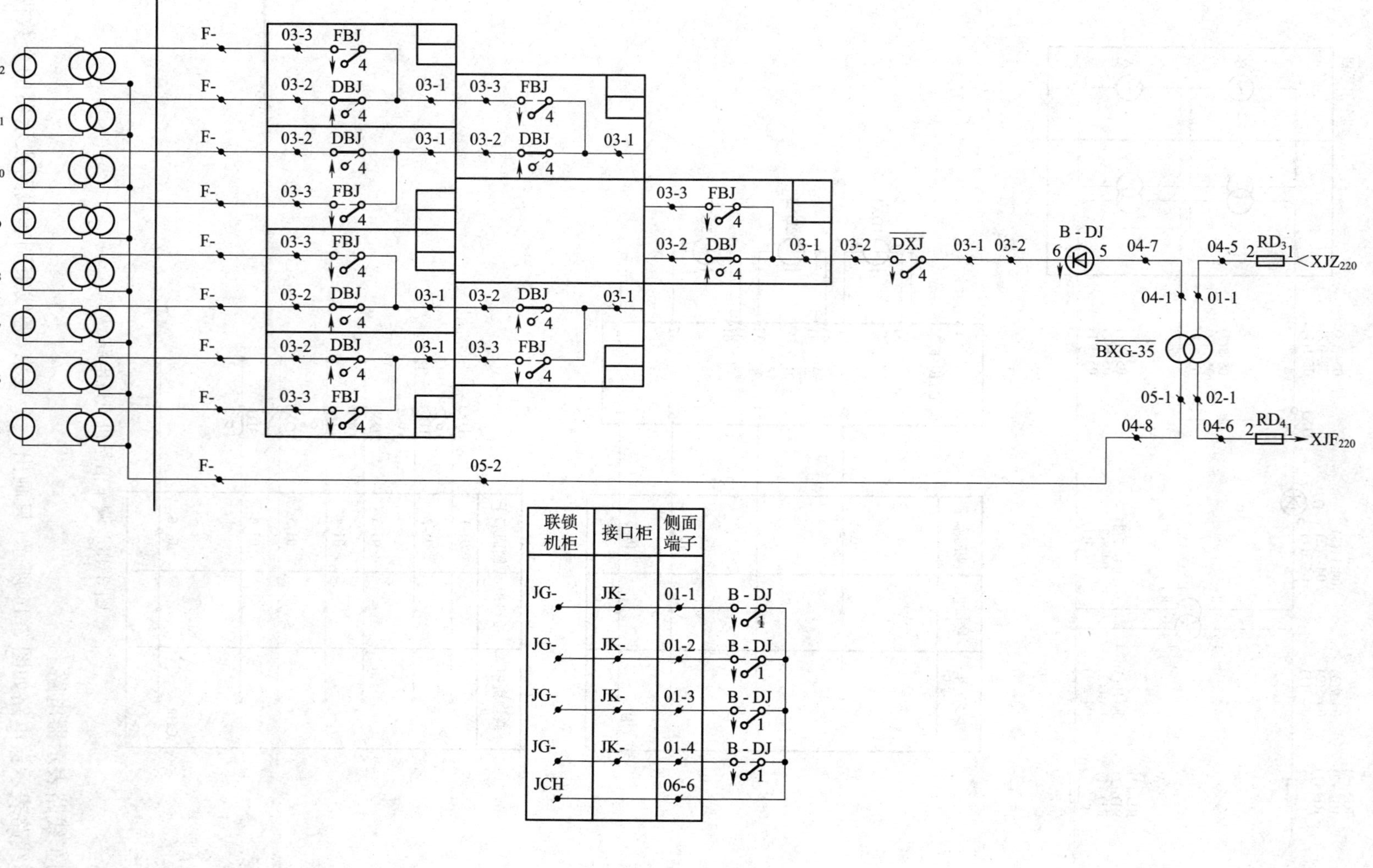

图3-44 调车线路表示器电路

(3)道岔控制电路

道岔控制电路分为电气集中道岔控制电路和自动集中道岔控制电路,每种控制电路又分电动、电空两种。电路原理与 TW-2 型基本相同,只是 DJ 称为 JDJ,FJ 称为 JFJ。

①电气集中道岔控制电路

电气集中电动道岔控制电路如图 3-45 所示。

②自动集中道岔控制电路

a. 自动集中电空道岔控制电路

自动集中电空道岔控制电路如图 3-46 所示。

b. 自动集中电动道岔控制电路

自动集中电动道岔控制电路如图 3-47 所示,其采集、驱动电路同自动集中电空道岔控制电路,未画出。

(4)车辆减速器控制电路

车辆减速器控制电路有第Ⅰ、第Ⅱ制动位车辆减速器控制电路和第Ⅲ制动位车辆减速器控制电路两种。电路原理与 TW-2 型基本相同,只是 SCJ 称为计算机自动制动控制继电器 ZKJ,另外增加了系统驱动的速度控制机正常继电器 SZCJ,反映速度控制机的正常工作。

①第Ⅰ、第Ⅱ制动位车辆减速器控制电路

第Ⅰ、第Ⅱ制动位车辆减速器控制电路如图 3-48 所示。

②第Ⅲ制动位车辆减速器控制电路

第Ⅲ制动位车辆减速器控制电路如图 3-49 所示。

二、TBZK Ⅲ型驼峰自动化控制系统

1. 系统特点

系统在 TBZKⅡ型驼峰自动化控制系统基础上进行了改进和扩充,具有以下特点:

(1)通信方式

采用 CAN 总线通信。

(2)故障预报警

系统在硬件上采用了专门的检测技术,把雷达脉冲的计数电路、传感器脉冲中断电路、开关量输入输出电路和数字量输入电路设计成可在线检测的控制电路。在不实施控制时,计算机周期性地发出检测命令,对有关控制接口电路不断地进行检测。一旦发现故障,立即报警,提请维修处理。由此实现了故障预报警,大大降低了事故发生率和影响范围。

(3)整体溜放过程的图像再现

大型编组站的控制过程、车组溜放过程和操作过程十分复杂,随机因素很多,在具体的故障分析时,面对各种数据、报表、曲线和记录,要求维修人员具有相当的经验和水平。为此,研发了整体溜放过程的实时图像再现系统,可以把以前的溜放过程从无线机车遥控到第Ⅲ制动位目的制动和测长信息,以动态画面的形式形象地显示出来,并能在正向、反向上选择若干个显示速度,为维修人员进行故障分析提供有效的工具。

(4)系统增设驼峰头部联锁控制

①实现驼峰联锁控制,联锁系统满足故障—安全要求。在硬件、软件发生故障时,保证驼峰信号机处于关闭状态,道岔锁在固定位置。为此,与联锁有关的输入输出均采用动态方式。软件设计上采用于冗余、容错等信息冗余技术。

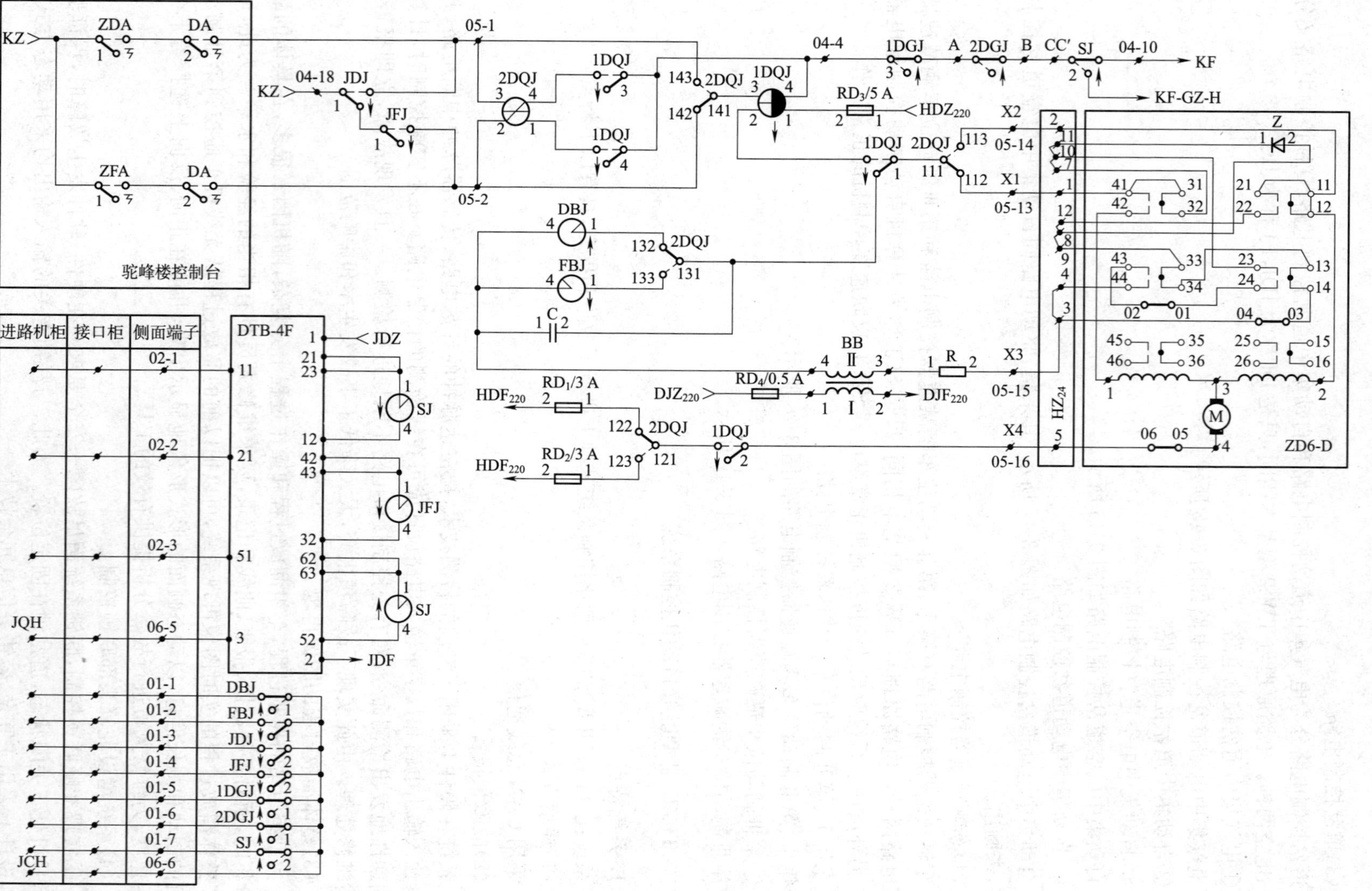

图3-45 电气集中电动道岔控制电路

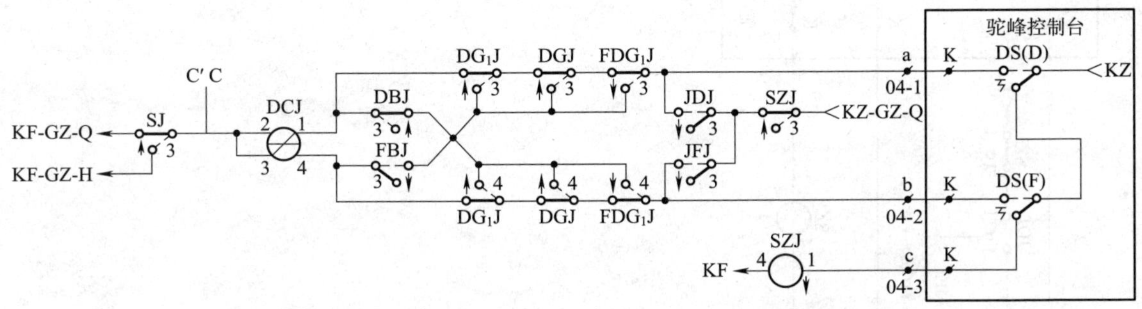

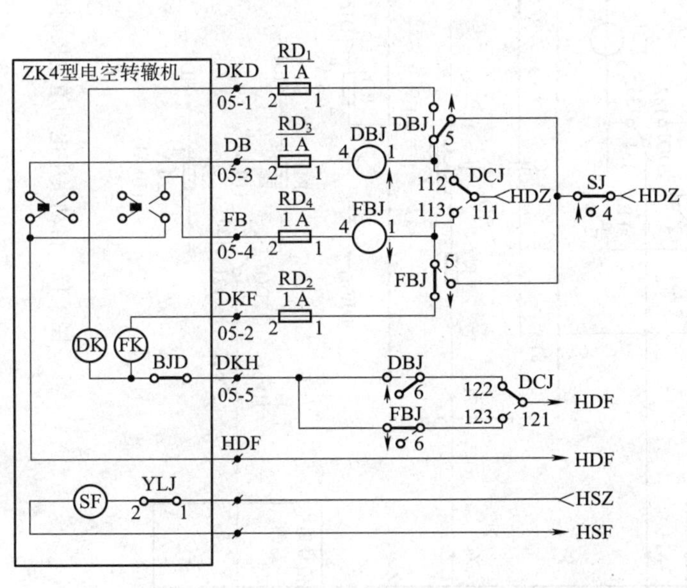

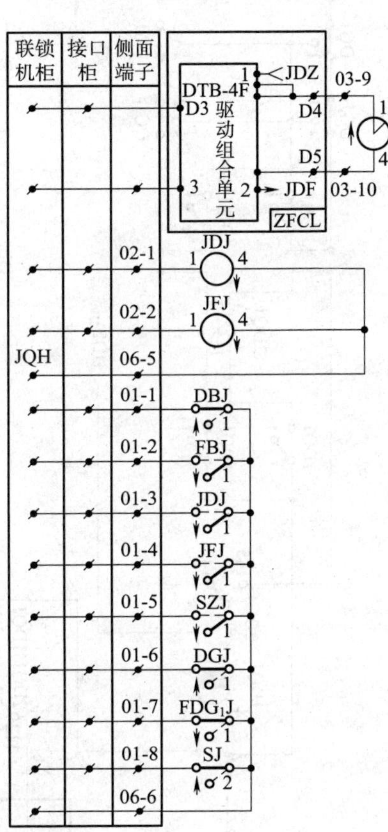

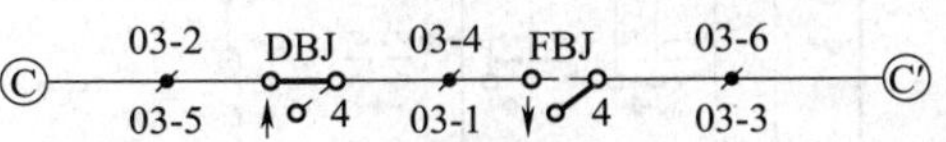

图 3-46　自动集中电空道岔控制电路

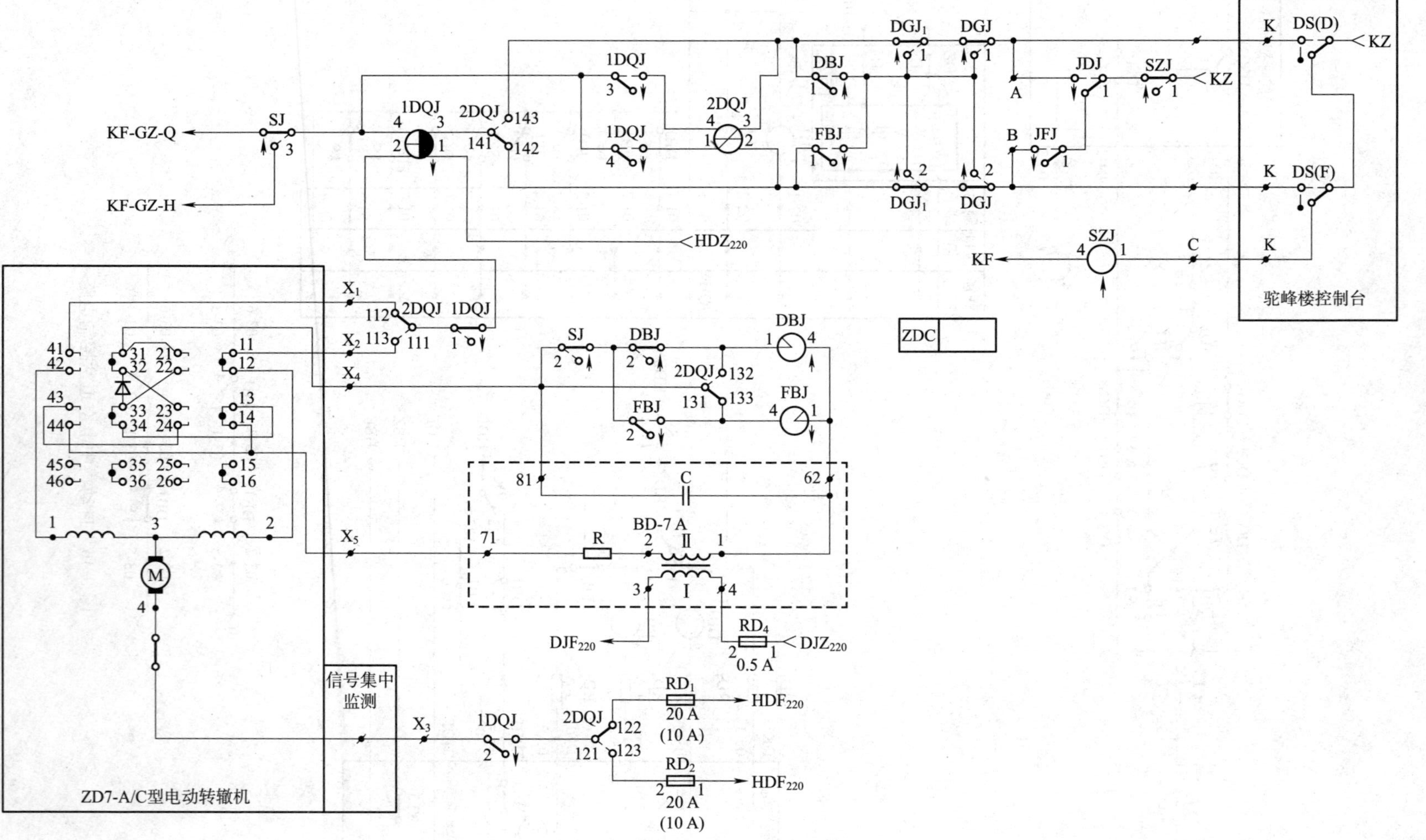

图 3-47　自动集中电动道岔控制电路

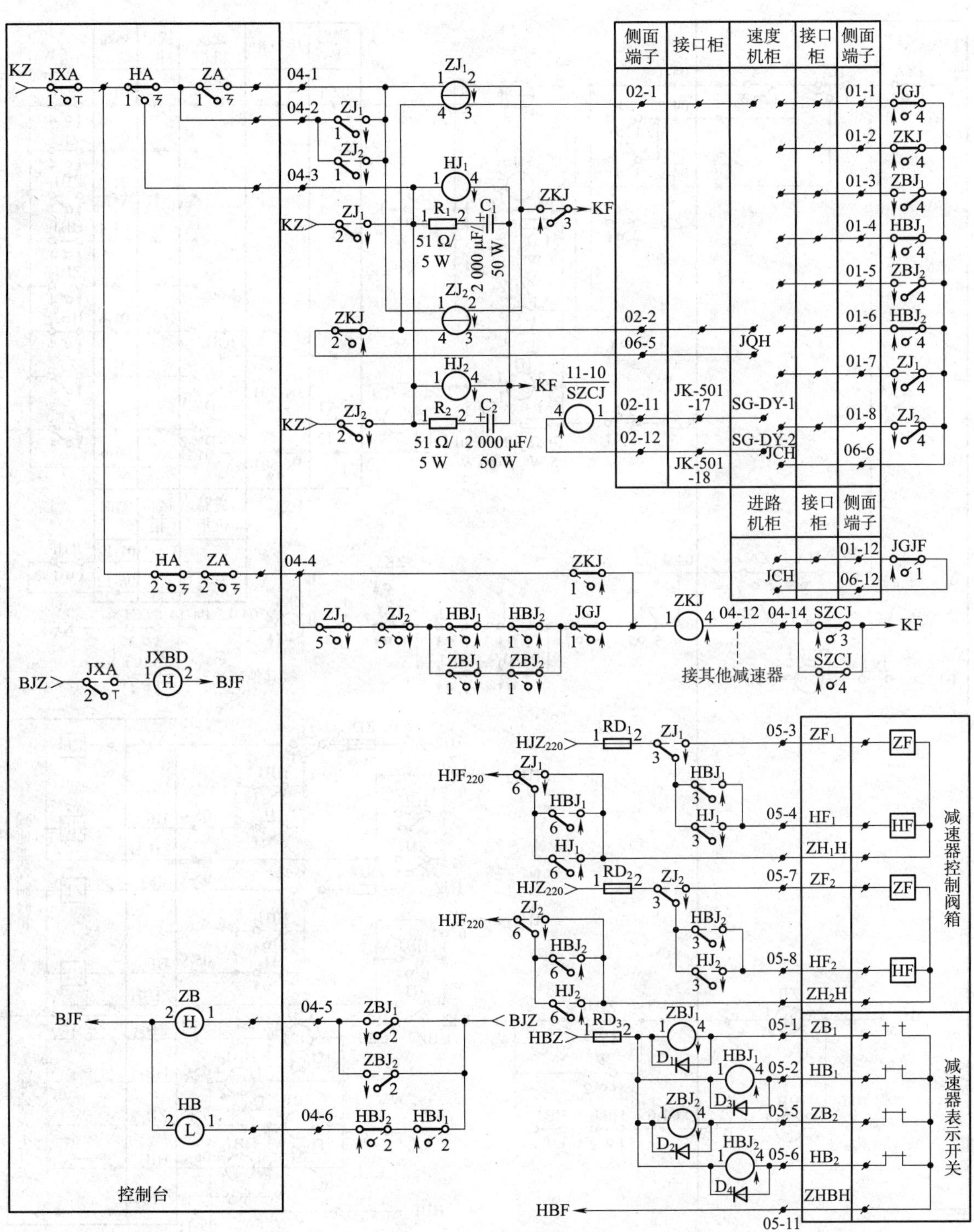

图 3-48　第Ⅰ、第Ⅱ制动位车辆减速器控制电路

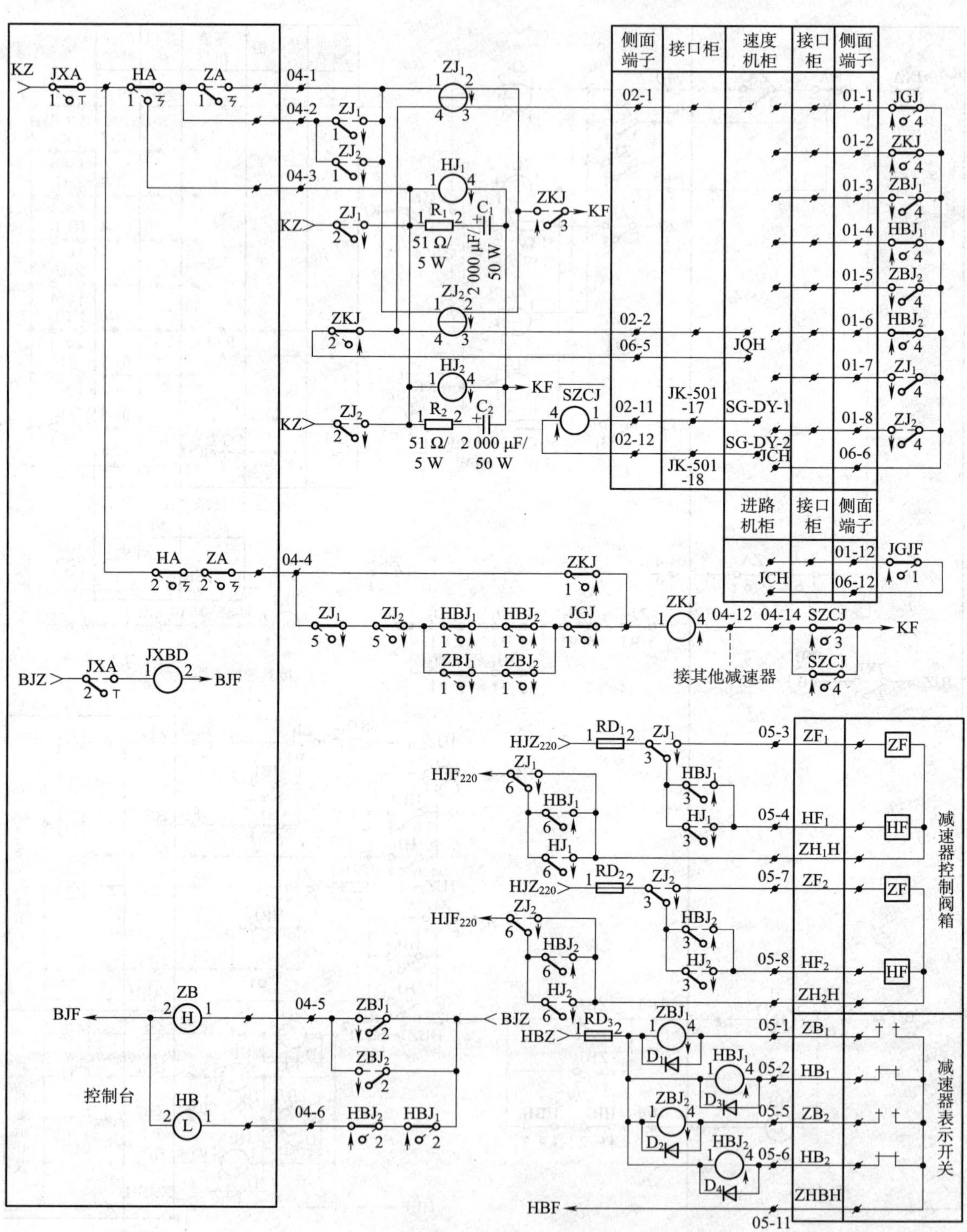

图 3-49　第Ⅲ制动位车辆减速器控制电路

②取消了驼峰控制台，用大屏幕显示器显示站场图形，各有关道岔、信号机、表示器及操作按钮均设于显示器上，利用鼠标操作。不同的颜色显示设备状态及进路的选择、开通、锁闭、信号机开放、车组的走行、进路解锁等各种作业过程。增设手动应急控制台。

③按始终端的方式排列调车进路。在联锁条件满足时，有关道岔将自动转换到规定位置，并锁闭进路，开放信号。随着车列的走行，信号自动关闭，进路逐段解锁。允许排列长调车进路。

2. 系统结构

TBZK Ⅲ型驼峰自动化控制系统由推峰机车无线遥控、进路控制、间隔控制、目的控制和上位管理机5个子系统组成。系统结构如图3-50所示。

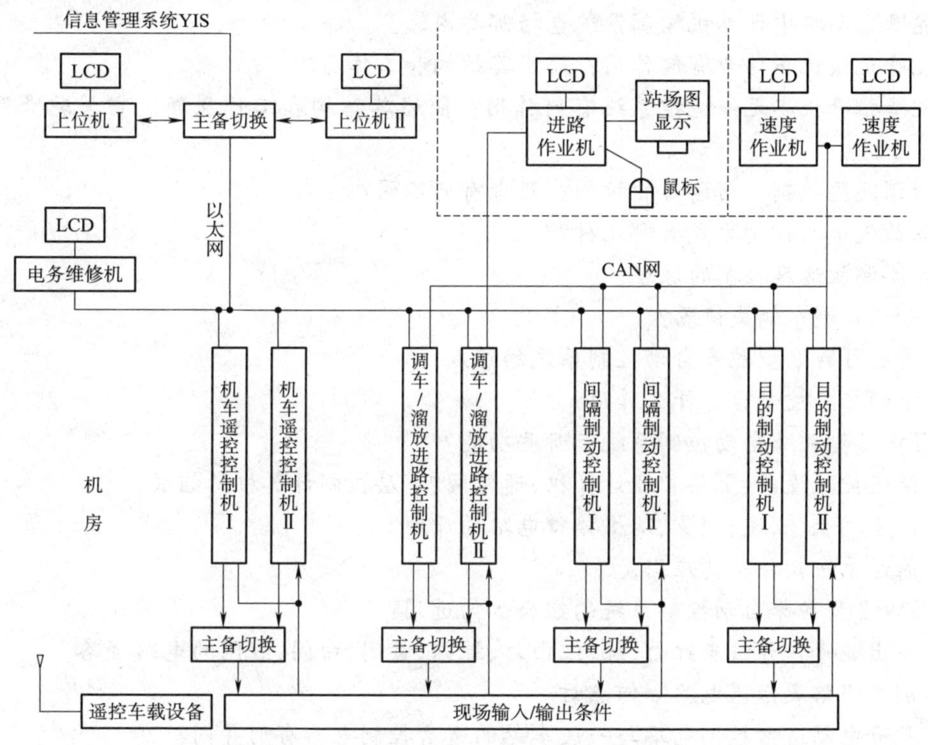

图3-50 TBZKⅢ型驼峰自动化控制系统结构

(1)推峰机车无线遥控系统

该系统由股道识别、地面控制、机车控制3部分组成。地面控制计算机采用双机热备方式。通过电台与车上控制计算机接口，完成预推和主推作业。

(2)进路控制系统

该系统由进路控制机和进路作业机两部分组成。进路控制机采用双机热备方式，通过CAN网与进路作业机接口，完成进路控制作业。

(3)间隔控制系统

该系统由间隔控制机组成。控制机采用双机热备方式。

(4)目的控制系统

该系统由目的控制机和速度作业机两部分组成。目的控制机采用双机热备方式，通过CAN网与速度作业机接口，完成速度控制作业；在完成目的自动控制的基础上，具备人工定速的功能。

(5)上位管理机系统

该系统由两台工业PC机与双机切换单元两部分组成。采用双机热备方式,通过以太网与各控制机联网,对信息进行实时管理,并与信息处理系统接口。

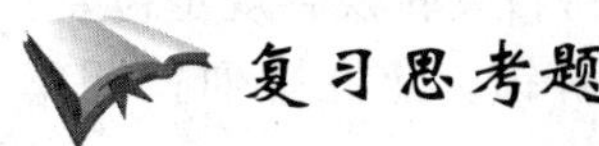

复习思考题

1. 驼峰作业过程控制包括哪些内容?

2. 驼峰溜放进路控制与一般车站的进路控制有何不同?

3. 简述驼峰道岔自动集中的基本原理。

4. 驼峰自动集中计算机控制系统包括哪些内容?

5. 驼峰无线机车信号有何作用?简述其结构和工作原理。

6. 驼峰推峰机车无线遥控系统有何作用?简述其结构和工作原理。它与驼峰无线机车信号有何区别?

7. 何谓间隔控制?何谓目的控制?两者有何不同?

8. 溜放速度的控制方式有哪几种?

9. 简述溜放速度控制的原理。

10. 如何控制车辆减速器?

11. 简述TW-2型驼峰自动控制系统的组成。

12. 手动应急控制台有什么作用?

13. TW-2型驼峰自动控制系统有哪些功能?

14. 简述控显设备、上层管理计算机、通信网、下层控制计算机的组成。

15. 简述测长、测速、测重、踏板接口电路的原理。

16. 简述系统软件及其应用。

17. TW-2型驼峰自动控制系统的组合如何选用?

18. 写出驼峰信号机点红灯、绿灯、白灯、绿闪、黄闪、白闪、红闪的电路径路。

19. 调车线路表示器电路如何点灯?

20. 驼峰电动道岔控制电路与一般车站的道岔控制电路有何异同?

21. 自动集中电动道岔控制电路与电气集中电动道岔控制电路有何不同?

22. 写出自动集中电空道岔手动控制的电路径路。

23. 写出自动集中电空道岔自动控制的电路径路。

24. 写出第Ⅰ、第Ⅱ制动位车辆减速器制动、缓解时的电路径路。

25. 写出第Ⅲ制动位车辆减速器制动、缓解时的电路径路。

26. 驼峰场与到达场间如何联系?驼峰场与到发场间如何联系?驼峰场的编发线如何联系?

27. 简述TBZKⅡ型驼峰自动化控制系统的组成。

28. TBZKⅡ型驼峰自动化控制系统有哪些功能?

29. TBZKⅢ型驼峰自动化控制系统有哪些特点?

第四章　峰尾调车集中联锁

第一节　平面调车区及调车集中

平面调车区集中联锁(简称调车集中)是一种能满足各种平面调车作业的集中联锁制式，它既保证了平面调车作业的安全，又提高了效率，弥补了一般联锁不适应平面调车作业的缺陷。调车集中主要用于驼峰调车场尾部(简称峰尾或编尾)。平面调车集中联锁，即具有平面溜放功能的计算机联锁。

一、平面调车区

平面调车区是指以调车作业为主或调车作业较多的区域，它不同于驼峰调车场，不起峰。大致有以下几种情况：

1. 编组线调车区

编组线调车区为纯调车作业区，担负着车列的编组，有较多的平面溜放作业，以前采用手扳道岔方式，安全性差、劳动强度大、效率低，不能满足运输发展的需要。尤以驼峰调车场尾部最为突出，驼峰场头部和尾部设备相差悬殊，极大地限制了解编能力的提高。

2. 编发线调车区

部分编组线兼作发车线，这在继电集中联锁电路设计中最为困难，若采用一般继电集中联锁就无法溜放，影响调车作业的效率；若采用非联锁设备，又不能保证出发列车的安全。

3. 发车线调车区

有些车站需利用到发线和相邻的编组线、货物线进行编组作业，装设继电集中联锁后限制了溜放作业的进行。

二、平面溜放作业

平面溜放包括单钩溜放、连续溜放和多组溜放。

单钩溜放作业的特点是：随推随溜随时后退；在调车信号机前机车可能跟进；溜放进路要求一锁到底且信号显示正确；溜放车组经过后进路应及时自动解锁；为简化操作手续，有预办或储存进路的要求。

连续溜放作业的特点是：要求调车车列运行前方的道岔可以随意扳动，以便分解溜放车组；机车驶过的进路则是锁闭的，以保证退路安全，即进路的锁闭与解锁方法正好与一般继电集中联锁相反。

多组溜放，则是将已溜出的大车组在走行途中又再度分解为若干车组。

平面溜放与驼峰溜放不同，其作业复杂得多，它是随推随溜，分钩地点不定，随时准备可能在分路道岔前折返运行，在溜放过程中还可能向股道推送和取车。多组溜放就更为复杂。

三、一般联锁对平面溜放的局限性

一般联锁对于站内平面调车作业，不仅限制作业效率，而且影响安全。由于它不能满足运营要求而限制了调车作业：不仅不能进行连续溜放和多组溜放，即使进行单钩溜放也不适应，不得不在没有安全保证和效率很低的情况下勉强进行作业。其影响调车作业的主要情况有：

1. 如果勉强按调车信号的显示进行单钩溜放，当车列占用调车信号机的接近区段甩出车组后，进路不能正常解锁，必须进行 30 s 限时人工解锁，作业效率受到很大影响，也使总人工解锁按钮长期不能加封而影响安全。

2. 调车信号机的开放只能保证所防护进路的安全，不能确认到股道的进路都已锁闭，沿途各调车信号机都已开放。

3. 在牵出运行时，如在折返调车信号机前不能及时停住，则多数经过的区段已解锁，调车车列折返时将通过未锁闭的区段，很不安全。

4. 当推送调车车列驶向股道而该股道满线时，调车车列不能全部进入股道，不得不就地退回，但此时退路已经解锁，调车车列不能随意退回，处于进退两难的境地。这时只能在人为保证下退行，不仅效率低下，而且无安全保证。

由于这些问题的存在，一般联锁不能满足溜放作业的要求，只能用人为规定来限制调车作业。例如，不许溜放，不许随意后退。然而在实际工作中又往往造成违章作业，使安全得不到保证。

四、调车集中的技术原则

1. 溜放与一般调车作业的关系

牵出线溜放调车作业和不同区域的一般调车作业应能平行进行。多于一条牵出线时，应能允许不同的牵出线平行进行溜放调车作业。同一溜放调车区域进行一般调车作业，或进行溜放调车作业，不许混合进行。

2. 溜放进路上轨道电路区段的划分

溜放进路上的分路道岔只设区段锁闭。每组分路道岔单独设轨道电路区段，需设岔前保护区段，为防止瞬间失去分路引起不良后果，增设一组绝缘，构成双区段轨道电路。双区段轨道电路还可减少车列折返的走行距离。

3. 溜放车组间隔距离

相邻车组间的最小间隔应能保证前行车组出清道岔轨道区段，后续车组方可进入岔前保护区段。按限制苛刻的 9 号道岔计算，应不小于 23 m。

4. 中途折返道岔的解锁和转换时机

为减少车列折返时的无效行程，例如，车列在岔尖前折返时，不必出清岔前保护区段，这时要改变道岔的锁闭条件，使道岔在车列占用岔前保护区的情况下能转换。但为了确保安全，采用延时解锁的方式，9 号道岔延时 13 s，6 号道岔延时 20 s 解锁。

5. 相邻车组的侧冲防护

平面溜放的脱钩速度和车组间隔难于准确控制，目前尚未应用有关的测试设备，有可能出现侧面冲突的危险。可通过测量车辆过岔速度来判断发生侧冲的可能性，例如当过岔速度低于某限定值时，则判定可能发生侧冲，这时应锁闭相关道岔，以防护侧冲的发生。

6. 溜放进路分路道岔的控制

溜放进路上的分路道岔可采用手动单独控制和按预先储存的控制命令自动控制(实际上是半自动控制)的方式。当过程控制系统和信息处理系统联网后,可实现全自动控制。

7. 溜放作业指挥

调车人员随车运行,不能处于固定地点指挥,地面信号机有时也会造成司机瞭望困难。目前的做法是,实现集中联锁后仍由调车员手信号指挥,多采用无线调车,地面调车信号机显示月白色闪光。

8. 连续溜放进路控制命令的储存、传递、执行时机

采用预排溜放进路的半自动控制方式时,溜放开始前,将进路控制命令(亦称码令,一般为代码形式)预先储存起来。溜放进路分段建立、分段使用、分段解锁。进路控制命令在溜放车组作用下分段传递和执行。

五、调车集中的技术条件

1. 单钩溜放的技术条件

(1)每一条牵出线设一溜放按钮,允许不同的牵出线平行进行溜放作业。

(2)溜放进路必须由牵出线通向某一股道的所有调车进路组成。

(3)允许车列停在道岔区某架(根据实际需要)调车信号机前办理溜放进路。

(4)溜放进路实行退路锁闭。

(5)必须在溜放进路上的道岔被锁闭以及退路被锁闭的条件下,才能显示溜放信号。允许在车列占用接近区段的情况下,使溜放进路随着车组的走行实行分段解锁或进路解锁。

(6)车列后方的进路,在取消溜放和提前按压解锁按钮后可提前解锁,也即延时 30 s 后解锁。

(7)溜放进路的办理有单办和储存两种方式,在储存或溜放过程中,能对已储存的进路予以修改,储存和溜放的钩序及进路排通在监视器上应有表示。

(8)当采用储存方式时,区段解锁后道岔延时 3 s 转换。

(9)在采用储存溜放时,在该溜放区内不允许同时办理其他列车、调车进路。

2. 连续溜放的技术条件

(1)分路道岔采用快速转辙设备,其控制方式为手动和自动两种。

(2)分路道岔设位置表示器,在溜放作业过程中显示紫色灯光,表示道岔开通直向;显示黄色灯光,表示道岔开通侧向。当道岔处有错钩时,该表示器灯光变为闪光;处于退路锁闭时为关闭。

(3)分路道岔发生挤岔或置于“四开”位置时有挤岔表示,并发出音响信号,同时自动关闭溜放信号。经值班员确认,并将其前方道岔置于防护位置后,与该道岔无关的作业可以继续进行。

(4)分路道岔采用双区段锁闭,其保护区段长度应保证已经启动的道岔在车列以允许的最高速度驶至岔尖前能转换到底。

(5)当分路道岔的保护区段及道岔的可动尖轨部分有车占用时,不能操纵道岔转换。已被操纵的分路道岔,当车列进入其保护区段,轨道继电器落下、转辙机尚未开始动作时,该道岔不能转换。

(6)分路道岔一经启动后,即应转换到规定位置,如在启动后 2 s 内尚未转换到规定位置,

则在车列压入其保护区段前，应能自动转回原位，此时该道岔在监视器上有闪光表示，并发出短时音响。

(7)当分路道岔为联动道岔或交分道岔时，可采用分解措施使其中起分路作用的一组道岔交由溜放操纵，在溜放作业终了时，必须保证自动整理为位置一致状态。

(8)溜放作业过程中，车列在分路道岔前折返运行时，为缩短走行距离，于车列出清道岔区段占用保护区段的情况下，允许该道岔能解锁变位。折返作业分下列两种情况：车列从岔后驶入，待完全驶过道岔，在岔前要求折返，限时 3 s 转岔；车列从岔前驶入，压入道岔区段后，后退回岔前折返，限时 13 s 转岔。

(9)溜放作业过程中，机车背后的道岔实行退路锁闭。

(10)当溜放的车辆过岔速度低于 5 km/h 时，实现侧冲锁闭，将该道岔锁在原位，同时于监视器上该道岔区段有锁闭显示。

(11)储存电路一次能储存 50 钩，能根据需要确定按连续溜放或多组溜放进行作业。

(12)溜放车组发生跟钩后，监视器上应有表示。

(13)储存和溜放的钩序与进路在监视器上应有表示。

第二节　平面调车集中联锁系统

一、平面调车集中联锁的分类及选用

按功能分，平面调车集中联锁有单钩溜放、连续溜放两种电路类型。单钩溜放电路又分固定牵出线型和非固定牵出线型两种。

根据运营需要来选用电路类型。单钩溜放用于溜放作业较少的线束。当中间站、区段站进行溜放，且同一溜放区内同时只由一台调车机车作业时，宜采用单钩溜放电路。连续溜放适用于对沿摘列车进行站顺等编组作业线束，驼峰调车场尾部有较多连续溜放(包括多组溜放)作业时曾采用连续溜放电路。目前，连续溜放已不再发展。

按设备类型分，有继电式平面调车集中联锁和计算机式平面调车集中联锁。较早的平面调车集中联锁为继电式，有单钩溜放电路(电号 6514)和连续溜放电路(电号 6513)。前者叠加在 6502 电气集中电路上；后者可单独使用，也可叠加在 6502 电气集中电路上。随着计算机技术的迅速发展，研制成计算机式平面调车集中联锁。先是在 6502 电气集中的基础上叠加计算机平面调车集中，一般调车作业仍由 6502 电路完成，平面溜放调车的功能由计算机完成。后来用计算机联锁取代 6502 电气集中，完成联锁功能并增加平面溜放调车作业功能。目前发展的就是这种具有平面溜放功能的计算机联锁。它充分利用计算机的特长扩展了功能，提高了安全性、可靠性；满足运营的要求，并有利于维修和站场的变更和扩建。

二、平面调车集中联锁的设备组成

1. 室外设备

(1)单钩溜放的室外设备

单钩溜放室外不增加任何设备，只是调车信号机具有月白闪光显示。进行溜放作业时，调车信号机显示月白闪光。它指示溜放进路一直锁到股道，有退路锁闭，允许机车后退。当车列

在调车信号机前和内方第一个区段分钩后，调车信号机自动关闭。溜出车组后，即使车列占用接近区段，溜放进路也能随着溜放车组的通过逐段解锁。

(2)连续溜放的室外设备

用于连续溜放的区域，分路道岔要采用快速转辙机，并有道岔位置表示器。轨道电路采用高分路灵敏度的。其他区域，早期采用交流连续式轨道电路，现在普遍采用 97 型 25 Hz 相敏轨道电路或微电子相敏轨道电路。

为分解溜放车组，判定分钩地点，将轨道电路划分为不小于 11 m(岔前保护区段所需长度)、不大于 21.4 m(车组间距所需长度)的连续小区段。当车列分钩甩出一个车组，在车列和车组间出现一个空闲区段时，利用轨道电路动作记录分钩。连续溜放区域的轨道电路划分如图 4-1 所示。图中，带○者为溜放分路道岔。$\frac{205/207G_1}{20}$，分子为轨道电路名称，分母为轨道电路长度。

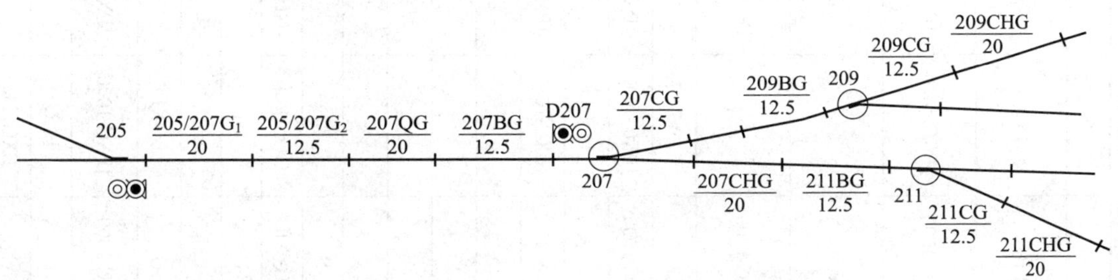

图 4-1 连续溜放区域的轨道电路划分

BG—保护区段；CG—道岔区段；QG—岔前区段；CHG—岔后道岔区段

为保证道岔不中途转换，采用测速延时转换道岔方式(利用保护区段测速，根据不同速度的车组离开保护区段后，经不同的延时后转换道岔)和双区段锁闭方式(有车占用保护区段时不能转换道岔)。

为防止前缓后快两车组追钩而发生侧面冲突，有车组测速。

溜放方向的调车信号机，当其前方有车时，自动开放溜放信号(月白闪光)；车列越过该信号机自动关闭。而股道上或退路方向的调车信号机，当车列完全进入股道或退路方向调车信号机外方后，经检查通向牵出线进路空闲、道岔位置正确并锁闭后自动开放。机车后退跨入信号机时自动关闭。

2. 室内设备

目前发展的平面调车集中联锁即为带平面溜放功能的计算机联锁，它既完成车站的联锁功能，又具有单钩溜放和连续溜放功能。硬件设备就是计算机联锁设备，只是控制台上还设有溜放用的按钮和表示灯。它和一般的计算机联锁不同之处，就是必须编制进路命令程序和溜放程序。

计算机联锁和室外设备的联系仍采用继电器电路。峰尾集中联锁定型组合类型如表 4-1 所列。

表 4-1　峰尾集中联锁定型组合类型表

组合类型	0	1	2	3	4	5	6	7	8	9	10
C_1	RD_1 RD_2 RD_3 RD_4	BB	1DQJ	2DQJ	DBJ	FBJ	DCJ	FCJ	SFJ	C R	
	3 A 5 A 0.5 A	BD_1-7	JWJXC-H125/0.44	JYJXC-160/260	JPXC-1000	JPXC-1000	JPXC-1000	JPXC-1000	JPXC-1000	4 μF,500 V RXYC-10-750-Ⅰ	
C_2	RD_1 RD_2 RD_3 RD_4	BB	1DQJ	2DQJ	DBJ	FBJ		BGFJ	BGJ	CGJ	CR
	10 A 15 A 0.5 A	BD_1-7	JWJXC-H125/0.44	JYJXC-160/260	JPXC-1000	JPXC-1000		JWXC-1700			4 μF,500 V RXYC-10-750-Ⅰ
CF		DCJ	FCJ	SFJ	ZFJ	DCJ	FCJ	SFJ	ZFJ	DQD	DQD
		JPXC-1000	JPXC-1000	JPXC-1000	JPXC-1000	JPXC-1000	JPXC-1000	JPXC-1000	JPXC-1000	DTB-4F	
CB	RD_1～RD_4		BXG		BXG		LODJ	SBJ	LODJ	SBJ	
	0.5 A		BXG_1-35		BXG_1-35		JPXC-1000	JPXC-1000	JPXC-1000	JPXC-1000	
FS-1		FS	FS	FS	FS						
		GLG-F-Ⅰ	GLG-F-Ⅰ	GLG-F-Ⅰ	GLG-F-Ⅰ						
FS-2		FS	FS	FS	FS						
		GLG-F-Ⅱ	GLG-F-Ⅱ	GLG-F-Ⅱ	GLG-F-Ⅱ						
GZ-1		JS	JS	JS	JS	JS	JS	JS	JS	JS	JS
		GLG-J-Ⅱ	GLG-J-Ⅱ	GLG-J-Ⅱ	GLG-J-Ⅱ	GLG-J-Ⅱ	GLG-J-Ⅱ	GLG-J-Ⅱ	GLG-J-Ⅱ	GLG-J-Ⅱ	GLG-J-Ⅱ
G		GJ	GJ	GJ	GJ	GJ	GJ	GJ	GJ	GJ	GJ
DX	RD_1～RD_4	XJ	LOXJ	XJ	LOXJ	XJ	LOXJ	XJ	LOXJ	DQD	
	可变 3 kΩ, 50 W	JPXC-1000	JPXC-1000	JPXC-1000	JPXC-1000	JPXC-1000	JPXC-1000	JPXC-1000	JPXC-1000	DTB-4F	
DXF	RD_1～RD_6		BXG		BXG		BXG		DJ	DJ	DJ
	0.5 A		BXG_1-35		BXG_1-35		BXG_1-35		JZXC-H18	JZXC-H18	JZXC-H18

其中：

C_1——一般道岔组合，用于非分路道岔，每组道岔选用一个C_1组合。

C_2——分路道岔组合，用于分路道岔，每组分路道岔选用一个C_2组合。

CF——分路道岔辅助组合，两组分路道岔选用一个CF组合。

CB——分路道岔表示器组合，两组分路道岔选用一个CB组合。

FS——轨道电路发送组合，分为FS-1和FS-2两种，分别包含有4个高灵敏轨道电路发送器Ⅰ和Ⅱ。

GZ——轨道电路接收组合，含有10个高灵敏度轨道电路接收器。

G——非电码化轨道电路组合，含有10个轨道继电器。

DX——调车信号组合，每个组合可供4架调车信号机用。

DXF——调车信号辅助组合，每个组合可供3架调车信号机用。

三、溜放程序

1. 溜放程序的功能

(1)建立溜放作业方式，以有别于一般调车联锁控制方式。

(2)确定车列位置和待溜车组的第一分路道岔，即制定分钩地点(区段)。

(3)在溜放车组的作用下，输出、执行道岔控制代码。

(4)溜放追踪，判定二次分钩(对于多组溜放)、追钩、错道等。

(5)预测侧冲并报警和实现侧冲防护。

(6)溜放过程中的转线及折返。

2. 溜放控制软件

例如连续溜放和多组溜放的程序模块及功能如下：

①建立作业方式模块

用以识别控制台作业方式选择命令，建立相应的溜放作业状态、作业过程中的暂停状态、暂停后的继续溜放状态以及撤销溜放状态。

②溜放处理主程序模块

连续溜放(含多组溜放)各程序模块的管理主程序，用于管理各程序模块，主程序循环运行。车列开始溜放前的位置追踪亦由本模块完成。

③准备溜放程序模块

该模块完成识别是否已储存了进路控制命令。当已储存进路命令后，通过对轨道区段状态信息的扫描，进行分钩识别及分钩处理、车列位置追踪(前移或后退)、判别车列是否已追上分钩的钩车并进行相应的处理。

④追踪溜放钩车处理模块

该模块主要功能是根据钩车数据表和从钩车尾端向前端扫描轨道区段状态信息，判定是否有二次分钩(多组溜放的再分钩)，并作相应的处理。

⑤查巡道岔处理模块

该模块确定被控制的分路道岔范围，按道岔控制命令转换道岔，判断执行控制命令后的道岔位置是否与命令一致并作相应的处理。如车辆进入道岔轨道区段前，道岔转换时间超过规定时间，则自动控制道岔转回原位置及置自动回转标。

⑥开放信号程序模块

该模块根据钩车数据表判定其溜放前方是否有顺向信号机及分路道岔，有则开放溜放白灯闪光信号。

四、执行电路

用于平面调车的计算机联锁的执行电路与一般计算机联锁的执行电路不同之处在于其分路道岔采用五线制道岔控制电路，具有道岔位置表示灯电路，调车信号机有闪光信号电路。

1. 驱动和采集

系统驱动定位操纵继电器 DCJ、反位操纵继电器 FCJ 和锁闭防护继电器 SFJ，每组道岔各一组。

带溜放道岔微机驱动电路驱动溜放表示继电器 LOBJ、闪光表示继电器 SBJ 和总防护继电器 ZFJ，每组分路道岔各一组。

系统驱动调车信号继电器 DXJ 和溜放信号继电器 LOXJ，每架溜放区的调车信号机各一组。

系统驱动闪光控制继电器 SNKJ，全站一个。

系统采集每组道岔的定位表示继电器 DBJ 和反位表示继电器 FBJ 的前后接点，采集每架调车信号机的 DXJ 前后接点、LOXJ 的前接点和灯丝继电器 DJ 的前接点，采集闪光检查继电器 SNJJ 的前接点。

2. 五线制道岔控制电路

分路道岔采用 ZD7-A 型电动转辙机，由五线制道岔控制电路控制和构成表示，其中 X1、X2、X5 是控制线，X3、X4 是表示线，电路如图 4-2 所示。

和一般道岔控制电路不同的是，在 1DQJ 的 1-2 线圈电路中除了 SFJ 前接点外，串联双区段轨道电路的保护区段轨道继电器 BGJ 及其复示继电器 BGFJ 和道岔区段轨道继电器 CGJ 的前接点。当计算机联锁发出转岔命令，DCJ 或 FCJ 以及 SFJ 吸起时，只要保护区段和道岔区段都空闲，即 BGJ 和 CGJ 都吸起时，就沟通 1DQJ 的 1-2 线圈电路。在车进入保护区段，BGJ 落下时，则由 ZFJ 前接点经过 BGJ 后接点继续沟通 1DQJ 的 1-2 线圈电路，以保证道岔转换到底。

保护区段轨道复示继电器电路如图 4-3 所示。BGFJ 平时吸起并自闭。DCJ 或 FCJ 吸起时，车占用保护区 BG，BGJ 落下，BGFJ 随之落下。车出清保护区段，BGJ 吸起，占用 CG，CGJ 落下，使 BGFJ 吸起。因此，BGFJ 在操纵道岔时复示 BGJ 的状态，以确认保护区段的空闲。

3. 道岔位置表示灯电路

道岔位置表示灯电路如图 4-4 所示。驱动电路驱动溜放表示继电器 LOBJ 和闪光表示继电器 SBJ。LOBJ 吸起，通过道岔定位表示继电器 DBJ 或道岔反位表示继电器 FBJ 的前接点分别点亮紫灯(Z)或黄灯(U)，表示该分路道岔在定位或反位。溜放时，SBJ 吸起，接通闪光电源S-XJZ_{220}，使道岔位置表示灯闪紫灯或黄灯。

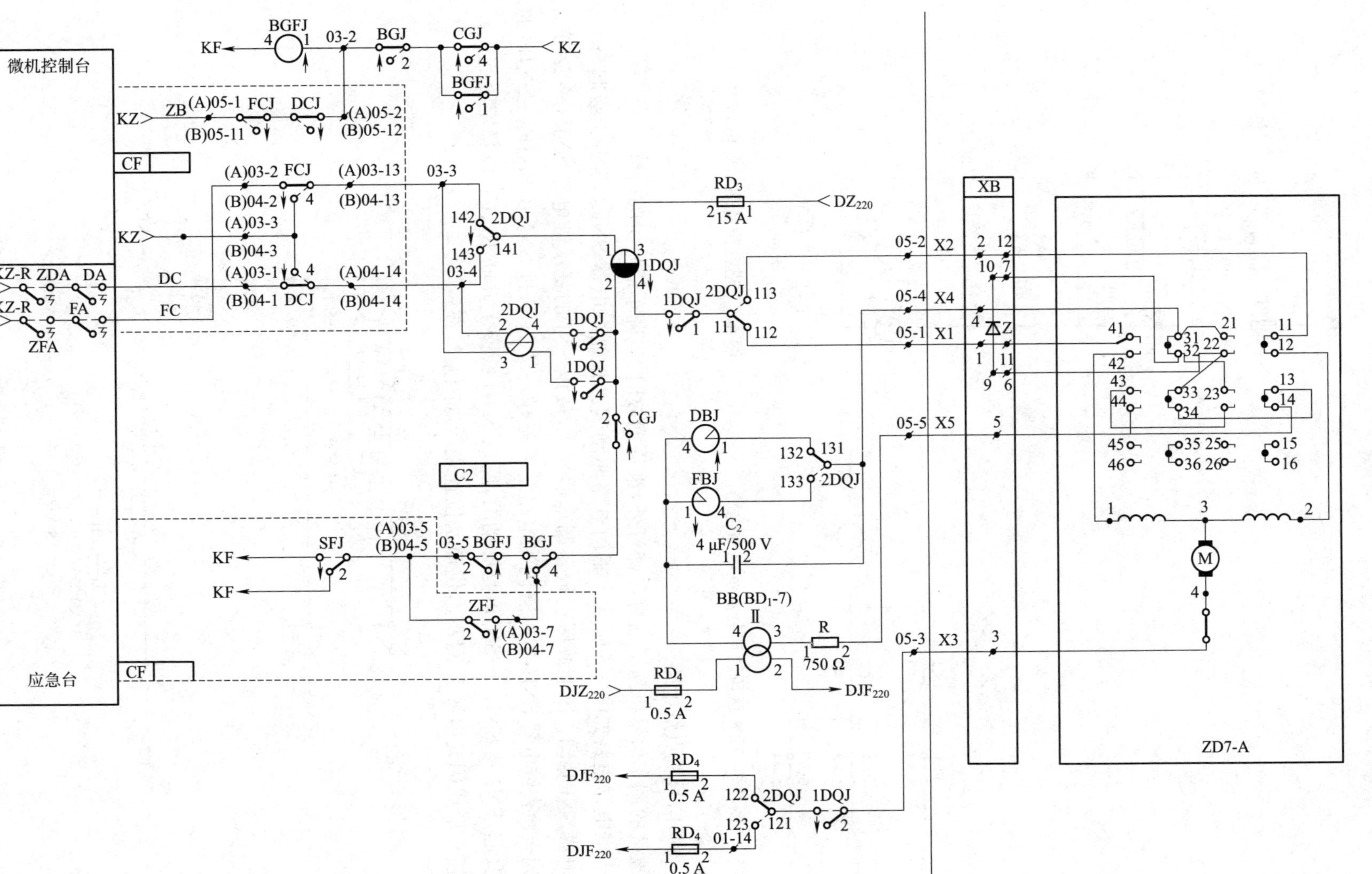

图 4-2　五线制道岔控制电路

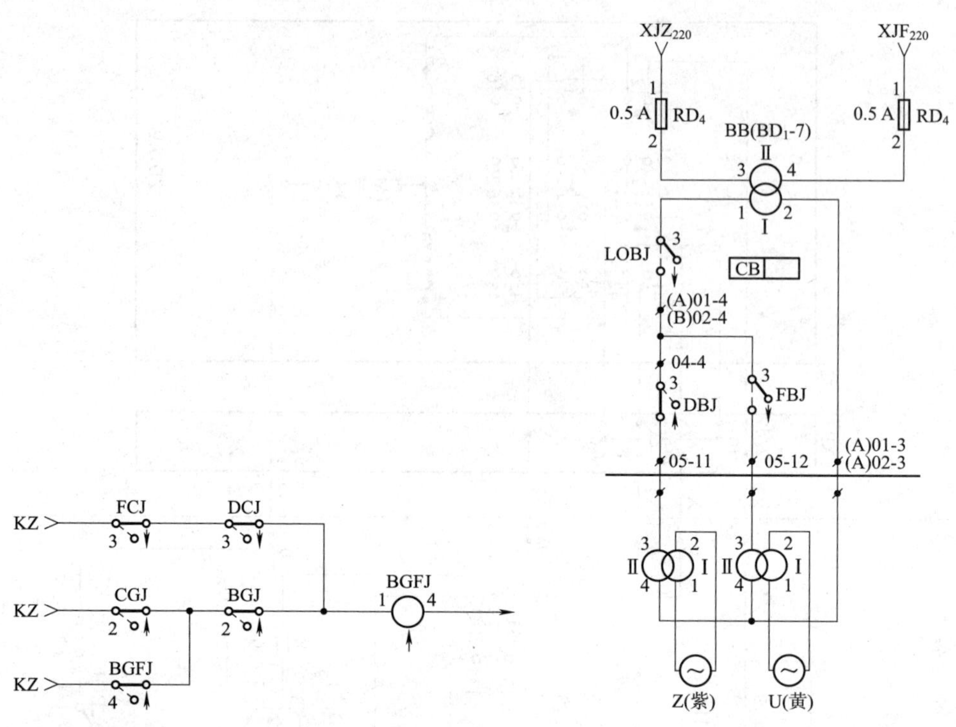

图 4-3　保护区段轨道复示继电器电路　　　　图 4-4　道岔位置表示灯电路

4. 调车信号机点灯电路

溜放区的调车信号机除了白灯和蓝灯外，准许溜放时，该调车信号机闪白灯。

闪光继电器电路如图 4-5 所示。驱动电路驱动闪光控制继电器 SNKJ，SNKJ 吸起，构成闪光继电器 SNJ 脉动。因溜放区有较多调车信号机，故设 SNJ 的复示继电器 $SNJF_1$～$SNJF_6$。还设有闪光检查继电器 SNJJ，以检查闪光电路是否完好。SNJJ 通过 SNJ 及 $SNJF_1$～$SNJF_6$ 的前接点吸起，SNJ 及 $SNJF_1$～$SNJF_6$ 是脉动的，所以 SNJJ 线圈上并联 R_1、C_2，以稳定吸起。经 SNJ 前接点形成闪光电源 $S\text{-}XJZ_{220}$，供道岔位置表示灯闪紫灯或黄灯。

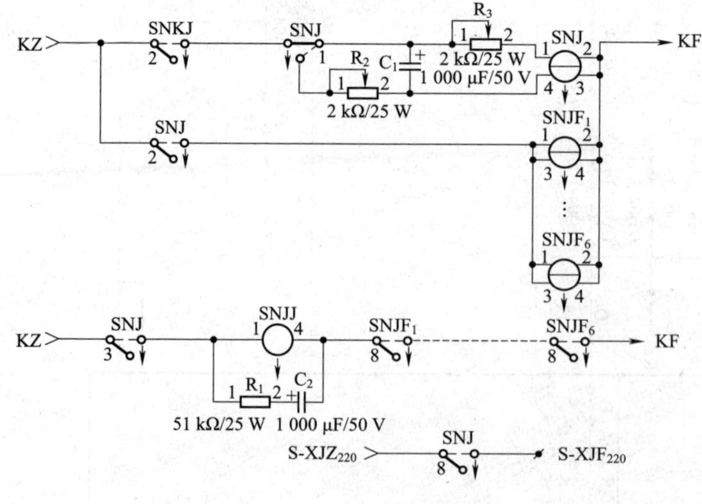

图 4-5　闪光继电器电路

调车信号机点灯电路如图 4-6 所示。驱动电路驱动调车信号继电器 DXJ 和溜放信号继电器 LOXJ。仅 DXJ 吸起时，调车信号机点白灯。在溜放时，DXJ 和 LOXJ 吸起，SNJF 接点脉动，闭合时白灯点亮，断开时电路串 3 kΩ 电阻 R，电流骤然变小，使白灯暗下来，实现了白灯闪光。

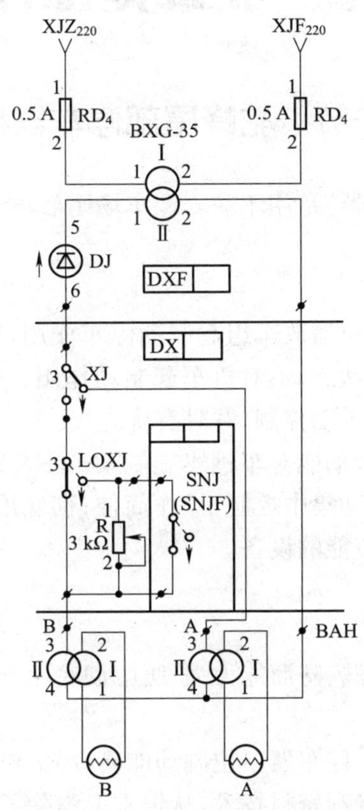

图 4-6　溜放区的调车信号机点灯电路

复习思考题

1. 什么是平面调车区？
2. 平面溜放作业有哪几种？各有什么特点？
3. 一般联锁为什么不能进行平面溜放？
4. 简述调车集中的技术条件。
5. 调车集中联锁如何分类？如何选用？
6. 简述平面调车集中联锁的设备组成。
7. 溜放程序有哪些功能？
8. 峰尾集中联锁定型组合如何选用？
9. 五线制道岔控制电路与四线制道岔控制电路有何异同？
10. 平面调车集中道岔位置如何表示？调车集中的调车信号机点灯电路有什么特点？

第五章　驼峰尾部停车器

第一节　驼峰尾部停车器概述

可控停车防溜器(简称停车器)是用于驼峰调车场尾部防溜、停车的设备。

一、停车器的作用

停车器平时处于制动状态,对溜放车组起制动停车作用,取代防溜铁鞋,当有机车进入编组线作业时,控制停车器到缓解状态,不对机车起制动作用。根据驼峰及峰尾进路信息,可对停车器进行自动控制,也可进行手动控制,并具有优先权。

停车器利用溜放车辆的冗余动能对车辆实施制动。不需改动轨道基础、不需建立大型泵站,能够实现微机联锁控制或手动集中控制,操作简便;彻底甩掉铁鞋,大大改善了作业条件,因此,是一种高效、低耗、安全、节能的设备。

二、停车器的特点

停车器具有制动力大、无渗漏、防溜能力强、缓解彻底无干涉、机械强度高、使用寿命长、安全、可靠等优点。

(1)制动力大、防溜性能好。停车器单位制动能高 0.07 m/m(0.31～0.50 m/台);特殊设计的油路及专用制动油缸采用专利密封技术,从根本上消除了液压系统易漏油、保压时间短的弊端;其防溜性能是国内目前最好的。

(2)机械强度高、使用寿命长。停车器采用托梁伸缩臂组合结构,消除了轴向的受力变形,动作灵活,机械强度高,安全系数大,缓解彻底。车列以 25 km/h 以上速度进行调车作业也不会碰撞和干涉,主要部件寿命期超过一个大修周期。

(3)安装简单、维修方便。停车器直接卡装在基本轨上,方便快捷。安装时只需封锁该股道,对邻线作业无干扰,采用标准化元器件,故障率低,维护简单、方便。

(4)性价比优、环保节能。停车器在同等配置下能高大,单位能高价格低,性价比较优。停车器不需外部能源,利用车辆溜放本身动能通过电液集成技术转换成制动力,对车辆进行制动、防溜,节能环保。

(5)安全、可靠。停车器设备自身备有蓄能装置,可以保证设备在停电后手动制动、缓解三次。因此,遇到停电等原因,控制室内无法实现缓解时,可就地采用手动缓解,人工在现场将电磁换向阀固定于缓解端后,机车和车辆可安全通行。

(6)越区报警功能。停车器 2+1 布置时,第三台设备提供“有车占用”表示,提醒作业人员车辆已经进入第三台停车器了。如果设备现场可以提供轨道电路或者其他越区报警信息,也可按用户的要求把该越区报警信息集成到停车器控制系统中。

第二节　停车器的结构和工作原理

一、停车器系统的组成

停车器系统组成如图 5-1 所示，包括停车器、停车器控制室设备、停车器操作室设备，还要与驼峰控制系统相联系。

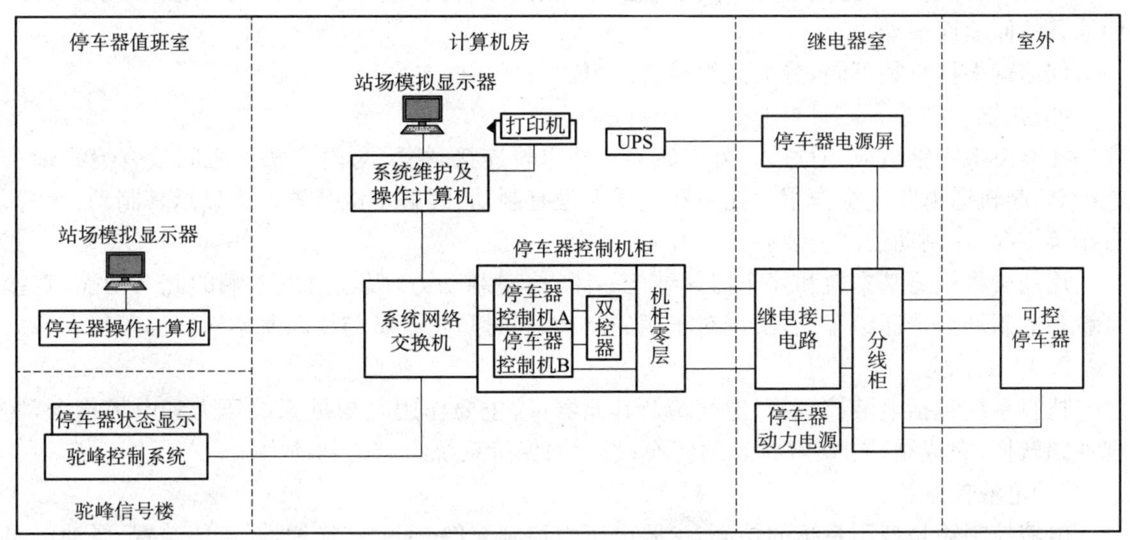

图 5-1　停车器系统组成

停车器控制室设在调车场尾部。停车器控制室设备包括停车器控制柜及 UPS、电源屏、组合柜、分线柜、计算机工作台，平面布置示意如图 5-2 所示。根据具体调车场，确定组合柜数量。

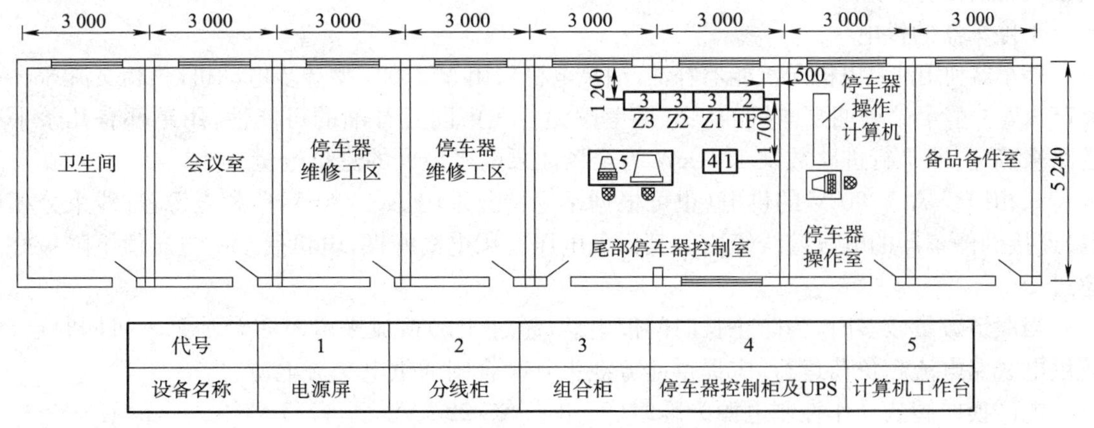

代号	1	2	3	4	5
设备名称	电源屏	分线柜	组合柜	停车器控制柜及UPS	计算机工作台

图 5-2　停车器控制室设备平面布置示意（单位：mm）

二、停车器的结构

停车器主要由执行系统、电液系统组成。

1. 执行系统

执行系统包括制动轨及伸缩臂、托梁。

(1)制动轨

制动轨接收车轮的挤压,并对车轮进行制动。

(2)伸缩臂

伸缩臂主要由制动轨座和制动油缸组成。伸缩臂安放在托梁滑铁和支承座上,在制动和缓解时,伸缩臂可以在托梁滑铁和支承座上伸缩滑动。制动轨通过螺栓安装在制动轨座上,随伸缩臂的伸缩而移动。

伸缩臂根据节数不同,分成五组或者六组。

(3)托梁

托梁由工字钢组成,通过内、外卡轨器和基本轨连接,托梁与内卡轨器之间设有绝缘垫和绝缘套,起轨道电路绝缘作用。托梁和支承上设有制动、缓解定位装置。为显示其制动、缓解、有车等工况,在制动油缸上装有行程开关。

用托梁将线路基本轨和停车器固结于一体,传递制动力,吸收溜放车辆的冗余动能,直接将设备的制动力传递给车辆,实现对车辆的制动,同时防止设备与线路基本轨间的爬行。

2. 电液系统

执行系统包括电液控制箱、电气箱及其元器件,主要作用是根据系统压力和电控指令,实现油路转换,完成制动、缓解状态的转换;长时间保持系统给定的制动力。

(1)电液控制箱

电液控制箱是液压系统的核心,主要由压力控制元件、压力转换模块、蓄能装置、泵油电机组件、集成阀块、压力测试和控制元件、连接管路组成。

(2)电气系统

电气系统主要作用是保持线路和设备的绝缘,按控制系统的指令控制停车器的工作状态,反馈设备的工作状态。

①停车器的供电

停车器利用油泵电机向蓄能器补油,油泵电机采用 YSJ8024 型异步电动机,三相交流 380 V、0.75 kW。整个站场油泵电机的供电量考虑到各线束同时补油的可能性,用尾部有几条平行进路来确定,即平行进路数乘 1.5 kW 为全场油泵电机最大的总供电量。

三相四线 AC 380 V 的供电(也可根据站场情况采用 AC 220 V 单相电源,按线束分相供电)连接到停车器的电气接线箱内。其供电电压在用电高峰期,电机启动时电压值下降最好不超过 10%。

当股道数量较多时,为防止长时间停电后(超过 4 h)造成来电时多台油泵电机同时启动,使供电线路电流超负荷运行,应提供能分线束延时合闸的供电交流电源。

电磁换向阀的动作控制电源为瞬时(2～3 s)AC 220 V。

制动位、缓解位、有车、故障的信息表示电源,由控制系统自定。

②停车器的控制

停车器状态的转换采用双向电磁换向阀交流 220 V/40 W(启动功率 130 W),每股道 2～3 台停车器并联。该控制 AC 220 V 供电,由信号楼控制台直接接入停车器电气箱内接线端子上。

每次控制通电 2～3 s,自动切断,不得长时间通电(手动控制台采用自复式按钮);制动线圈与缓解线圈的供电必须进行互锁，不得制动与缓解两端同时供电，不得人为地一次按动多台停车器同时转换，使全场多台油泵电机同时启动而造成超负荷保护。

为避免多股道同时动作而造成超负荷运行，对同一线束的股道，在进行计算机控制时应纳入联锁保护条件，每次只能动作两股道，第二股道要动作时，应延缓 1 min。

③停车器的信息表示

a. 制动位、缓解位表示：停车器制动位与缓解位的表示，采用行程开关，一股道 2～3 台停车器串联，提供开关量，分别接入停车器电气箱接线端子。由集中控制台提供 24 V 电源及表示灯，一般制动位为黄色，缓解位为绿色。

b. 故障表示：蓄能器失压表示的压力开关接点连接在电气箱端子上，由集中控制台提供 24 V 电源及表示灯。一股道的停车器失压故障表示并联，当该表示灯亮时（一般为红色），即为失压故障，进行故障报警。

c. 有车表示：第三台停车器（驼峰来车方向为第一台）上安装了有车表示的行程开关，当溜下来的车辆进入或经过第三台停车器后，有车表示的行程开关触点瞬时闭合，给控制传输一个有车的闭合触点信息，控制台应将该信息保留并使有车表示灯着灯（一般为红色），停车器缓解时，自动熄灭复原。

d. 计算机控制信息的记录：计算机记录股道、命令时间、命令内容（制动、缓解）、命令执行情况（制动到位、缓解到位）、故障报警（时间、股道）、有车表示的显示时间，并在一定的时内更新，以备查阅。

三、停车器的工作原理

驼峰上溜放下来的车辆车轮进入停车器两制动轨后，便挤压两制动轨，使制动油缸活塞回缩。此时由于电液控制模块的作用，已形成了封闭油路，系统的压力升高，此压力又通过制动轨反作用到车轮内侧，产生了摩擦力矩，阻止车轮的转动，从而达到防溜停车的目的。停车器的工作原理如图 5-3 所示。

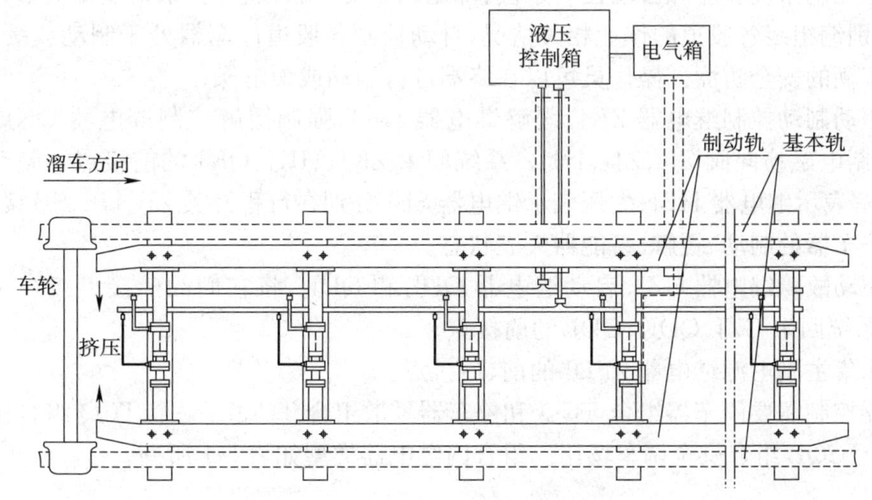

图 5-3　停车器的工作原理

缓解时，控制电控集成模块，向制动油缸小腔供油，推动活塞向内收缩，停车器处于缓解状态。

四、停车器布置

停车器设在调车线尾部，尤其是主要编组直达、直通和区段等列车的线束，应在尾部设置停车器。停车器设在距尾部警冲标100～150 m处，必须安装在直线区段上，尽量集中对齐设置，如遇轨缝可适当调整。

停车器布置有1+1型和2+1型两种，布置分别如图5-4(a)、图5-4(b)所示。停车器命名，在TK前冠以调车线编号，后缀本调车线停车器编号，从驼峰方向顺序编为1、2、3。

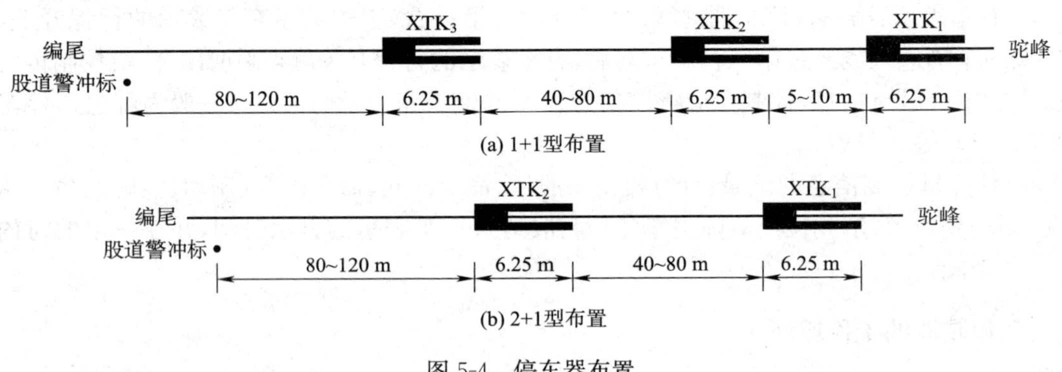

图5-4　停车器布置

五、控制电路

停车器控制电路如图5-5所示。

停车器控制系统和驼峰自动控制系统、峰尾调车集中联锁联网，采集驼峰头部和尾部的作业信息，判别编组线各股道的作业相关情况，自动控制各股道停车器处于制动或缓解状态，实现对溜放车辆的安全防溜。操作员可以在终端进行制动或缓解操作。

系统驱动制动控制继电器ZKJ、缓解继电器HKJ、强制缓解控制继电器QKJ，它们吸起后，分别控制电磁换向阀ZJ_1、ZJ_2、JHJ。系统回采ZKJ、HKJ、QKJ的前接点。制动表示继电器ZBJ、缓解表示继电器HBJ、失压表示继电器SBJ分别在行程开关ZB、HB、SB接通时吸起，分别表示停车器的制动、缓解、蓄能器失表状态。

系统驱动故障继电器GZJ、启动继电器QDJ_1和QDJ_2，将它们的前接点接在ZKJ、HKJ、QKJ中。系统回采GZJ、QDJ_1、QDJ_2的前接点。

系统采集主副电源继电器ZFDJ的前、后接点。

停车器控制需要停车器组合TCQ和停车器零散组合TCQL，一个TCQ组合供一条调车线用，一个TCQL组合供全调车场用。组合内继电器类型如表5-1所列。

机柜零层
组合侧面
组合架
组合侧面
室外分线柜
TK1
室外箱柜
TK2
室外箱盒
TK3
室外箱盒
01-1
01-2
01-3
03-10
01-11
01-12
01-13
03-9
TQH
TCH
ZKJ
HKJ
QKJ
GZJ
QDJ1
QDJ2
ZBJ
HBJ
SBJ
TCQ
03-18
01-18
02-18
HKZ24
HKF24
HBZ24
HBF24
RD1(1 A)
RD2(1 A)
RD3(1 A)
RD4(2 A)
02-1
02-2
02-3
02-9
02-11
02-12
02-13
02-18
X1
X2
X3
X4
X5
X6
X7
X8
ZJ1
ZJ2
JHJ
ZB
HB
（行程开关）
SB
M
HF4
UA UB UC
（380 V三相动力电源）
F2~4、5、6、7
分线柜
组合柜
L
Z-
ZFDJ
01-14
01-15
TQH-6

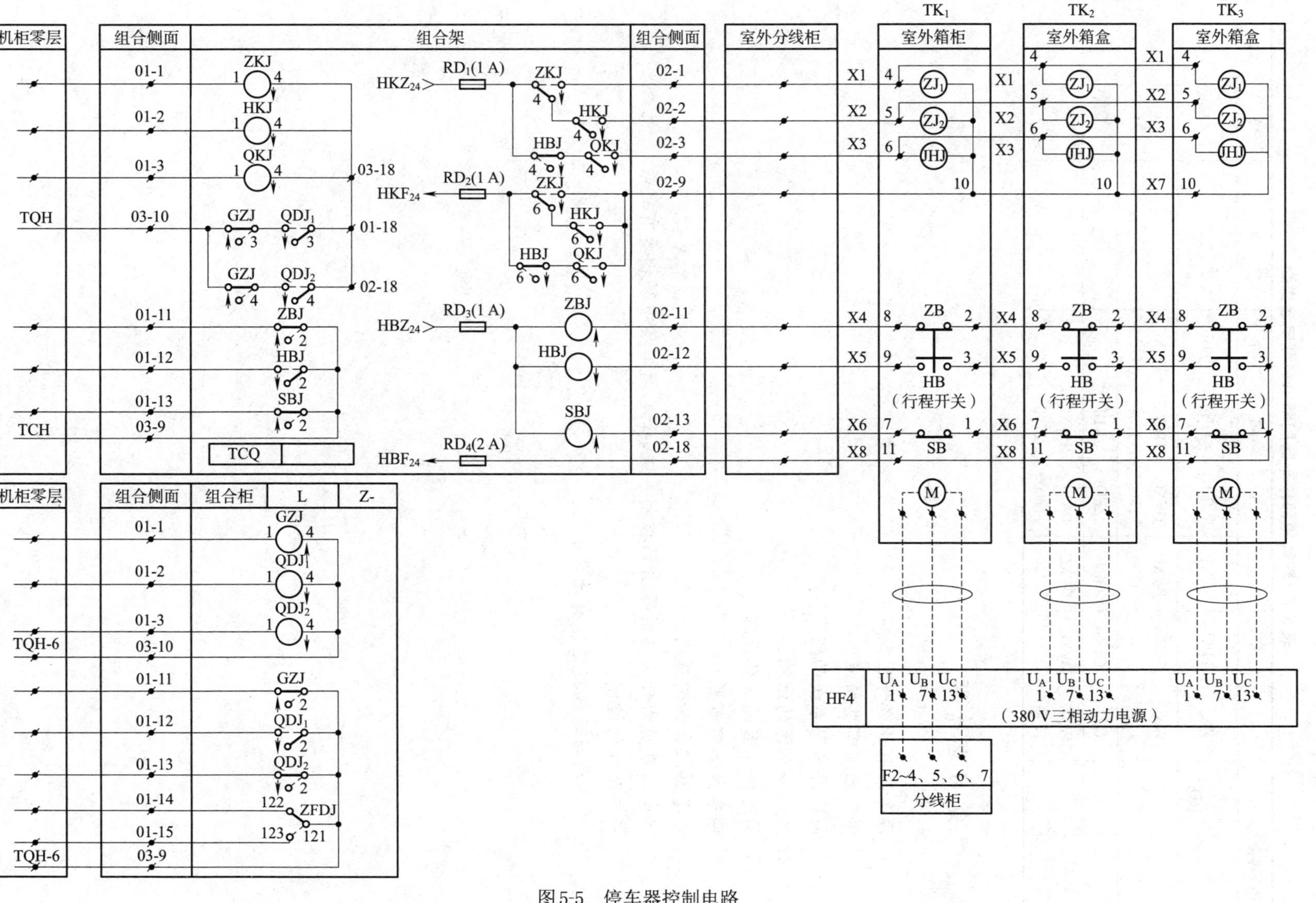

图5-5　停车器控制电路

表 5-1　驼峰尾部停车器控制电路继电器类型

组合类型	0	1	2	3	4	5	6	7	8	9	10
TCQ	RD_1～RD_4	ZKJ	HKJ	QKJ	ZBJ	HBJ	SBJ				
	1A	JWXC-1700	JWXC-1700	JWXC-1700	JWXC-1700	JWXC-1700	JWXC-1700				
TCQL		GZJ	QDJ_1	QDJ_2	ZFDJ	RBJ					
		JWXC-1700	JWXC-1700	JWXC-1700	JWXC-1700	JWXC-1700					

复习思考题

1. 停车器有什么作用？
2. 停车器有哪些特点？
3. 简述停车器系统的组成。
4. 简述停车器的结构。
5. 简述停车器的工作原理。
6. 停车器如何布置？
7. 停车器组合如何选用？
8. 停车器系统为什么与驼峰自动控制系统、峰尾调车集中联锁要有联系？
9. 停车器如何控制？
10. 停车器与车辆减速器有什么不同？

第六章　调机自动化系统

第一节　调机自动化系统概述

一、调机自动化系统的技术特征

调机自动化系统具有以下技术特征：

(1)调机自动化系统用于完成调车、解体、编组、摘挂、取送等各种作业的全部调车机车(以下简称调机)自动化系统。

(2)系统通过无线局域网 WLAN,使作业范围覆盖整个车站。

(3)系统采用“轨道电路连续跟踪＋机车走行测长＋GPS(或北斗)”的机车联合定位的方式,完成调车机车走行追踪,实现调机的全场定位以及基于定位的车地信息联锁和调机自控、防护及遥控。

(4)系统通过与编组站综合自动化系统间建立的信息交互与共享网络自动获取调车计划与调车进路的信息,并结合调机与现场的情况,对计划进行进一步编排、调整,及时形成准确、合理、优化的调车指令,最终发送到调机上显示并执行。

二、调机自动化系统的功能

调机自动化系统通过编组站无线综合系统,实现对站场内各种与调机相关的地面作业信息(包括调车作业计划、指令、信号、进路等)的车上显示、调车作业过程走行速度监控及信号安全防护,完成推峰作业过程推峰调机的自动控制、平面调车作业遥控以及全部车站调机作业信息管理等功能。调机自动化系统的功能主要有：

(1)当调机执行驼峰推峰作业时,系统实现推峰机车遥控系统的全部功能,并同时完成相关作业信息的车上显示。可以同时控制四台机车进行作业,并可根据站场作业的需求,实现“双推双溜”以及“双推单溜”作业方式。

(2)当调机执行摘挂作业时,系统通过与平调灯显系统的连接,以平调信令为作业命令控制相应的连挂速度,实现平面调车遥控功能。

(3)对于全部调机(包括驼峰和平面作业),系统可根据每台调机的情况,将该调机的调车作业计划送达车上,并显示;同时通过调机走行跟踪,追踪计划的执行情况,回送地面。

(4)对于全部调机,系统以图形表示的方式显示当前调机所在位置,以及股道、信号、进路、计划等信息,并以文字方式显示防护距离、防护速度、车速、转速等综合信息,辅助司机对作业情况进行全面监视。

(5)系统的车载系统对调车走行速度进行监测。当调车速度高于规定的安全速度或作业设定的速度上限时,系统报警并采取相应的防护措施,同时通知地面。车载系统提供与机务现有的机车运行监控记录器相同的接口,将调车运行的各种状态信息送入记录器中,并通过监控记录器实现作业监控和安全防护功能。

(6)系统通过车载设备、其他控制子系统及管理信息系统，获取、记录全场调机的信息，并通过工作站和综合表示墙的图形界面，实时地反映给站调楼控制中心调度指挥人员。

(7)调度员可通过地面工作站了解全场每台调机当前的作业情况及历史记录，并可查询调机当前正在执行和已执行的调车计划，模拟回放各台调机已执行的作业过程。

(8)系统自动记录并统计调车作业数据，给出每台调机单项的钩分、机车走行时分等指标，解体、编组、摘挂等综合作业时间，以及调机交班、停轮等辅助生产时间的统计结果，方便对调机作业进行编排、管理。

第二节 调机自动化系统的结构和工作原理

一、调机自动化系统的结构

调机自动化系统由地面子系统和车载子系统两部分组成，如图 6-1 所示。

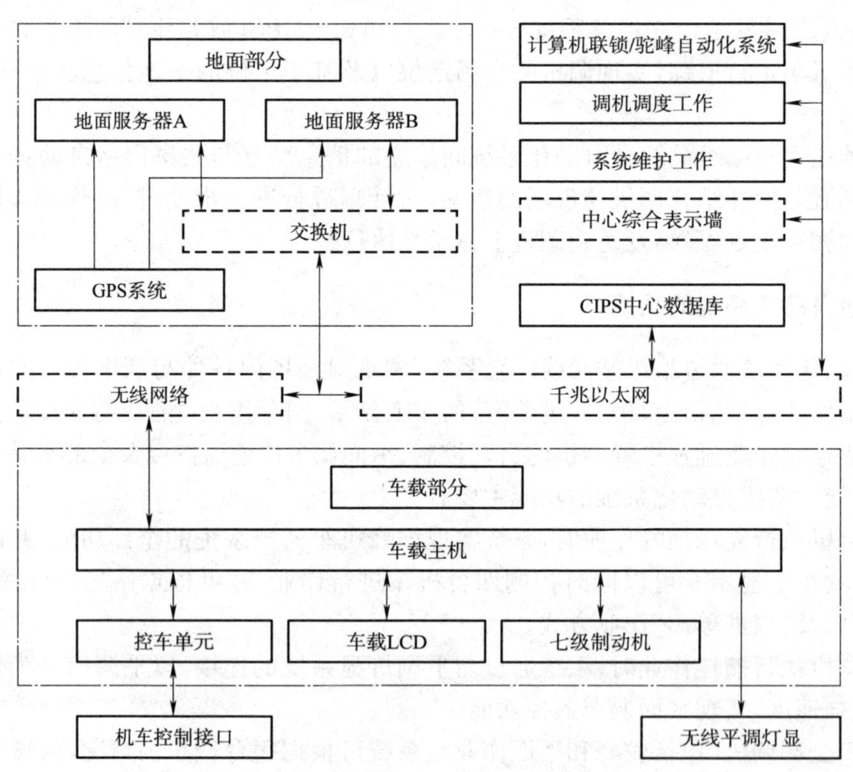

图 6-1 调机自动化系统结构

1. 地面子系统

地面子系统由服务器、GPS 差分基站、GPS 天线、WLAN 通信设备、WLAN 天线、以太网交换机等组成。

(1)服务器

采用标准的机架式 PC 服务器，安装 Windows Server 操作系统，采用集群方式工作。

(2)GPS 差分基站

高定位精度的伪距/相位差分型 GPS 基准站，用于向所有车载 GPS 提供差分信号，并向地面设备提供 GPS 标准时间，以同步地面计算机的时间。

(3)GPS 天线

GPS 天线安装于 GPS 地面差分基站所在楼的楼顶，天线上方不可遮挡，用于接收 GPS 信息。

(4)WLAN 通信设备

WLAN 通过无线接入设备(AP)和无线网桥(BR)等地面设备，构建覆盖整个编组站的无线局域网，使车载设备在站内任何地点都能与地面设备通信。

(5)WLAN 天线

该天线作为无线局域网信号发送/接收天线，与每个无线接入点和网桥设备安装在一起。

(6)以太网交换机

以太网交换机是本系统与编组站综合自动化系统或驼峰自动控制系统的接口，与本系统服务器通过网线连接，使用 TCP/IP 协议进行通信；同时也连接本系统服务器与无线局域网。

2. 车载子系统

车载子系统包括控车单元、显控单元、GPS 车载天线、WLAN 车载天线、制动机、速度传感器。

(1)控车单元

控车单元为整个车载设备的核心，所有的作业信息均汇总到控车单元进行计算、处理。通过控车单元面板上的插座连接机车控制设备、机车信息采集设备、显控单元、GPS 天线、AP 天线等终端设备。

(2)显控单元

显控单元是“车载显示/控制器”的简称，用于显示综合作业信息，如站场图、车速等。显控单元右侧的功能按键，用于各种人工操作。

(3)GPS 车载天线

GPS 车载天线安装在机车顶部司机室上方。车载接收机已集成在控车单元内。

(4) WLAN 车载天线

WLAN 车载天线(AP 车载天线)安装在机车顶部司机室上方。WLAN 车载接入设备(AP 模块)已集成在控车单元内。

(5)制动机

内燃机车的制动机是气动的，而本系统的控制信号是电信号，若要对机车进行制动操作需加装制动控制箱。系统采用七级制动机，包括双向阀和制动控制箱两部分。

当系统处于机控状态时，机车的制动由本系统的七级制动机控制；当系统处于非机控状态时，七级制动机不起作用，由司机手动进行小闸制动。

双向阀相当于一个气路开关，用以在人控和机控两种工作模式间进行切换。无论何时，一旦使用小闸制动，双向阀立即切断七级制动机气路，转换到小闸制动气路。

制动控制箱给出七级制动压力，可根据实际情况进行人工调节。

(6)速度传感器

速度传感器安装在靠近机车司机室一侧的测速轮轴上，用于测量机车行驶速度，并将测量的数据通过车载配线箱传送给控车单元。

3. 外部接口

(1)地面子系统与编组站综合自动化系统的接口

接口媒介为以太网,使用 TCP/IP 协议进行通信,机柜内网络连接。本系统的服务器通过 Windows 群集方式接入编组站综合自动化系统的服务器集群。

(2)车载子系统与平面调车灯显系统的接口

接口媒介为串行口,RS-232、RS-422、RS-485 均可,传输速率为 2 400～115 200 bit/s。

每台机车的车载子系统分别与该机车的平面调车灯显系统相连接,需要平面调车灯显系统将控制信令通过串口发送给本系统。

二、调机自动化系统的工作原理

调机自动化系统的工作包括地面子系统与编组站综合自动化系统的信息交换、车、地之间的信息交换、调机走行的定位、机车的控制、平调信息的获取。

系统的地面子系统首先通过与编组站综合自动化系统间的信息交互获取作业信息,并将这些作业信息发送给车载子系统;同时,通过调机走行定位确定当前调机的运行轨迹和目标轨迹,判断出作业调机需要进行的操作;其次,车载子系统的控制部分对调机进行控制,从而实现预期的作业;最后,再反馈给信息管理系统,最终完成一次作业。

1. 地面信息交互与运行控制

地面信息交互与运行控制原理如图 6-2 所示。

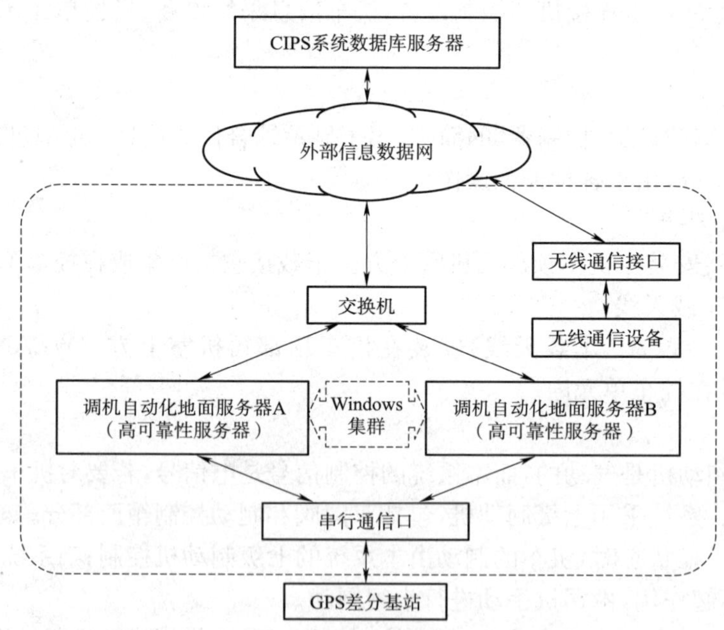

图 6-2　地面系统信息交互与运行控制原理

两台地面服务器通过网络连接编组站综合自动化系统下的综合管理信息系统的数据库服务器,进行作业数据的存取;同时 GPS 地面差分基站通过串行通信以 1 次/s 的速度将地面差分数据分别发送至两台服务器。两台地面服务器的"主"和"备"通过集群实现,由主服务器向作业调机发送控制命令。地面子系统通过交换机将控制命令发送给外部信息数据网。

无线通信网络设备通过与外部信息数据网的连接获得地面服务器处理后的数据，并将数据处理结果和GPS地面差分数据通过无线局域网发送到调机上，同时接收调机的回执数据送回地面服务器。地面服务器将调机回执数据提交给编组站综合自动化系统的数据库服务器。

2. 车地间的信息交互

(1)地面→车载

①从各相关系统采集与该作业调机相关的作业信息(包括当前作业计划、计划对应的进路和信号开放情况等)，同时通过机车定位技术确定该调机的当前位置，当作业条件满足后，向该调机发送控制信息。

②按照基于"钩"的计划向调机发送控制信息。

③按推峰速度指令及驼峰信号状态向调机发送控制信息。

④按照平调灯显系统的灯显信息向调机发送相应的控制码信息。

⑤向调机发送调车单信息。

(2)车载→地面

①向地面发送调机当前控制状态及相关工作参数。

②向地面发送车列的走行测长和定位信息。

3. 调机走行的定位

调机走行的定位是通过"段级"和"点级"定位，加上对调机(车列)走行方向及机车朝向的判断，实现调机走行定位。

(1)调机(车列)在区段的定位

当调机(车列)进入车站后，即开始通过作业计划、进路办理情况与轨道电路，对调机进行实时、连续的跟踪。同时，调机走行测长及GPS卫星定位分别进行调机的走行定位。再将三者相结合，以轨道电路为主，以调机走行测长＋GPS卫星定位为辅，实现"段级"定位。在这种模式下，可以发现并排除因轨道电路故障而引起的定位错误，并可适当修正轨道电路反应时间上的延误。

(2)调机(车列)在区段内位置的定位

在"段级"定位的基础上，当每次调机进入或出清一个区段时，调机走行测长计数器置零并重新开始计数，可以得到调机进入或出清一个区段后的走行距离，根据走行距离可以计算出调机实时的"点级"位置。将所有区段内的点级定位综合在一起，便实现了全站的点级定位。

(3)调机(车列)走行方向的判断

根据车载走行测长传感器两路脉冲的相位差和机车控制手柄的位置判断调机的前进/后退，结合调机头部朝向，即可判断调机当前的走行方向。也可根据由GPS获取的速度矢量方向，结合站场的方向数据，获取调机的走行方向。

(4)调机头部的朝向

调机头部的朝向在日常应用中基本不会改变，对于调机头向的判别可采用人工输入确认的方法直接获取。

4. 调机的控制

(1)车地的信号联锁

通过与编组站综合自动化系统下的综合管理信息系统的信息交互，在作业计划—作业径路—作业调机号间建立准确的对应关系，实现车地信号联锁。

(2)作业进路的确认

通过与编组站综合自动化系统下的综合管理信息系统的信息交互,确认当前需要执行控车的具体进路,并通过站场数据库获取该进路上区段的信息(如长度、曲率、坡度等),结合该进路的属性和信号开放状态实现控车。

(3)控车的开始和结束

对于推峰作业,控车开始由司机控制,控车结束可由司机任意时刻解除,或根据计划执行完成(一般是溜放结束)自动解除。对于平面调车,控车开始由司机控制,控车结束可由司机在任意时刻解除,或连挂作业完成(平调的信令改变)自动解除。对于速度和信号防护,由系统自行开启,司机可在任意时刻解除(禁止该功能)或选择不动作(报警但不控车)。

(4)调机走行的控制

通过制定相应的算法和数学模型,使控车系统通过运算实现以下功能:生成调机(车列)控制最终速度曲线;生成控车加速度限制参数;生成与执行柴油机转速的控制参数;约束控制时间;生成与执行定距离停车的制动曲线;控车故障导向安全;为适应不同性能的机车和路况及气候的参数调整。

5. 平调信息的获取

通过调机上直接与无线平调灯显系统连接的车载台接口,获取平面调车的指令,并根据指令实施相应的防护和控制功能。

三、调机自动化系统在编组站综合自动化系统中的接口

调机自动化子系统利用综合管理信息系统的共享信息作为系统的输入,并基于这些信息完成系统预定的各种功能;同时又将本系统的信息反馈给综合管理信息系统,供其他子系统使用。其与编组站综合自动化系统的接口如图 6-3 所示。

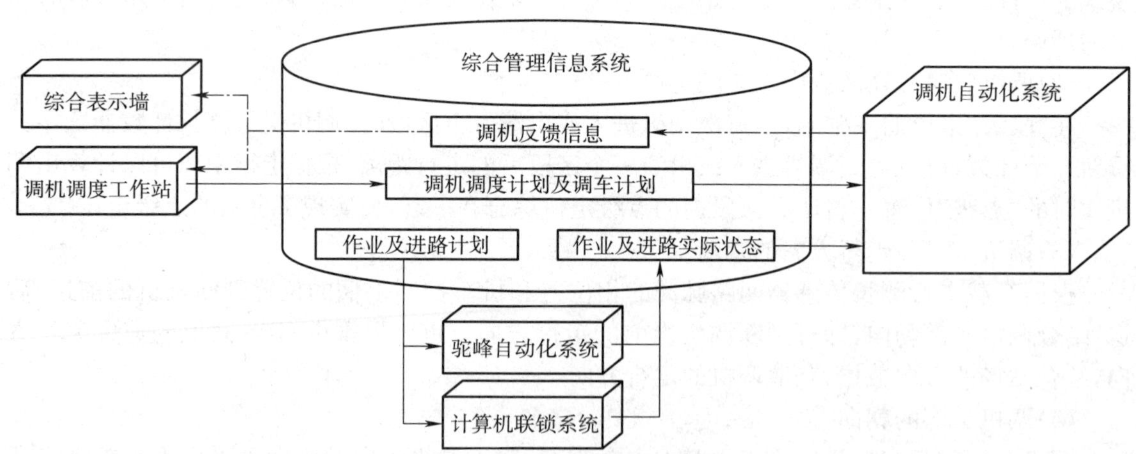

图 6-3　调机自动化子系统与编组站综合自动化系统的接口

1. 在采用编组站综合自动化系统下共享的信息

(1)全站调机调度计划和调车计划的获取

编制全站调机调度计划和调车计划的信息由编组站综合自动化系统下的综合管理信息系

统提供，在控制中心的调机调度工作站上，根据整个编组站的各种作业计划，完成调机调度计划和调车计划的编制，并加以细化后，传递给本系统。

(2)地面调车进路调车信号等表示信息的获取

由编组站综合自动化系统下的控制子系统获取到达场、出发场、峰尾的计算机联锁子系统和驼峰自动化子系统根据综合管理信息系统的作业计划，完成站场调车作业进路的编排和建立，以及调车信号机的开放，并获取调机、车辆实际走行的情况，通过综合管理信息系统将它们的执行结果传递给本系统。

(3)调机走行和实际作业状态追踪记录

本系统对调机走行追踪信息和实际作业状态的反馈信息，送入综合管理信息系统，并最终供调机调度工作站、综合表示墙等设备，以及其他管理或控制系统使用。

2. 在编组站综合自动化系统环境下调机自动化系统的技术特点

(1)最大限度扩展系统功能

调机自动化系统包含既有的机车信号、机车遥控、调机监控记录系统的全部功能，并以此为基础实现了调机作业信息的获取、调机追踪等。

(2)最大限度优化系统接口

由于编组站的信息通过管理系统进行了集成，所有原来只能通过信号采集的信息全部由其他控制系统完成了“信息化”。因此，对于调机自动化系统而言，就可以实现完全的数字化通信接口。

(3)最大限度简化的系统设备构成

通过与编组站综合自动化系统的集成，在以下方面简化了设备的构成。

①“零”室内信号采集设备

由于本系统实现了完全的数据通信模式的接口形式，因此对信号设备的电气采集为零，取消了对信号继电器和其他站场信号设备的基于电气接口的采集方式。

②“零”室外站场设备

机车的定位追踪完全由控制系统负责，并通过本系统的GPS进行定位校验。本系统可实现零站场设备，取消了点式应答器。

③无线通信设备的简化

本系统的车地无线通信方案，被纳入整个编组站无线通信网络中，不再需要单独设立通信电台和申请专用的通信频点。

(4)系统安全性和可靠性的提升

①本系统对各种控制信号的采集采用了完全数字通信方式，并通过网络防火墙隔离、防护，从而保证了信息获取的安全性。

②在硬件上，通过采取自检、闭环检测、动态监测、双机热备等一系列安全控制技术，使硬件的故障能由系统自行发现，并通过安全电路予以切除，保证故障倒向安全侧；在控制和通信软件上，广泛采用了“前项纠错”“数据包类型及完整性校验”“CRC校验”与“大数判别”等保护措施，使误码、错码检测的漏过率在理论上接近于零。

③系统设备的简化，尤其是取消了站场室外设备，使系统平均无故障工作时间提高，维护工作量减少，提高了系统的可靠性和稳定性。

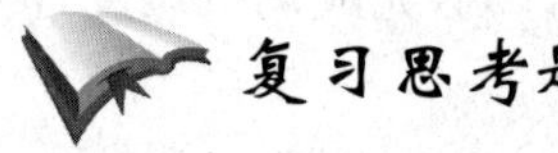

复习思考题

1. 调机自动化系统有哪些技术特征?
2. 调机自动化系统有哪些功能?
3. 简述调机自动化系统的组成。
4. 调机自动化系统地面子系统由哪些部分组成?各起什么作用?
5. 调机自动化系统车载子系统由哪些部分组成?各起什么作用?
6. 调机自动化系统有哪些外部接口?
7. 简述调机自动化系统的工作原理。
8. 调机自动化系统如何与编组站综合自动化系统接口?
9. 在编组站综合自动化系统环境下,调机自动化系统共享哪些信息?
10. 在编组站综合自动化系统环境下,调机自动化系统有哪些技术特点?

第七章　编组站综合自动化

第一节　编组站综合自动化概述

我国各类驼峰基本上已实现自动化，驼峰自动化技术已跨入国际先进行列，但是编组站在整体上依然处于分系统各自独立、简单堆砌在一起的状态，长期以来停留在简单“联机”水平上，严重地阻碍了编组站效率的提高和发展。为实现铁路的进一步发展，按照铁路信息化总体规划的要求，必须研发以信息共享为核心、管控一体化为目标的编组站综合自动化系统。

一、发展编组站自动化的必要性

编组站存在的主要问题是各种分门别类的系统往往单独开发建设，由于逻辑上的不一致性，系统软、硬件的异构性，信息的多样化、复杂性和控制管理的非实时性等一系列问题，使得各个系统自成体系，各自为政，难以互通信息，无法统一调度，限制了编组站整体技术的进一步发展和效率、效益的进一步提高。主要问题如下：

(1)子系统各自为政

铁路编组站自动化主要有以下不同用途的子系统：编组站管理信息系统、驼峰自动控制系统、推峰机车遥控系统、峰尾平面调车集中系统、到达场和出发场联锁系统、编组站调度监督系统、车辆实时跟踪系统、车号自动识别系统、车辆超偏载检测系统、车辆限界检测系统、红外轴温探测系统、无线车次号校核系统等。各子系统基本上都是单独开发建设，自成体系，没有形成有机的整体。

(2)管理与控制之间严重脱节

编组站管理信息系统与过程控制系统信息交换严重脱节，两者虽然已经实现了联机，但是接口不一，均停留在低层次、低水平信息交换上，仅限于解决最基本的溜放钩计划自动储存问题。峰尾停车器控制是完全与调车场调车计划相关的，但是没有信息来源，只能从峰尾平面调车集中系统和驼峰自动化系统的输出采集，间接获取信息。从各个控制系统的计划执行到管理系统调度计划的回馈，几乎是一片空白。作业计划的执行和各环节的衔接均依靠人工的介入操作。

(3)管理与管理之间缺少关联

调度监督系统与编组站管理信息系统同属于站调管理层，从信息的角度看，两者背靠背，计划与进路完全脱节，相互之间缺少应有的信息关联。

(4)管理信息系统未发挥应有的功效

管理信息系统基本上甩掉了对行车调度计划的管理，仅保留了现车管理部分。与车流相对应的现车信息的处理是由围绕管理信息系统工作的不同人员，在不同的地点、不同的时间进行不同的操作，试图模拟实际现车的变化，费时费力差错多并且不及时。解体计划和编组计划基本上由人工完成，计算机系统仅仅被用来充当编制的工具。这就大大弱化了作为编组站核心的管理信息系统的功效。

(5)控制系统发展受到严重制约

编组站的车站联锁控制系统分散在不同车场的信号楼办理，由于与计划脱节，全依靠人工办理，不能称为自动控制系统。

驼峰自动化系统只能收到来自管理信息系统的"调车作业通知单"的钩计划信息，失去了很多车辆特征信息(如货物装载信息、车辆编号、车型、车辆质量、计长等)，使它们不能在驼峰自动化系统中被有效利用，影响了驼峰自动化功能的进一步扩展和提高。此外，由于欠缺更高层次的调度意图(如解体次序、推峰时机、调车线集结完毕)，使驼峰自动化系统的自动化程度无法进一步提高，仍然保留了人工启动计划的溜放开始、人工办理封锁/解锁股道等操作。

(6)信息难以共享

信息分散在各自的系统中，共享非常困难。相互联机被认为是各子系统获取自己所需信息的途径，但往往无序、低效。如驼峰自动化系统，需要接口的对象有管理信息系统、调度监督系统、机车遥控系统、峰尾停车器控制系统、摘钩表示系统、信号监测系统、到达场联锁系统和峰尾联锁系统，不同的对象、不同的接口、不同的内容、不同的速率、不同的规程协议等，凌乱、繁杂、低效、信息量不足或重复。

路网性编组站因其在铁路网中的重要地位，担负着繁重的解编任务，作业量大，需要较高的技术层次配置设备来实现综合自动化，以大幅度提高其解编能力。

二、编组站综合自动化的基本情况

编组站综合自动化是在各类成熟的过程控制系统和管理信息系统的基础上，通过信息集成与整合，使从列车到达、解体、编组到出发的过程控制和信息处理都自动进行，实现编组站调度、管理、作业的全盘自动化。编组站综合自动化是当前编组站调车技术的最高水平。

1989 年，郑州北编组站建成编组站综合自动化系统，按当时的技术水平，主要由编组站信息处理系统、驼峰作业过程控制系统、峰尾计算机联锁系统、地区调度监督系统、站场无线通信系统组成。

进入 21 世纪，对编组站综合自动化技术进行进一步研发。北京全路通信信号研究设计院集团有限公司推出编组站综合集成自动化系统(CIPS 系统)，中国铁道科学研究院集团有限公司推出编组站综合自动化系统(SAM 系统)，相继在成都北、新丰镇、武汉北、贵阳南等大型编组站投入运营。

CIPS 系统以集成作为编组站综合自动化系统的突出特点。以信息集成为核心，沿着调度生产指挥的脉络，从单独的、分散的、面向单个工作岗位的信息平台创新发展为系统的、综合的、面向整个编组站运营层和管理层的综合信息管理系统；并通过技术集成、功能集成、管控集成、网络集成和系统集成等手段，实现整个编组站包括运营决策、生产管理、生产调度、监督控制和直接控制在内的全部生产活动的综合自动化。

SAM 系统通过管控结合来集成信息和控制系统，兼顾智能化和自动化，注重编组站和其他信息系统的信息共享，强调局站融合。系统的总体目标是将编组站已有的溜放速度控制、进路控制、车辆管理、信息管理、决策管理等集成为一体，通过建立编组站统一的综合信息管理与控制平台，完成计划自动编制与调整、计划自动执行与集中控制、作业过程自动控制，实现作业管理和控制结合、铁路局集团公司调度与车站调度一体化、运输管理与决策支持智能化，使编组站信息管理和生产过程全面自动化。

三、编组站综合自动化建设的指导思想

1. 依托管理，实现编组站综合自动化

编组站综合自动化贯穿于编组站组织、管理与运营生产的全过程，宗旨是从管理入手实现行车、调车指挥与执行自动化，提高编解效率和质量，缩短车辆停留的作业周期，降低编解成本。

2. 从系统观点协调，实现全局优化

编组站综合自动化将编组站作业的各个环节，即列车到达、解体、编组、列车出发、调度指挥、计划管理等全部活动过程作为一个不可分割的有机整体，从系统的观点进行协调，进而实现全局优化。

3. 以站调为核心，实现信息流与车流集成

编组站综合自动化以站调为核心，尤其重视发挥站调在编组站的主导作用。编组站作业包括信息流和车流（列车、车辆）两大部分，系统尤其重视信息流的管理运行及信息流与车流的集成。

4. 以综合性技术集成，实现编组站综合自动化

编组站综合自动化是基于现代管理技术、信息技术、自动化技术、系统工程技术的综合性技术，具体包括铁路行车组织、编组站调车控制、车站联锁集中控制等知识与技术。

5. 以成熟单元系统为基础，实现编组站综合自动化

编组站综合自动化系统的核心是集成。集成的作用是将原来编组站独立运行的驼峰自动化、车站联锁、现车管理、机车遥控、车号识别、调度监督等多个系统组成一个协同工作的、功能强的新系统。集成不是简单的叠加，而是有机的组合。集成的目的是协调发挥各个分系统的优势，取得编组站的整体效益。

四、编组站综合自动化的总体目标

1. 管控一体化

在编组站控制系统基础上，以编组站管理系统为核心，组建一个完整的综合自动化系统。采用现代管理技术、运输调度技术、信息技术、自动化技术、系统工程技术等，实现具有高技术含量的综合自动化系统，使得控制系统之间、控制系统与管理系统之间有机地结合起来，形成管控一体的综合自动化系统，达到集中控制、统一指挥、数据集成、信息共享、减少作业环节的目的，使运输作业管理更加现代化、信息化。

实现编组站作业管理与过程控制一体化，将编组站的调度指挥、管理与作业过程自动控制有机地结合在一起。采用集中—分布式控制模式，集中管理和控制与现地控制相结合，实现独特的编组站调度指挥与集中控制，实现功能提升的作业过程控制自动化。

2. 信息资源的充分利用

为编组站构建规范化的异源、异构信息资源共享平台，将现已成熟信息系统的信息共享与融合，确保信息的准确、安全、畅通与共享，发挥信息化的整体效益。

编组站综合自动化的核心是数据整合、信息集成。车号识别、轴温探测、脱轨器表示、电务监测、环境监控、电源监测及图像监视等信息的集成与共享，可提高作业预见性，使站内各个作业流程更加顺畅、贯通。

3. 实现铁路局集团公司与车站计划、调度管理一体化

实现系统与路网信息的融合，即将铁路局集团公司计划调度和车站调度有机地结合在一起，为最终实现区域的计划、调度管理一体化奠定基础。

4. 调度决策指挥自动化

采用优化决策、人工智能、专家系统等方法，提供站内调车机车、线路与走行径路等资源的合理分配与优化使用方案；实现站内班计划、阶段计划、车流推算、调车计划、本务机车折返和调车机车调动等计划的自动编制，且具有实时性、灵活性和可操作性。同时，随着执行过程的自动反馈，动态优化调整各计划以适应当前情形，真正实现调度决策指挥自动化。

5. 调度计划自动编制与自动执行

系统与铁路局集团公司计划调度系统全面结合，自动上报站存车，协同推算车流，实现铁路局集团公司和车站协同编制计划。根据列车到发计划、列车预确报、到发线占用和车流等情况，自动编制车站阶段计划。根据阶段计划完成解体、编组等调车作业计划的编制和调整。

将调度计划中与站内进路有关的部分直接下达给控制系统自动执行，即以管理系统所编制的接发车计划、调车计划、本务机车站内折返计划、调车机车工作计划为依据，通过将计划自动分解与转换，生成相应的计划指令。根据作业实际情况，自动触发计划指令，并向联锁、驼峰自动化、停车器自动化等分系统实时下达调度指令，操控进路自动办理，使编组站所有的列车进路、调车进路、机车走行进路和溜放进路自动执行，实现作业过程控制全面自动化。

6. 大幅度减员增效

通过调度计划的计算机辅助决策指挥，计划统一编制、动态调整以及扁平化管理，计划直接发布至控制环节执行，取消正常情况下人为参与控制等手段，可大幅度减少车站作业人员、调度人员与管理人员。

实现车站调度指挥与管理信息化、计算机化，实现运营管理与决策支持智能化，实现作业计划自动执行和集中控制，实现作业过程控制自动化，最大幅度减员增效。

7. 提高编组站整体效率

站内当前所有工况直观地展示出来，在调度大厅集中监控与操纵全站到、解、集、编、发的作业，获得单一指挥、统一办理、流水执行、高效运转的效果。充分挖掘编组站的站场与股道、调车机车和其他设备资源配置的最大潜力，充分协调车站各组成部分及各作业环节的工作。尽量减少调车、列车进路交叉和作业干扰，避免资源运用冲突。

通过编组站整体闭环，优化调度，合理安排各工序间的衔接，取消人工计划布控、作业人员横向沟通协调及实况汇报等通信联络时间，扩展调机司机和外业人员的信息视野，利用车号、燃轴等检测手段，有效缩短车辆在编组站的中转与停留时间，降低站内平均结存车保有量，提高编组站的整体效率。

五、编组站综合自动化的功能

1. 编组站管理系统功能

管理系统负责信息集成和信息共享平台的管理，是数据整合、信息集成的核心，重点是计划与进路信息的集成，在此基础上实现：编组站范围内的计划自动执行，将进路的执行结果作为计划执行的自动反馈，列车与车辆在编组站内的自动跟踪与实时现车，确认调度计划的执行实迹；现车信息与站场表示信息的融合；调车机车跟踪与指挥，并为调机自动化子系统提供信

息源。管理系统主要完成调度指挥、现车管理、统计分析与决策支持等功能。

(1)铁路局集团公司与编组站信息交互

自动接收铁路局集团公司日班计划、阶段计划、调度命令等；自动接收和发送列车预确报、列车到发报点；自动上报计划执行情况、装卸作业情况、实时统计数据、18 点统计报告；站内车辆实时跟踪数据；全站调度表示信息等。

(2)调度计划信息管理自动化

该功能以电子信息化的手段管理编组站的站内运转所需要的各种计划，包括站内接发列车计划、站内本务机车折返计划、站内现车及调车计划、站内调车机车工作计划、站内线路施工要点计划、站内货运计划。为车站调度与运转提供了优秀的管理工具，消除站内各工种的信息死角，实现无纸化调度。

在此基础上调度计划信息管理自动化过程是自动接收来自铁路局集团公司下达的日班计划、阶段计划要求及到达列车预确报；基于站内结存车自动优化决策，策划站内各种工作计划；合理应用站内线路与调车机车等资源，进行车流推算。通过铺画车站技术作业图表、车站班计划表、调车作业(解体、编组与取送车)计划表体现出来，为调度计划的自动执行提供正确的计划信息源。

调度计划信息管理自动化的自动决策内容包括接发车场线决策，解体顺序，编制解体钩计划及解体峰位决策，头部调机应用，调车分类线应用决策，编组顺序，牵出线应用决策，编组钩计划编制，尾部机车应用决策，编制取送调车钩计划决策，出发列车接续关系决策，列车、调车、机车走行径路决策。

在此基础上实现调度指挥功能：

①日班计划编制。自动接收铁路局集团公司日班/阶段计划、本务机车运用计划及其他相关计划；辅助编制车站日班计划，确定列车接入场别；根据实际完成情况，动态调整日班计划；记录日班计划完成实迹；分析日班计划的完成情况及各种生产指标；收集施工与线路停用信息管理；调整施工封锁计划。

②阶段计划自动编制与实时调整。根据到达、编组、交换的结存车流及即将到达本站的车流，自动安排出发车流，完成配流管理；提供到达、出发双向配流，生成多种编组和解体方案，并说明各种方案的技术指标以及推算过程；自动编制阶段计划、到发线使用计划、调车作业顺序、调车设备的使用计划；下达阶段计划、采集作业计划完成信息；分析阶段计划的完成情况及计算指标；调整到发线使用计划、调车作业顺序及作业时间、调车机使用计划；查询作业情况。

③本务机车管理。负责本务机车在站内走行管理、出入段管理、交路预推、出发机车推算等。主要包括本务机车在站的动态管理；机车供应管理；出库通知与顺序；本务机车识别与核对。

④全站作业指挥。系统根据各种准确、详细的调度信息和安全监控资料进行全站工作指挥，负责接收铁路局集团公司调度系统的日班/阶段计划，签收调度命令，上报站存车及车站行车、调车等情况。主要包括任务下达；信息反馈及处理；向铁路局集团公司上报信息。

(3)执行过程管理自动化

过程管理的主要作用是由计算机管理取代各个岗位值班员、信号员甚至其他作业人员的工作，即按照调度计划处理与监控执行过程。

①调度计划通常要各个不同范围、不同功能的子系统执行，需按照执行环节与作业类别，

将调度计划分解细化与转化，产生各控制分系统可识别的计划指令，直接下达给联锁、驼峰、停车器及调机等过程控制自动化分系统执行。

②进路类执行过程管理。凡涉及机车车辆走行进路的部分，包括列车进路(接发车、通过)、本务机车单机走行进路(入段、出段或立折)、调车机车单机走行进路(返场、返岔)、平面牵出调车进路(推峰、编组、取送车)、驼峰溜放进路、平面单溜/连溜进路、头部股道封锁/解锁、停车器制动/缓解。在调度计划分解时，其调车进路被转化为计划进路信息，同时站内走行径路也被自动确定。

③非进路类执行过程管理。管理系统还对其他执行环节进行了自动化管理，例如列车邻站预告的自动申请或响应、车机联控语音播报、技术作业(列检、商检等工作)提前/开始/结束通知提醒、利用车号识别信息自动核对车号、进站过程各种车辆探测信息的采集与预告、出发列车确报发报、调车作业通知单打印。

④计划指令的自动触发。通过对指令的触发管理决定调度计划正确无误的执行时机，管理系统通过对计划指令的适时触发，调节控制指令的执行时机，贯彻调度计划的工作流程安排，管理进路相扰时的优先次序，协调场间作业与执行的联系。

⑤执行结果反馈信息的收集与处理。受控分系统按计划指令执行过程中，随时自动反馈其执行状态。管理系统通过管理反馈信息，实现精确报点，自动获得当前真实现车，提取调车钩分数据，按执行结果动态调整未执行的调度计划及后续计划指令的触发。

⑥过程信息综合展现。管理系统提供了组合动态图形界面，展现作业过程信息，调度信息集中表示，视频图像集中显示。组合图示同时融合了全站场信号表示、调机位置跟踪、实时现车、列车信息等内容，便于管理人员及调度人员直观掌控与监督整个车站的计划执行过程。

⑦车站运输生产信息化管理。系统完整地记录现车、作业实迹、设备使用信息，准确地统计和分析各类运输指标，自动生成各种统计报表。

(4)现车管理

①调车计划管理。包括编组计划的维护；相邻区段的牵引定数的规定；编组隔离限制要求的资料管理；调车限制管理；自动编制解体计划、编组计划；手工编制调整解体钩计划、编组钩计划、取送钩计划；钩计划的下达；钩计划反馈信息查询；钩计划故障处理；钩计划传输、打印等。

②现车管理。查询车站内各股道的现车；现车跟踪修改；股道修改；股道间调车。

③确报管理。包括到达确报处理；预确报转到确报；确报的列车接入；取消列车接入；和ATIS匹配；直通转报；生成列车编组；取消列车编组；列车出发及发报；取消出发；代站发报。

④列车管理。包括自动接收班、阶段及各种钩计划及其调整计划，自动接收各种调度命令；列车到发管理。

⑤调车管理。包括解体作业时显示站场图、解体作业计划、驼峰峰别使用计划，为解体作业计划调整调机和峰别，绘制驼峰、调车机车的动态和利用率图表；编组作业时，显示站场图、编组作业计划、牵出线使用计划，绘制牵出线的动态和利用率图表。

⑥作业车管理。包括为站调、钩计划编制人员等提供特殊车、检修车、装卸作业车管理所需信息；篷调系统实现对到、出车站篷布进行动态掌握、统计、分析等管理。

⑦专支线管理。包括交接车管理；使用车管理；线内装卸管理。

(5)与相关系统和站段的信息沟通

与 TDMS、TDCS、机务管理信息系统、车辆管理信息系统、机务段、车辆段、电务段、工务段、供电段专网以及系统维修中心等进行信息沟通。

(6)历史数据管理

管理系统对于已经执行过的计划与实际信息作为历史数据进行管理,可用于情景再现、报表管理、统计分析、决策参数优化、运输资料电子归档、电务信息与环境信息监测。

根据作业完成的实际统计数据,生成车站生产经营日况报告,建立历史数据分析库,为运营决策智能化提供技术支持。通过站务组织大表分析、驼峰占用情况分析、编尾调车机动态分析、上下行作业大表分析、其他统计分析等提供决策支持。

(7)预警

全站存车数用来显示全站存车数及存车详细信息,根据参数给出警报;大点车用来显示全站大点车及详细信息,根据参数给出警报。此外,还有重点车追踪、有无调中转、集结车占线、重车方向、列车占线、各局在站车、空车车种等。

2. 编组站综合控制系统功能

编组站综合控制系统以技术成熟的各种编组站过程控制分系统为基础,经进一步开发与改进提升自动化程度,取消正常情况人工介入操纵,保留原有手动模式作为降级处理后备手段。

(1)计算机联锁自动化子系统

除应满足计算机联锁系统的基本功能外,还在传统的计算机联锁分系统与管理系统之间,设置程序进路控制模块,将管理系统下达的列车运行计划、调车作业计划等指令解析成为进路始终端信息,实现编组站到达场、峰尾及出发场各种列车与调车进路的自动选路,自动办理和控制,并自动将计划执行结果反馈给管理信息系统,提供进路、设备状态等共享信息。特殊情况下,控制中心值班员可人工控制进路。

(2)驼峰自动化子系统

满足和适应综合自动化系统的整体要求,在管理系统的直接管理和控制下,不仅实现了溜放计划的自动接收储存,而且实现了解体顺序、溜放时间、套溜、禁溜线取送车、机车上下峰及股道封锁/解锁等作业无人参与,自动按照计划指令的要求执行,自动控制推峰进路、溜放进路、溜放速度、调车进路的自动控制,自动返回计划执行实迹报告,具有多种防护、报警功能。

驼峰自动化子系统实现推送进路和溜放进路的排列、锁闭进路、开放信号并指挥调机作业;自动控制钩车溜放速度,使溜放钩车在编组线上安全连挂;在特殊情况下可实行半自动控制;提供摘钩计划显示;接收列车的到达计划及解体计划等信息,送出车列解编后的去向实际位置、调车场股道占用情况等信息,为编组站内有关部门全面了解车流情况提供信息。

在管理系统故障或特别授权情况下驼峰自动控制系统可独立运行。

(3)调机自动化子系统

将驼峰机车遥控技术与调机监控技术结合,采用点式应答器技术,对全站调车机车进行实时跟踪,实现调机推峰作业遥控、自动控制,对站场调车作业进行安全防护控制,有效防止机车误动、冒进信号、超速连挂、挤岔等事故的发生。

调机自动化子系统不仅限于推峰机车,其范围覆盖全站所有调机,为管理系统提供机车位置与车况信息；在系统共享信息平台支撑下，可实现对站内各种与调机相关的地面作业信息（包括计划、指令、信号、进路等）的车上显示以及调机作业过程的监控、跟踪及速度防护、距离防护等安全防护功能；对于驼峰推峰机车，完成推峰过程的推峰速度自动控制，并可根据站场作业的需求，实现“双推双溜”以及“双推单溜”作业方式。

（4）驼峰停车器自动控制子系统

峰尾停车器将按照计划指令要求，紧密配合峰尾调车作业，智能化地控制尾部停车器的制动与缓解。停车器控制子系统通过管理系统局域网从中心数据库中获取尾部和头部的调车计划和执行情况，并直接获取是否越区及作业方法（取送、单溜、连溜）的信息，通过解析计划和确定计划的执行步骤来确定停车器输出。

（5）外业移动信息分系统

在管理系统信息支持下，为外勤车号员、商检人员、列检人员、调车组等外业工作人员提供无线移动数据信息服务。按照工种要求及作业区域划分，外业人员手持的小型数字移动装置具有业务提醒、作业通知、作业预告、查询、作业信息反馈等功能。

（6）信号集中监测和环境集中监控子系统

管理系统作为编组站的信息集散地，可进而集成由各个控制系统、监测模块测得的信号监测及环境监控数据，实现监测与调度计划间的信息绑定，并在整个系统网下或通过系统与外界的接口，实现监测信息或报表的广泛共享。通过信号集中监测和环境集中监控子系统让维修人员及时了解各类设备的运行情况及其环境条件，并在设备故障或环境异常时给出级别不同的报警信息以及相应维修建议信息。

（7）闭路电视监视子系统

闭路电视监视系统能实时地向站调楼提供现场作业情况，指导现场作业，保证远程集中控制的安全、准确；向站调人员提供全站各场的运行情况，对站场重要作业点进行监控；同时站调楼指挥管理人员能通过内部局域网调看现场视频图像。闭路电视监视系统应具备的功能主要有监视功能、图像选择功能、录像功能、摄像范围控制功能等。

六、编组站综合自动化的运营效果

编组站综合自动化系统将编组站各个自动化系统联网，进行最佳匹配和协调，能充分发挥各个系统的功能，大幅度提高了自动化程度，减去和节省了大量过去需要人操纵的环节。

编组站实现综合自动化后，在提升车站的运输能力、强化安全控制、运输组织改革等方面取得了较大突破。可大幅度地提高解编能力，提高安全程度，减轻作业人员的劳动强度，便于维修，明显提高生产效率，提高了解编组站的管理水平。具有良好的运营效果，能取得明显的经济效益。同时它又是铁路运营管理自动化不可缺少的重要组成部分和基础。编组站综合自动化是路网性编组站的现代化方向。

1. 减员增效

取消和精简基数最大的执行层运营人员，取消了信号员、驼峰作业员、外勤车号员等岗位，并精简或取消了车站值班员、外勤助理值班员、内勤车号员、统计分析员、助理调度员等岗位，其减员效果突出，极大地提高了劳动生产率。

2. 流程再造

传统编组站因调度计划编制、布置和收集信息工作的繁重，通常分为值班站长—车站调度员—上下行调度员—区域调度员—调车区长—值班员/调车组 6 个层次。编组站综合自动化系统构建的统一信息平台为高度集中统一指挥创造了条件，其特有的自动决策、数字化指挥和无纸化办公减轻了调度人员的劳动强度，为用户生产流程再造创造了条件，实施后减少为值班站长—车站调度员—上下行调度员—值班员/调车组 4 个层次，实现了生产指挥扁平化。

3. 安全保障

进路由人工办理时，安全靠制度和责任心保障，若办理不及时影响效率，冒进则影响安全，错办、误办和漏办在所难免。使用编组站综合自动化系统，降低了出错率，消除了人为失误造成的生产隐患。由于受到信息联锁的限制，调度人员的低级错误和违规受到计算机的检查和限制，调度质量也大幅度提高。

4. 生产集中

将过去分散在十多个作业地点的内勤岗位，集中在一个调度大厅，实现了中心统一指挥与控制，优化了生产管理和组织。同时将分散于各场的信号楼变成纯设备楼，不再需要考虑取暖、排污等处理。

5. 提高效率

计算机系统调控整个编组站到达、解体、编组和出发的工作流程，使生产环节之间无缝衔接，消除了各工种人员相互联系所花费的工序链接时间，提高了编组站生产效率，缩短了车辆中转时间。在技术层面上，编组站综合自动化系统通过智能调度实现了整体优化和柔性调节，对货运列车不均衡到达、密集到达有很强的调节适应能力。

6. 管理现代化

在生产管理方面，编组站综合自动化系统为管理者提供了大量综合指标与专项报告的数据查询功能、再现功能和领导决策功能，与办公自动化相结合，将运输和管理信息服务延伸到了所有需要的管理者的终端上，实现了足不出户对生产了如指掌，提供了编组站生产的现代化管理手段，完全改变了传统的编组站运输生产管理模式。

第二节　编组站综合集成自动化(CIPS)系统

CIPS 是以集成为核心理念，在技术方法、手段和目标上采取了编组站整体的信息集成、技术集成、功能集成、管控集成、系统集成和网络集成，实现了编组站总体的决策智能化、指挥数字化、执行自动化和管理现代化。CIPS 是编组站综合自动化的应用实例，它综合应用管理技术、运输技术、信息技术、自动化技术、系统工程技术，以信息集成为核心，将编组站控制、调度、管理、运营、优化、决策一体化，形成智能闭环系统，提高整体效益。

一、CIPS 的组成

CIPS 作为管、控一体的集成系统，其分为综合管理系统和综合控制系统两大部分。系统组成如图 7-1 所示。系统结构和环境如图 7-2 所示。

1. CIPS 综合管理系统

CIPS 综合管理系统负责信息的集成和信息共享平台的管理，主要功能是调度计划信息管理自动化；执行过程管理自动化(包括调度计划的分解与转化、进路执行过程管理、非进路执行

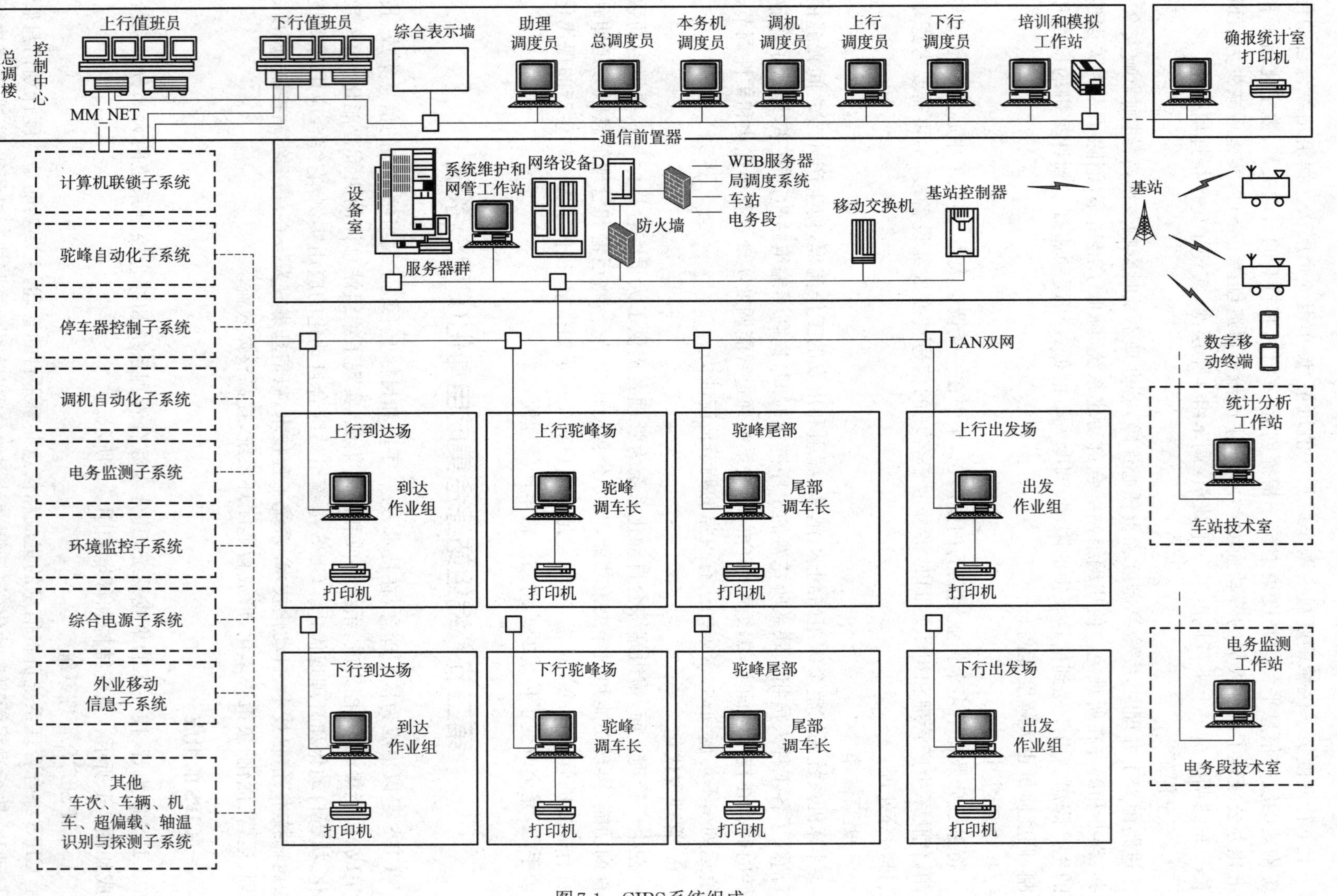

图 7-1　CIPS系统组成

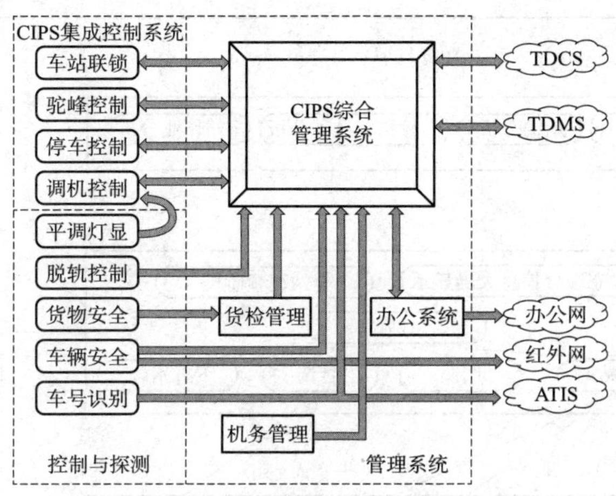

图 7-2　CIPS 结构和环境

过程管理、计划指令的自动触发、执行结果反馈信息处理、过程信息综合展现);历史数据管理。

CIPS 综合管理系统替代与兼容了原来编组站的现车系统和列车调度指挥系统(TDCS)车站分系统,替代了原来分场设置的到达、出发及站调等独立的 TDCS 车站分系统。

CIPS 综合管理系统结构如图 7-3 所示。编组站管理信息涵盖了调度指挥与现车管理、货运管理、运营管理与决策支持等功能,还包括与其他相关系统的接口。

该系统实现和铁路局集团公司各系统间实时的信息交互,与控制系统一体化设计,保证了各作业计划的自动执行与集中控制。

2. CIPS 综合控制系统

CIPS 综合控制系统主要以技术成熟的各种编组站过程控制分系统为基础,经进一步开发与改进,提升自动化程度,取消正常情况人工操纵介入,并保留原有手动模式作为降级处理后备手段。被集成到 CIPS 中的各分系统有联锁自动化分系统、驼峰自动化分系统、停车器控制分系统以及调机自动化分系统等。

(1)联锁自动化分系统

在计算机联锁分系统与管理系统之间,设置了程序进路控制模块(PRC),将管理系统下达的计划指令解析成为进路始终端信息,实现编组站到达场、峰尾及出发场各种列车与调车进路的自动选路。

(2)驼峰自动化分系统

不仅实现了溜放钩计划的联机储存,而且实现了解体顺序、推峰时机、溜放时机、套溜、禁溜线取送车、机车上下峰及股道封锁/解锁等作业无人参与,自动按照计划指令的要求执行,达到溜放进路、溜放速度、头部调车的自动控制。

(3)调机自动化分系统

实现车载信息服务、推峰速度遥控、速度防护、距离防护。

(4)停车器自动控制分系统

尾部停车器将按照计划指令要求,紧密配合尾部调车作业,更加智能化地全自动控制尾部停车器制动与缓解。

(5)外业移动信息分系统

为外勤车号员、商检人员、列检人员、调车组等工作人员提供无线移动数据信息服务。

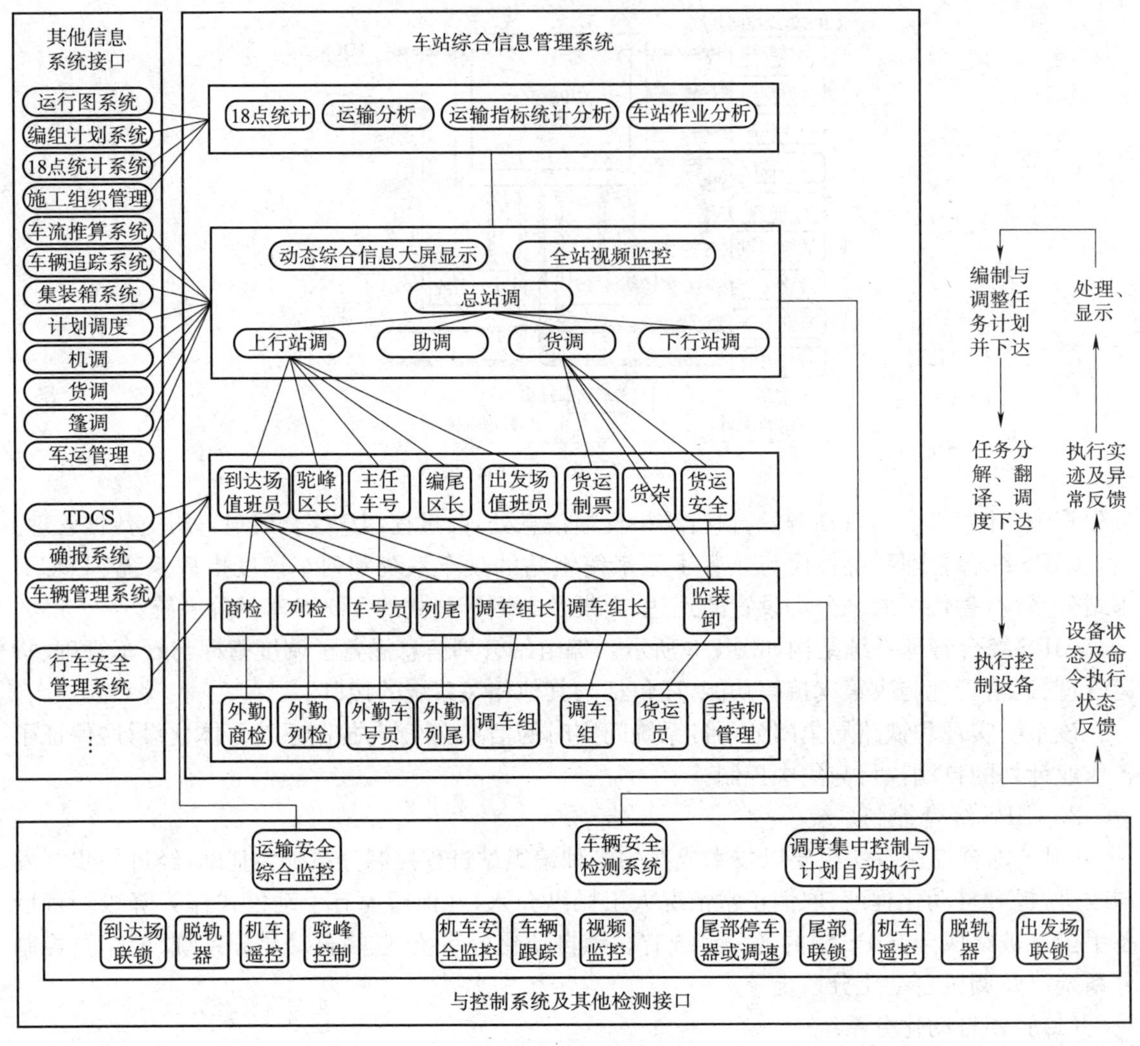

图 7-3　CIPS 综合管理系统

(6)电务监测及环境监控分系统

集成由各个控制系统、监测模块测得的电务监测及环境监控数据，实现监测与调度计划间的信息绑定，实现信息或报表的共享。

二、CIPS 与相关系统接口

相关系统可通过计算机数据通信接口与 CIPS 交换信息，相互正确、及时、有效的信息交换是 CIPS 正常运行的保障，可提高 CIPS 的信息集成度，并取得信息互惠。通过与这些系统(尤其是作为 CIPS 上级的铁路局集团公司运输调度指挥系统)的信息集成，可进一步提高 CIPS 的自动化程度与智能化程度，加强车站管理，强化调度及作业人员对作业过程的监管，提高作业效率。可接口的系统有铁路运输调度指挥系统、车务段办公自动化系统、机务段调度系统、车号自动识别系统、红外轴温探测系统、车辆超偏载检测系统、车辆全限界检测系统、脱轨器控制系统。尤其是作为编组站综合自动化系统上级的铁路运输调度指挥系统，与之保持相互正确、及时、有效的信息交换是编组站综合自动化系统正常运行的保障。

作为调度管理的信息源，CIPS分别与铁路局集团公司列车调度管理系统（TDMS）（预确报、班计划、招点统计等）和TDCS系统接口，其接口方案基本保留原有信息系统与车站系统间的交换内容与方式，最大限度地减少了对既有系统的影响。

CIPS作为编组站的信息中心，应用信息集成手段，对其他各个独立建设的探测系统和单元信息系统中有共享价值的数据，通过数据通信接口交换信息。其中，平调系统提供车地信令功能，平调灯显车载装置与CIPS环境下的调机自动化系统车载计算机接口；车辆安全探测提供红外轴温探测信息；ATIS车站系统提供车号识别数据；货检安全系统提供视频监视、预留电子铅封、限界检查、超偏载探测；机务段管理系统提供本务机派班、机车出入机务段身份认证。

三、系统特点

1. 编组站信息化的重新定位

CIPS的核心是编组站信息化的改造，按照总体目标的需要对编组站信息化重新定位、规划、分析、设计与实施，打造一个全新的编组站综合管理系统。

（1）调度计划综合管理

通常情况下，编组站的调度计划包括站内接发列车、现车及调车、本务机折返、调车机、货运工作计划及站内施工计划。这些计划的编制以及计划的执行过程，是车站信息化管理的对象，当换一个全新的角度重新审视编组站信息管理时，要对调度计划管理适用的信息进行设计。

①全面性。凡是编组站运输生产流程上的环节，特别是与机车车辆移动与进路有关的计划必须纳入信息化管理范畴，一个也不能少，否则会出现信息黑洞，发生信息断链，难以理清相互之间的因果关系。只有拥有全部计划信息，并且是正确的、详尽的、相互关联的信息，才具备自动执行的条件。

②一体化。虽然编组站的工作可以分门别类定义，也允许不同职能的人员分开管理，但相互间是紧密相连、互为强耦合，因此后台的信息处理不能简单地分而治之，必须一体化管理，随时处理各环节调度计划相互间的平衡、合理的关联与工序间的链接。

③动态性。动态调整是车站调度计划能够被自动执行的先决条件。引起动态调整的主要原因，一是来自上级计划的变化，二是来自执行过程的偏差，而实际执行结果是引起计划动态调整的最活跃因素，因此计划的动态编制与调整必须建立在过程控制子系统自动反馈的基础上。动态调整借用自动化领域的过程调节与伺服原理，在计划与执行间形成智能闭环，即通过结果反馈，动态调节调度计划以适应后期执行的需要，使计划执行的兑现率达到100％。

④实时性。要产生动态计划，对于计划的编制与改变，包括决策与优化时间在内，必须限制在一个很短的时间范围内，即有实时性要求，否则丧失了计划的实效性，并且影响执行效率。

⑤自动化。如果没有信息自动化支撑，对站内计划的编制调整力度与频度压力将大大超出对车站调度人员的要求，因此信息自动化是管控一体化的必然。CIPS定义的自动决策内容包括接发车场线决策，解体顺序、编制解体钩计划及解体峰位决策，头部调机应用、调车分类线应用决策，编组顺序、牵出线、编组钩计划编制，尾部机车应用决策，编制取送调车钩计划决策，出发列车接续关系决策，列车、调车、机车走行经路决策。

(2)执行过程管理

过程管理因管控一体化而诞生，是调度计划与过程控制之间的桥梁。如果调度计划管理有必要为发挥调度人员的主观能动性提供介入手段，其自动化程度取决于人工干预的多寡，那么过程管理基本上应建立在全自动化的基础之上。

①调度计划分解与转化。过程管理的作用主要是由计算机管理取代各值班员、信号员的工作，即按照调度计划，处理与监控执行过程。调度计划要由各个不同范围、不同功能的子系统执行，需进一步细化与转化，并输出给过程控制子系统，其中与进路有关的有列车进路、调机进路、本务机车进路、调车进路、溜放进路、停车器控制、驼峰股道封锁等；与进路无关的有列车预告、报点、发确报、车机联控、抄车号、车辆安全检测、技术作业通知与完成等。

②计划指令自动触发。过程管理的输出称为指令，指令的触发将决定计划是否同意被执行。指令的触发是过程管理的核心功能，通过对指令的触发管理决定调度计划正确无误的执行时机，通过指令的触发管理裁决不同的计划执行中争抢进路资源时的优先权。为了实现触发管理智能化，过程管理的信息化深度须达到站内各种机车车辆运动的调程计划信息管理与调程实际信息管理。

③执行结果反馈信息收集与处理。收集与管理过程控制系统的反馈信息，监督计划的执行过程，是过程管理的重要功能。各过程子系统自产的检测信息，以及独立的信号检测与环境监控信息的实时收集与管理也在过程管理范围之列。

④过程信息全方位动态展现。过程管理的动态性很强，必须向有关调度人员或执行人员透明，供他们对计划执行过程进行监督，因此提供友好的图示界面展现很重要。

⑤被管理的子系统。过程管理所管辖与服务的子系统有联锁自动化子系统、驼峰自动化子系统、调机自动化子系统、尾部停车器自动控制子系统、外业移动信息子系统、电务监测及环境监控子系统。对于直接参与控制的子系统，管理模式分为自动、半自动、站控及维护等四种模式。

(3)历史数据管理

历史信息管理即利用海量数据库技术保存所有的编组站作业中产生的过程信息，并通过信息分析与挖掘，提供重要的服务。

①情景再现。通过回放操作控制，真实同步还原再现调度大厅所有计划管理与过程管理的界面与操作，追溯调度计划与执行的动态过程。

②报表管理。按照规定以及编组站自行的报表要求，产生数据准确的生产统计报表。

③统计分析。对生产过程进行统计分析，对编组站的技术、人员、生产、资源管理提供依据，包括基于调程历史记录数据基础上编组站各个环节全天候的动态能力分析评估结果。

④决策参数优化。在统计分析的基础上，“学习”与自我适应，自动减少调度偏差，提高调度决策的质量及智能化水平。

⑤归档。实现编组站生产过程中运输资料的电子归档，提供便利的提取手段，利于对编组站的管理，代替纸张归档。

⑥信号信息与环境信息监测。提供编组站信号设备与检测档案管理与分析，为设备的维护与管理提供分析资料。

2. 系统高度集成

集成是编组站综合自动化系统的核心思想，其中尤以信息集成为核心，沿着调度生产指挥的脉络，从单独的、分散的、面向单个工作岗位的分离信息平台，发展为系统的、综合的、面向整个编组站运营层和管理层的综合管理信息系统;从信息与控制相分离、各自分开开发与建设的传统技术,发展到信息与控制紧密结合、管控一体、智能综合自动化的集成技术。

(1)信息集成

围绕编组站整个生产流程,用统一的共享数据平台取代按业务划分规划分类的信息分管模式,提高信息质量,达到信息流与车流、作业流同步。从分到合是铁路信息化最大难点,研发综合管理信息平台是信息集成的关键,信息集成是前提,没有信息集成,其他集成将无从谈起。

(2)技术集成

综合应用运输生产技术、运输管理技术、信号技术、计算机技术、信息技术、网络技术和系统工程技术,搭建跨领域、跨专业的集成技术平台。

(3)功能集成

实现编组站管理、调度、决策、优化和控制功能的一体化,实现全自动化生产流水线的功能。

(4)管控集成

从治理管控分离着手,以信息技术与控制技术融合为切入点,创造编组站列车、调车等各种进路在无人参与下按计划自动执行的高级模式。提出了计划与执行之间构成闭环互动,决策自动化,匹配执行自动化,上层统一信息处理平台作为编组站流水生产的大联机,以及信息联锁安全等新观念。

(5)系统集成

成熟的单元技术装备饱含了专业技术发展的积累和沉淀。编组站综合自动化的开发和建设,均在成熟技术之上采用集成创新的研发路线。

(6)网络集成

计算机网络通信是编组站综合自动化的动脉,统一规划、分层建网、合理使用,包括有线网、无线网和现场控制网。

第三节　编组站综合自动化(SAM)系统

编组站综合自动化(SAM)系统是以站调指挥与集中控制为核心的综合管理与控制系统。

一、系统的层次结构

SAM 系统层次结构如图 7-4 所示。

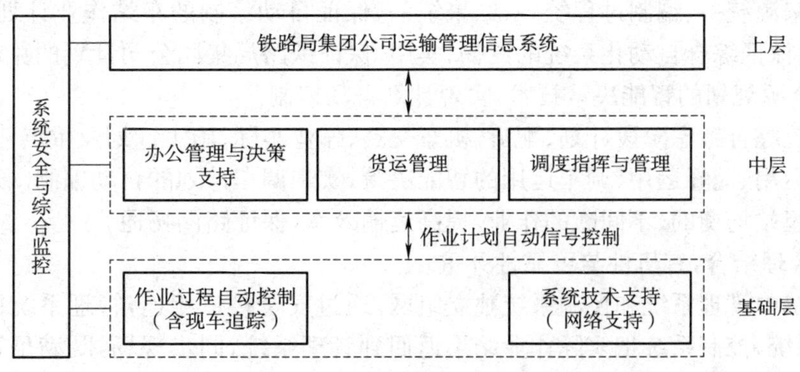

图 7-4　SAM 系统层次结构

SAM 系统分为上层、中层、基础层。

上层是铁路局集团公司计划、调度系统，负责协调编组站所需要的信息。从全铁路局集团公司的角度规划最优的列车运营方案、列车编组计划，下达临时调整的调度命令。

中层是车站调度指挥与管理系统，负责接收与执行铁路局集团公司下达的日班/阶段计划、列车编组计划和临时调整的调度命令。编制车站的日班/阶段作业计划；将到发线、调车机车、本务机车、驼峰/牵出线的使用计划、调车作业钩计划，分解到车站各个工作岗位去执行；并将站场、列车及车辆的动态信息实时反馈给铁路局集团公司计划、调度系统。

基础层是作业计划自动执行与作业过程自动控制系统，负责接收车站调度指挥与管理系统下达的作业计划，并将其分解成指令下达给相关的控制设备；实现进路自动控制、驼峰溜放控制、计算机联锁控制、尾部停车器控制、调车机车遥控；并将执行结果实时反馈给调度指挥与管理系统。

二、系统组成

SAM 系统由信息管理和作业过程控制两部分组成。信息管理部分包括调度指挥与管理、现车管理、货运管理、决策支持与统计分析。作业过程控制部分包括作业计划自动执行和集中控制、计算机联锁、驼峰自动化、峰尾停车器控制、全站机车综合安全控制系统等。系统结构如图 7-5 所示。

三、系统特点

1. 集中分布式架构，可靠性和安全性高，维护方便

SAM 系统采用集中管理与分布控制相结合的系统架构，设备适度集中和分散，在调度大厅集中设置车站操作设备，并增设与信号楼联锁设备直接相连的辅助控制设备，在各场信号楼保留操作设备，提供了集中自动控制、集中人工控制、辅助控制和场控四种控制模式，以适应编组站作业的复杂性和高可靠性的要求。

当局部故障时或部分设备停用时可实现降级运行，对运输影响降至最小。在不同情况下，可采用不同自动化等级，以保证作业的安全。

2. 局站融合，实现车站各项计划的协调编制

SAM 系统实现了和铁路局集团公司调度系统的无缝连接，通过局站协同编制作业计划，将调度所掌握全局、掌握重点、掌握全面车流的优势，和站调掌握车站资源、掌握车流动态、掌握车站作业细节的优势有机融合。系统提供计划的协同编制工具，实现编制时间统一、数据基础统一、数据来源统一、编制过程统一、结果统一，保证自动编制的车站作业计划的合理性、科学性、准确性，保证综合自动化系统的流畅、实用，保证铁路局集团公司计划的兑现率。

3. 基于资源规划的智能决策技术，实现计划自动编制

SAM 系统综合考虑阶段计划、配流、机车交路、作业实际、施工计划及重点任务等，实现解编顺序、股道运用、驼峰运用、调车运用的智能决策，实现调车计划的自动编制。通过优化资源利用，保证编组站均衡的、不间断的作业，提高运输效率，保证路网畅通。

4. 管控合理结合，有机性与可靠性并重

SAM 系统中管理系统和控制系统独立组网，通过安全接口相连，管理系统把计划和命令下达到控制系统，控制系统把实际作业结果返回到管理系统，同步现场，既满足管理和控制交换数据的需要，又增加系统可靠性。

铁路局集团公司
TDCS
TDMS、TDCS、ATIS
铁路局集团公司专网
计划
行调
货调
机调
车辆安检
…
相关站段
电务
机务
车辆
工务
供电
…
公安防盗
终端
货运管理
信息系统
视频监控
系统
办公决策
支持系统
车辆安全
综合监测
车辆装载
安全监测
车号自动
调别
编组站控制信息网
编组站综合信息网
大屏幕综合
调度显示
到达场联锁
控制台
辅助调
度终端
集中控
制操作
终端
编尾与出
发场联锁
控制台
上行系统
下行系统
编组站集中
控制系统
安全
接口
计划调度
管理系统
综合
数据库
总站调终端
内勤车号
员终端
站调终端
助理站调
终端
现车车号员
终端
货检值班员
终端
列检值班员
终端
货调
终端
统计分析
终端
调度中心
驼峰自
动化控
制系统
到达场计
算机联锁
主机系统
到达场与
驼峰调机
遥控监控
编尾与
出发调
机监控
编尾/出发
场计算机
联锁系统
编尾停
车器控
制系统
到达场联锁
执表设备
编尾联锁
执表设备
出发场联锁
执表设备
上行场信号（设备）楼
下行场信号（设备）楼
调机车载台与
机车控制系统
调机车载台与
机车控制系统
无线网
外勤作业员
手持机
到达出
发场列
检终端
到达出
发场列
检终端
到达出发场
组长终端
到达出发场
车号终端
上行场信号（设备）楼
下行场信号（设备）楼
图 7-5　SAM系统结构

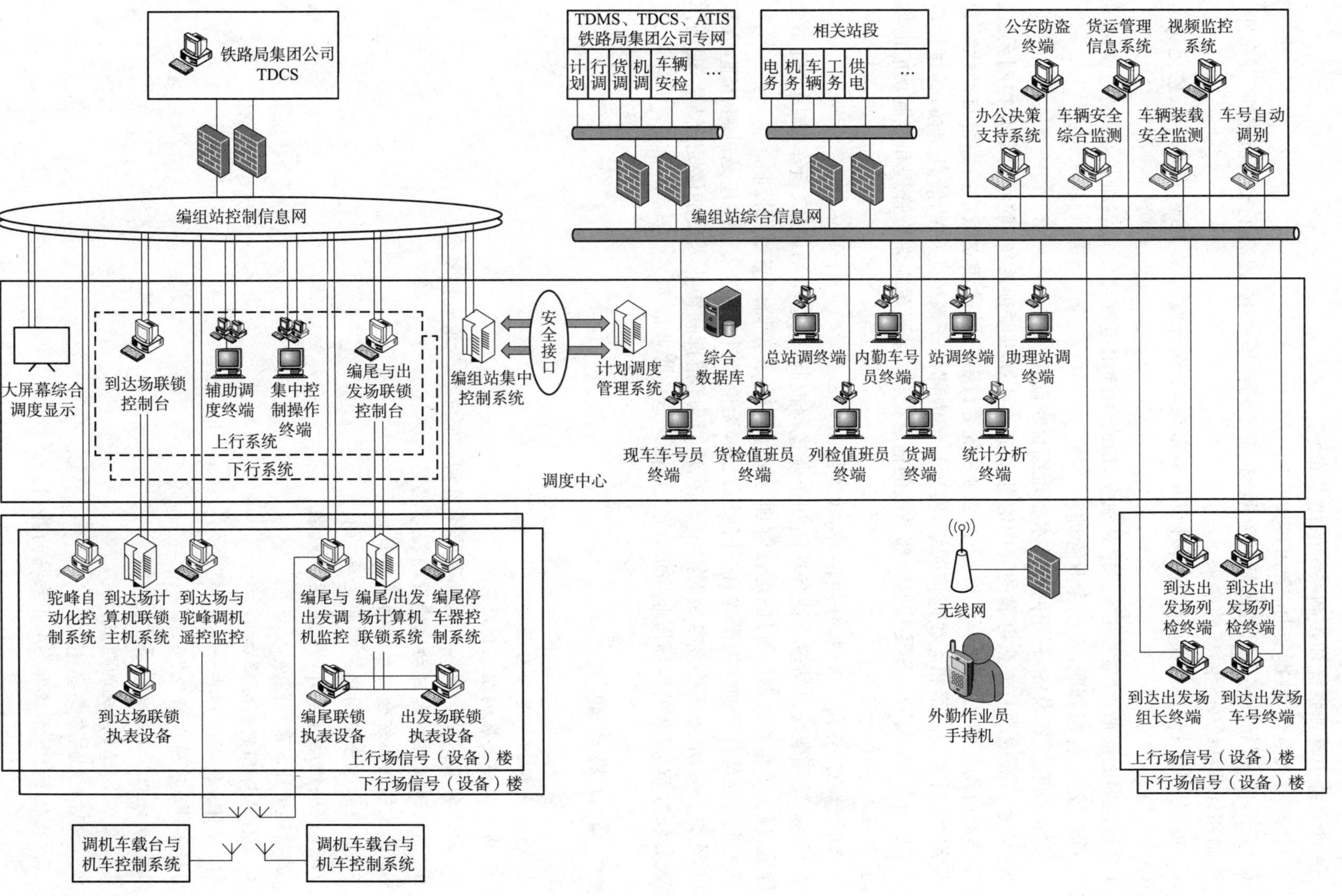

SAM 系统中管理系统和控制系统的优点如下：

(1)管控有机结合，数据实时，全面共享。

(2)安全性、可靠性高。管控故障相互隔离，系统间互不影响，提高了系统稳定性、可靠性，符合控制和管理系统安全隔离的要求。

(3)可扩展性强。各系统可以各自升级互不影响，二次开发容易实现，有利于信息化对运输组织的支持。

(4)管控界面清晰。“管”与“控”相对独立，信息系统由电算部门负责维护，控制系统由信号部门负责维护，各司其职，实现专业管理。

5. 集成既有成熟设备，利用网络技术实现综合自动化

SAM 系统集成既有成熟可靠的管理信息系统和计算机联锁系统、驼峰自动化控制系统、可控停车器自动控制系统、机车综合安全控制系统等设备。通过建立编组站综合自动化综合信息网络、实时控制网络和无线通信网络，实现系统内部各子系统之间的信息交换；通过接口技术，实现与 TDMS、TDCS 及其他外部系统的信息交换，保证系统综合管理和控制功能的实现和安全可靠运行。

6. 功能丰富，界面友好，操作灵活，高效运行

SAM 系统涵盖编组站核心业务功能和作业过程控制，包括车站调度、行车、调车、机车交路、货运、现车等生产计划的管理；运营管理与统计分析；生产监控与过程控制。

SAM 系统具备多种操控模式，在任何模式下，无论是计划调整、下达还是进路办理，人工干预均优先于自动，不需要复杂费时的模式转换。调度指挥和作业人员能够完全掌控现场作业情况，及时应对复杂的现场作业需求，大大提高了运输作业效率。

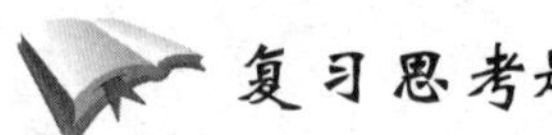

复习思考题

1. 什么是编组站综合自动化？
2. 为什么要发展编组站自动化？
3. 为什么编组站管理信息系统和驼峰自动控制系统必须密切结合？
4. 简述编组站综合自动化建设的指导思想。
5. 简述编组站综合自动化的总体目标。
6. 编组站综合自动化有哪些主要功能？
7. 简述编组站综合自动化的运营效果。
8. 简述 CIPS 系统组成。
9. CIPS 与哪些系统接口？
10. CIPS 集成了哪些子系统？
11. CIPS 有哪些特点？
12. 简述 SAM 系统的层次结构。
13. 简述 SAM 系统的组成。
14. SAM 系统有哪些特点？
15. 比较 CIPS 系统和 SAM 系统的异同。

名称代号对照

代号	名称	代号	名称
BJ	白灯继电器	GZJ	故障继电器
BJJ	报警继电器	HBJ	缓解表示继电器
BGJ	保护区段轨道继电器	HKJ	缓解控制继电器
BGJF	保护区段轨道复示继电器	HJ	缓解继电器
BSJ	白闪继电器	HTJ	后退继电器
BXG	信号隔离变压器	JDJ	计算机定位操纵继电器
C	道岔组合	JFJ	计算机反位操纵继电器
CF	道岔辅助组合	JGJ	减速器轨道继电器
CGJ	道岔区段轨道继电器	JK	减速器自动控制组合
DBB	道岔表示电源组合	LXJ	列车信号继电器
DBJ	道岔定位表示继电器	LXFJ	列车信号反复示继电器
DCJ	道岔操纵继电器	LJ	绿灯继电器
DGJF	轨道复示继电器	LKJ	溜空继电器
DJ	定位操纵继电器、灯丝继电器	LOBJ	溜放表示继电器
DLJ	电铃继电器	LOXJ	溜放信号继电器
DQJ	道岔启动继电器	LSJ	绿闪继电器
DSBJ	灯丝断丝报警继电器	QDJ	启动继电器
DTJ	到达场推送股道继电器	QKJ	强制缓解控制继电器
DX	调车信号组合	QXAJ	切断信号按钮继电器
DXF	调车信号辅助组合	RBJ	断路器报警继电器
DXJ	调车信号继电器	SBJ	失压表示继电器、闪光表示继电器
DXL	调车信号零散组合	SCJ	手动操纵继电器
DZCJ	调车照查继电器	SFJ	锁闭防护继电器
FBJ	道岔反位表示继电器	SJ	锁闭继电器
FCJ	反位操纵继电器	SNJ	闪光继电器
FJ	反位操纵继电器	SNKJ	闪光控制继电器
FS	发车锁闭组合、轨道电路发送组合	SNJJ	闪光检查继电器
FXJ	辅助信号继电器	SZJ	手柄中间继电器
FYBJ	风压报警继电器	TCQ	停车器组合
GDJ	轨道停电继电器	TCQL	停车器零散组合
GJ	轨道继电器	TDC	驼峰电动道岔组合

续上表

代　号	名　称	代　号	名　称
TDZ	驼峰条件电源组合	YKJ	允许控制继电器
TFC	驼峰风动道岔组合	YLJ	允许溜放继电器
TFJ	同意发车继电器	YSJ	预推锁闭继电器
TGJ	驼峰轨道继电器	YTJ	允许推送继电器
TWL	驼峰场间联系组合	YYJ	允许预推继电器
TX	驼峰信号组合	ZBJ	制动表示继电器
TZCJ	驼峰场照查继电器	ZCJ	照查继电器
USJ	黄闪继电器	ZDC	自动集中电动道岔组合
WG	无岔区段组合	ZFC	自动集中风动道岔组合
XJ	信号继电器	ZFDJ	主副电源转换继电器
XJF	信号复示继电器	ZFJ	总保护继电器
XJJ	限界检查继电器	ZKJ	制动控制继电器
XQJ	限界取消继电器	ZJ	制动继电器
XZFJ	信号总辅助继电器		

名词术语英（缩略语）中对照

缩略语	中文名称	缩略语	中文名称
AC/DC	交流/直流	I/O	输入/输出
A/D	模/数	PC	个人计算机
ADC	模拟数字转换器	PRC	程序进路控制模块
ATIS	车号自动识别系统	RAM	随机存取存储器
CAD	计算机辅助设计	SRAN	静态存储器
CAN	控制器局域网	TDCS	列车调度指挥系统
CPU	中央处理器	TDMS	列车调度信息系统
DAO	数据库访问对象	UPS	不间断电源
DOS	磁盘操作系统		
EPROM	可擦除可编程只读存储器